감정의
역사

감정의
역사

롭 보디스 지음

민지현 옮김

진성북스
JINSUNGBOOKS

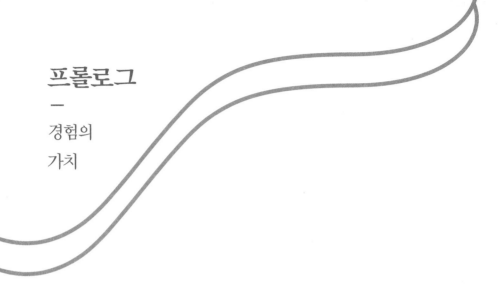

프롤로그

—

경험의
가치

이 책이 감정의 역사가 아우르는 광범위한 범주를 어느 정도 설명하는 데 공을 세운다면, 그만큼 감성의 역사에 내재되어 있는 한계를 명확하게 드러내는 데도 한몫을 할 것이다. 묘한 매력을 가지면서도 사람을 불편하게 하는 '감성'이라는 단어는 그 자체가 명확한 정의를 내리기 힘든 속성을 지닌다. 그럼에도 우리 생활에 깊숙히 자리하는 감정이라는 단어의 의미를 정의해 보고자 한다.

감성은 심리학의 불변성, 그리고 초월적인 탐구 영역으로서의 심리학 자체에 대해 말한다. 또는 진화생물학의 관점에서 역사적 시간을 통한 인간의 변화를 훨씬 더 오래되고 심오한 이야기에서 파생된 잔물결 정도로 간과할 수도 있다. 감성은 의미론적 속기의 도구로서, 우리가 찾아서 설명하려는 것들을 가능하게 해주지만, 도움을 주는 만큼 우리를 잘못된 방향으로 인도하기도 한다. 특정한 현상, 특히 표현에 관련된 현상들을 포착하

감정의 역사

지만, 감각적 경험을 설명하거나 인지와 이성, 정서를 혼합하지는 못한다. 또한 우리가 이미 알고 있는 그러한 감성에 대한 탐구의 범주를 사전에 제한하려는 성향을 지닌다. 역사 연구가 우리의 현재주의적 성향에 이끌려 가는 한, 역사 속에서 상실된 정서 생활은 상실된 채로 남을 수밖에 없다.

　나는 현대 영어에서 의미상 모호해진 '감정'을 그와 관련된 일반적인 의미로 해석하고, 역사 속 인물들의 정서 경험을 그들의 언어로 해석함으로써 이러한 위험을 피하고자 한다. 적어도 감정에 대해 이야기할 때 주제가 어디선가 기능적 자기공명 영상기(f_{MRI})의 불이 들어오게 하는 것들로 자동 제한되지는 않을 것이다. 하지만 이런 나의 노력이 역사 지식이라는 총체적 성과에 얼마나 도움이 될 것인지, 그리고 오늘날 이루어지는 '감성' 연구와는 얼마나 관련성이 있을 것인지에 대해서는 여전히 의구심이 남는다. 어쩌면 감성의 역사를 경험이라는 더 넓은 학문 연구의 일부로 통합시키는 것이 더 유용할지 모르겠다.

　하지만 '어떤 느낌이었지?' 하는 질문이 단순한 감성에 관한 것이 아니라 주어진 상황에 대한 이해에 근거해서 작동하는 모든 감각을 통합한 것이라는 생각은 어쩔 수 없다. 질문의 초점은 일반적인 경험의 범주에 맞추어진다. 그로 인해 좋은 것은 특별한 탐구의 목적이 감성의 경우처럼 시대착오적일 수 있는 위험부담을 지지 않아도 된다는 점이다. 경험이 실제였음을 말하기 위해 과거에 반복적으로 사용되었던 '경험'이라는 말을 여전히 사용하는 사람을 찾을 필요는 없다. 또한 현재에 사용되는 '경험'이라는 단어의 전개가 구체적으로 어떤 의미인지를 미리 예측할 필요도 없다.

심리학적 의미에서든 신경생물학적 의미에서든, 경험에 관한 한, 감성의 범주에서처럼, 역사 기록학의 경계를 벗어나 우리를 원칙에 대립시킬 비교과학 같은 것은 없다. 그럼에도 경험을 이야기할 때 우리는 여전히 감성에 관한 질문, 그리고 감성이 무엇인가를 의미하기 전에 존재했던 모든 것에 대한 질문에 대처할 준비를 한다. 감성에 관해서는 여러 학문 분야에 걸치는 내용들이 많기 때문에 고정된 정의와 학문적 방법론으로 가득한 자료들에 대한 언급을 피하는 것이 역사가들에게 실질적으로 도움이 될 수도 있다.

'경험'이라는 단어를 사용함으로써 이 분야 연구가 좁은 범주의 감성 연구보다 훨씬 더 포괄적인 범주의 연구로 확장될 수 있는 정치적 가능성을 연다고 생각한다. 제6장의 행복을 예로 들어보아도, 행복을 영위하고 있는 듯이 보이는 누군가가 실제 행복하다고 느끼는가에는 상당한 불확실성이 내포되어 있다. 그러나 우리 모두가 나름대로 그러한 상태를 경험한다는 사실에는 의심의 여지가 없다. 감성적 웰빙이라는 규범과 수사적 진단 너머에 있는 정서적 경험에 대한 기록을 세심하게 살펴보아야 한다. 정부의 암묵적이고 상징적인 횡포에 의해 전국적으로 행복이 만들어지고, 행복하다는 것이 무엇인지, 행복을 영위하려면 무엇을 해야 하는지를 빠짐없이 실행한다.

그러나 정작 우리는 그러한 행복의 범주를 탐구하기보다는 정부의 그러한 횡포가 미치는 영향을 돌아보게 된다. 그러한 연구는 당연히 어렵고 위험부담이 있을 테지만, 그러한 우려를 잠식시킬 만큼은 아니다. 역사적 맥락에는 위험부담이 적거나 거의 없으며, 그래서 접근하기에 더 매력적이다. 표면적으로 보이는 정서적 규범 아래는 무엇이 있을까? 사람들은 자신의 행동에 대해 어떻게 느꼈으며, 그에 대해 어떤 처방을 내렸을까? 그들은 자신의 느낌에 어떻게 대처했을까? 대처하는 데에는 어떠한 제약이 있었으며, 누가 그 제약을 정했을까? 이러한 질문들은 이 책에서 살펴볼 일화와 예들에 대해 많은 정보를 제공한다. 이러한 질문들은 현재 느끼고 있는 감정 자체를 넘어, 감정의 평가를 분석하게 해준다. 현재의 감정이 옳다고 느껴지는가, 아니면 잘못되었다고 느껴지는가, 그리고 누가 이것을 결정하는가? 이러한 질문은 과거에 살았던 사람들을 귀찮게 했던 것만큼 오늘날에도 우리를 집요하게 따라다닌다.

옳고 그름에 대한 느낌을 예전에는 흔히 영어에서 'moral sense(도덕 감각)'라고 했다. 여전히 그렇게 부르는 사람들도 있을 것이다. 그러나 18세기와 19세기, 또는 역사를 좀 더 거슬러 올라가서 과거의 도덕 감각의 구성을 살펴보면 양심의 무의식이 전제되어 있었다. 자연의 생물학적 또는 진화적 과정에 의해서든, 아니면 신성한 존재의 의지에 의해서든, 도덕 감각은 일반적으로 천성적으로 부여된다고 알고 있다. 그 과정에 오류가 있었다면, 그것은 넓은 의미에서 '자연'의 오류였다. 세상을 경험하는데 이성적 분별력이 중요하다는 사실을 이해한 칸트와 같은 철학자도 이성적 분별력이 안정적이라고 생각하지는 않았다.[1] 인간성에서 쓸모없는 요소는 엄하게 다스려서 제거해야 한다고 생각했던 19세기의 교육 개혁자들도 생물학과 우생학, 진화의 이론에 근거해서 도덕적 오류, 즉 부적절한 도덕성이 영구적으로 고정된 것이라는 지배적인 감상에는 맞서 싸웠다.

내가 생각하는 감성 역사의 주된 공헌은 감성적 규범을 통해 본질적으로 '도덕 경제'의 형태를 결정하고 제한하는 권력 체제에 탐구의 빛을 비추는 것이다.[2] 그 빛은 인간의 감정을 조형하는 문화의 작용을 세심하게 살펴볼 수 있게 한다. 그리하여 무의식적이거나 '자연적'인 듯 보이는 것들도 사실은 인간 생물학이 얽혀 있는 문화적 그물망에 의해 중대한 영향을 받았다는 사실까지를 밝혀낸다.[3] 우리는 도덕 감각의 생물문화적 역사를 돌아보기 위한 여정에 올라 있다. 그 과정을 통해 세상을 바라보고 느끼는 방식을 정해주는 권력을 좀 더 정확히 이해할 수 있다.[4] 또한 옳게 느끼려는 사람들의 내면적 노력과 맥락에 따라 각기 다른 이유로 실패하는 이해관계를 새롭게 이해할 수 있다. 좀 더 실질적으로 깨닫고 나면 인지할 수 있었던, 즉 느낄 수 있었던 경험의 가치에 중점을 둔 경험의 역사를 가지게 될 것이다. 그리고 우리가 원한다면 이 모든 것은 우리 자신과 우리가 살고 있는 규범적인 문화 체제를 중심으로 정립될 수 있다.

이는 끝도 없고 의미도 없는 도덕적 상대주의를 위한 것이 아니라 권한을 부여하기 위한 것이다. 지배적인 도덕 경제의 구조를 폭로하고 규범이 어떻게 만들어지고 권력이 분배되는지를 드러내는 것은 그것을 수정하거나 해체해서 권력의 불편한 속박 아래 있는 사람들이 자기들의 경험에 대해 편안하고 정당하게 느낄 수 있는 기본 틀을 만들기 위한 첫 단계다. 그러므로 바라건대, 독자들도 앞으로 책을 읽은 후에 '어떤 느낌인가?'라는 질문을 받으면 잠시 멈추어서 진지하게 생각하는 시간을 가졌으면 한다.

목차
—

A
HISTORY OF
FEELINGS

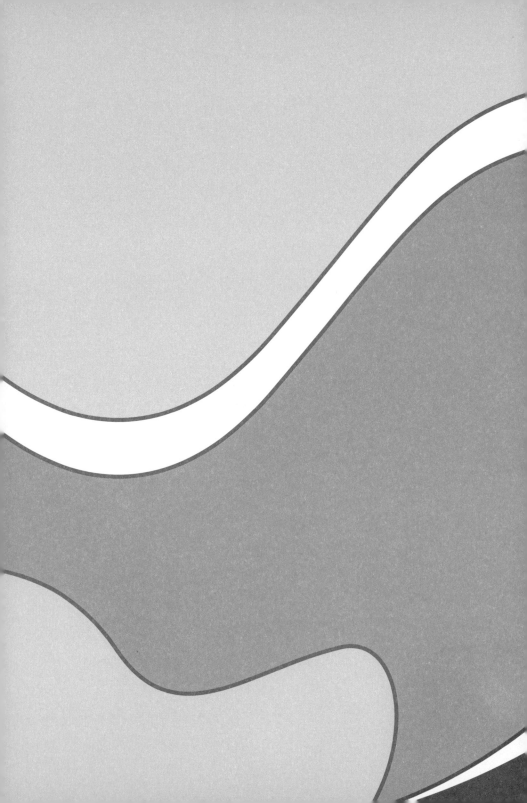

1장

-

고대 그리스의
격정적 감정들

A

HISTORY OF

FEELINGS

고대 그리스의 상고기(BC 7~6세기)와 고전기(BC 5~4세기)는 격정적인 감정의 의미와 가치, 경험에 대한 연구가 가장 활발히 이루어진 시대다. 학문의 상당 부분이 당시의 문학과 철학에 바탕을 두고 있는데, 당시의 자료가 풍부할 뿐 아니라 그 의미와 영향력 또한 지대하기 때문일 것이다.[1] 그러므로 그 내용을 여기서 완전하게 다룬다는 것은 불가능하다. 물론 어느 한 시대도 완전무결하게 살펴보기란 어렵겠지만 말이다. 그보다는 그리스식 격정의 복합성과 특징을 가장 잘 보여주는 일련의 작품들을 쓰인 그대로, 그리고 이쯤 되면 누구라도 짐작하겠지만, 작품 속의 등장인물들이 경험하는 그대로 살펴보고자 한다.[2]

우선 겉으로 보기엔 친숙하고 전혀 복잡하지 않을 것 같은 네 가지 '감정'인 분노, 공포, 수치심, 행복을 예로 들어보자. 호메로스의 《일리아드》, 투키디데스(기원전 460~400년경)의 《펠로폰네소스 전쟁사》, 아리스토텔레스(기원전 384-322)의 《니코마코스 윤리학》을 통해서 내가 보여주고 싶은 것은 이 네 가지 감정-분노, 공포, 수치심, 행복-을 피상적으로 지칭하는 단어들이 실제로 그리스 문학에서 전달하고자 했던 감정의 실체에 비해 너무 모호하다는 사실이다. 비록 내가 책의 첫머리부터, 친숙한 이 감정을 명명하는 단어들을 열거해놓기는 했지만, 이들을 사용하는 데는 세심한 주의와 해석이 필요하다. 각기 겉으로 보기와는 다른 의미들을 내포하고 있기 때문이다.

　　그러한 이유로 나는 이 장을 통해 문제 단어들에 해당하는 그리스어를 하나씩 상세하게 살펴보고자 한다(독자의 편의를 위해 영어 발음을 음역 해놓을 것이다). 나는 그리스어에 대단한 전문성을 갖추지는 못했지만, 내가 배운 만큼의 그리스어 지식만으로 생각해봐도 번역을 매끄럽게 하기 위해 그리스어의 단어가 가지는 본연의 의미를 단순화시키는 것은 매우 위험한 일이다. 반면에 그리스어로 된 단어가 가지는 실제 의미를 좀 장황하게 설명한다고 해서 손해가 날 일은 없을 것이다. 같은 맥락에서, 독자들이 분노나 공포, 수치심, 행복의 감정을 기대하는 대목에서 이 단어들 대신에 노여움의 의미를 내포하는 메니스(μῆνις), 공포의 의미를 내포하는 포보스(φόβος), 치욕의 의미를 내포하는 에스코스(αἴσχος), 행복의 의미를 내포하는 에우데모니아(εὐδαιμονία)를 떠올릴 수 있다면 그 또한 바람직한 일일 것이다.

| 인간 차원의 분노 vs. 신 차원의 위협

태초에 메니스라는 단어가 있었다. 서구 문학에는 이 단어가 주로 노여움이나 분노(메닌(μῆνιν)-메니스(μῆνις)의 여성 단수 목적격)로 번역되어 있다. 호메로스의 서사시 《일리아드》는 아킬레스가 느끼는 극도의 화를 기본 골조로 해서 전개된다. 그러므로 《일리아드》를 이야기의 출발점으로 삼는 것이 합당할 듯하다.

기원전 800여 년 전에 쓰였을 것으로 추정되는 《일리아드》의 막대한 영향력은 아무리 강조해도 지나침이 없을 것이다.[3] 《일리아드》는 소수의 기타 서사시들과 함께 그리스인의 교육을 지배했기 때문이다. 플라톤 시대(기원전 400년경)의 아테네인들에게는 《일리아드》가 매우 친숙했을 뿐 아니라, 기본적인 삶의 지혜도 이를 통해 배울 정도였다. 이렇게 《일리아드》는 인문학의 토대가 되는 작품이자, 그 자체로도 많은 사랑을 받는 '고전'으로 자리매김해왔다. 우리가 이 책을 통해 감정의 역사를 진정성 있게 탐구해보고자 한다면, 감정을 나타내는 단어들로 이야기를 시작하고 그 방향으로 틀을 잡아가는 것이 매우 중요하다. 그 이유는 《일리아드》가 전쟁과 그 속에서 일어난 인간의 행위들을 사실적으로 담고 있어서라기보다는, 지난 수세기 동안 영웅주의와 미덕의 모델로 간주되어왔기 때문이다. 두 가지 모두 영혼의 격정과 감정적인 요소들의 통제를 받는 것이긴 하지만, 동시에 뭔가 좀 더 웅장한 우주론적 요소를 내포하고 있다.

아킬레스의 분노에 대한 오해

《일리아드》가 분노라는 감정에 관한 작품이라는 사실을 인정하고 나면, 우리는 이 작품에 나타난 그 분노라는 감정을 통해 무엇을 배워야 하는가하는 의문을 갖게 된다. 나는 이 질문의 답을 찾는 과정에서, 《일리아드》가 사실은 분노에 관한 내용이 아니라는 것을 알게 되었다. 그러자 또 하나의 의문이 생겼는데, 그렇다면 번역가들은 왜 《일리아드》가 분노에 관한작품인 것처럼 번역을 했는가 하는 것이다.

많은 학자들이 지적한 바에 의하면, 분노를 뜻하는 메니스란 단어는 《일리아드》에서 가끔씩 아주 특별한 경우에만 사용된다. 《일리아드》에서 메니스는 아킬레스와 신들에게만 사용되며, 그 의미도 다른 등장인물들이 표출하는 평범한 화의 감정과는 다르다는 것이다. 다른 인물들은 '화내다', '성내다'라는 뜻의 촐로스(χόλς)에 휘둘리는데, 이는 짜증이나 화가 몸속 깊이 뿌리박혀 있는 상태를 말한다.[4] 아킬레스의 메니스는, 신과 맞닿아 있다는 점에서 그 웅장함이나 중요성이 가히 우주적이라 할 수 있다. 《일리아드》를 목적론적 시각에서 해석한 레오나드 뮬너(Leonard Muellner)는메니스를 '우주적 제재'라고 표현했는데, 이는 메니스에 해당하는 감정 안에 사회 질서를 심각하게 위협하는 요인에 의해 일그러진 세계를 바로잡는 힘이 있는 것으로 보는 것이다.[5] 대부분의 경우 이러한 힘은 신에 의해발휘되었는데, 인간이 자신의 본질적 한계를 벗어나 신처럼 행동하는 것을 방지하기 위해서였을 뿐 아니라 신들 간의 서열을 정리하기 위함이기도했다.

아킬레스는 신은 아니지만, 불멸의 어머니에게서 태어난 반신반인이었으며 무엇보다 아가멤논과 같은 서열의 왕이었다. 《일리아드》의 첫머리에서 아가멤논은 아킬레스가 포상으로 얻은 여자 노예 브리세이스를 데려감으로써 아킬레스를 모욕한다. 그럼으로써 아가멤논은 왕 중에 왕이 있었던 정교한 사회구조를 위협함과 동시에 세심하게 지켜오던 약탈품 분배의 관습을 뒤집었던 것이다. 아킬레스는 당연히 분노했다. 그러나 이런 개인적 치욕과 그리스 사회의 안녕에 대한 위협이 그의 메니스에 대한 정당한 해명이 될까?

서구 문학에 나오는 두 번째 단어는 칭찬, 찬사, 칭송을 뜻하는 'praise'인데, 아킬레스의 메니스를 이해하는 데 중대한 단서가 되는 단어이기도 하다. 원전을 보면 호메로스는 자신의 뮤즈인 여신에게 아킬레스의 메니스를 칭송해 달라고 부탁하는 것으로 이야기를 시작한다. 하지만 대부분의 현대 번역은 호메로스가 여신으로 하여금 아킬레스의 분노에 관한 '노래'를 부르도록 부추긴 것으로 되어 있다. 번역가들이 이렇게 중립적인 선택을 했던 이유는 《일리아드》가 미덕으로서 또는 최소한 긍정적인 감정으로서의 분노를 주제로 하는 작품이라는 확신이 부족해서였던 것으로 보인다.

같은 맥락에서, 대부분의 현대 번역은 '분노(rage)'와 '노여움(wrath)', '화(anger)'를 별 구분 없이 사용하는 경향이 있다. 인간의 본성에 근거한 분노와 우주적 메니스의 결정적인 차이가 사라져버리는 것이다. 예를 들어, 좋은 번역으로 정평이 나 있는 로버트 페이글스(Robert Fagles)의 번역을 보면 분노가 서사시 전체의 핵심 동력인데, 분노에 찬 왕과 신들이 모여 사는 세상에 생명력이 넘치게 하는 것도 바로 이러한 분노의 감정이다.[6] 그의 이런 번역 작품은 명쾌하고 매력적인 이야기가 될 수 있을지는 모르지만, 결국 그 대가로 결정적인 특징을 놓치고 만다. 2006년 내가 처음으로 《일리아드》에 대한 수업을 할 때였다. 한 학생이 그리스어 원문의 아이도(ἀείδω)를 '칭송하다(praise)'로 번역하면 어떨까라는 제안을 해서 그 자리에 함께 있던 고전주의자들에게 충격적인 놀라움을 선사했던 일이 있었다. 그 학생에게 감사하면서 지금 여기서 그 번역을 정식으로 제안하고자 한다. 한 번 더 신선한 충격을 받을 고전주의자들의 반응을 기대하면서.

　　이는 표면상 그 단어에 대한 번역에 논란의 여지가 있어서는 아니다. 대부분의 어휘집에 그렇게 풀이되어 있으니까. 다만 문제가 되는 것은 《일리아드》에 사용된 분노라는 단어에 대한 현대적 해석이다. 특히 아킬레스의 분노를 지극히 부정적이고, 과도하며, 외설적이고, 악의적이며, 냉담하고, 비이성적인 것으로 해석한다는 점이 문제다. 그렇게 되면 아킬레스가 서사시 전체를 통해 왜 그렇게 끊임없이 분노로 들끓어야 했는지, 아킬레스의 행위가 어떤 의미로 찬사를 받아야 하는지 이해하기가 난감해진다. 현대의 수많은 번역본들은 《일리아드》의 끝부분에서 아킬레스가 다시 전쟁에 합류한 후에 취하는 모든 행동을 분노 때문인 것으로 일괄 해석한다. 아킬레스가 살육전을 펼치는 장면이 엄청난 길이로 이어진다는 사실을 고려해볼 때, 그의 메니스가 찬미 받을 만한 일이라는 주장을 지지하기는 어렵다. 따라서 작품을 이해하고 분석하는 일이 모두 힘들어지는 것이다.[7]

감정의 역사

아킬레스가 헥토르에게 영웅 자리를 내줄 수밖에 없었던 까닭은?

《일리아드》는 특이하면서 동시에 활력 넘치는 또 다른 버전의 감정의 역사를 위한 흥미진진한 출발점이 될 수도 있다. 격정적인 감정에 대한 평가가 급진적으로 변하면서 《일리아드》에 등장하는 유덕한 사람과 사악한 사람이 변화와 반전을 겪기 때문이다. 그런데 이러한 변화는 감성 그 자체의 역사를 반영하는 것이기도 하다. 호메로스를 비판하는 사람들의 시각에서 호메로스를 읽는 것은 그의 역사 서술에 살을 붙이기 시작하는 일이다. 세월이 흐르는 동안 아킬레스의 메니스에 대한 이해가 퇴조하고, 헥토르의 인간성과 감성적 복합성이 부각되었다. 현대판 《일리아드》에 의하면 헥토르는 영웅이자, 용감무쌍한 약자다. 그리고 그의 운명은 잔혹한 격정의 한계를 알 수도 없고 막을 수도 없는 자의 손에 맡겨져 있다. 이 서사시에서 비통함(pathos)을 찾는다면, 그것은 바로 헥토르가 처한 곤경에 있을 것이다.[8] 《일리아드》의 구상 단계에서부터 헥토르가 서사적 영웅들의 판테온에서 주인공 자리를 차지하지 못한 이유도 바로 그런 인간다움 때문이었을 것이다. 헥토르가 수세기에 걸쳐 찬사를 받아온 이유를 이해하려면 영웅들이 저마다 지니고 있는 감성적 가치를 유동적으로 해석할 수 있어야 한다.

분명히 말하지만 헥토르가 영웅이 되고 아킬레스가 악당이 되는 것은 도덕성을 유동적으로 해석하는 것도 아니고, 단순히 화나 공포 같은 특정 감성에 대한 평가가 변해서도 아니다. 단지 서사시의 맥락에 대한 체험적 거리감 때문이다. 아킬레스가 체험하는 메니스, 심오한 슬픔, 그로 말미암아 행하게 되는 행위에 더 이상 정당성을 부여할 수 없기 때문에 그가 악당으로 비치는 것이다. 호메로스의 작품에 대한 가장 중요한 비판적 독해는 처음이자 가장 유명한 것으로서 《국가(Republic)》의 내용을 구성하는 플라톤식 대화의 많은 부분에서 볼 수 있다. 호메로스의 아킬레스를 유덕한 인물로 받아들이기 힘들다며, 따라서 영웅의 본보기라 하기엔 무리가 있다는 비판적 논쟁이 이루어진 것도 이것이 처음이다. 고전 시대 아테네의 가치관에 의하면, 호메로스의 작품은 부패한 영향을 미친다는 이유로 금지될 수도 있었다.

반면에, 중세부터 빅토리아 시대까지 헥토르는 《일리아드》의 등장인물 중 기사도 정신을 보여준 영웅적 패자로 재조명되었으며, 공손한 남성다움의 표상으로 추앙되었다. 하지만 그렇게 되기 위해서 헥토르와 아킬레스는 분노와 용기의 의미와 가치에 대한 새로운 세대의 감수성에 부합될 수 있도록 배역이 바뀌어야 했다. 완패한 헥토르가 상처투성이 승자의 본보기가 되는 동안 아킬레스는 최고의 악당이 되어야 했다. 분노, 특히 통제되지 않는 분노는 긍정적인 인성으로 인정받을 수 없었다. 메니스가 가지는 우주적 의의는 상실되고 변질되어, 스토아 철학의 영향을 깊이 받은 일신교 문화에서는 전혀 이해될 수 없게 되었다.

헥토르는 1400년경 익명의 저자가 쓴 《트로이 찬미집(Laud Troy Book)》을 통해 '덕망 있는 로맨스 영웅'으로 널리 알려졌는데, 그의 명성은 엘리자베스 배럿 브라우닝(Elizabeth Barrett Browing)의 시 '정원의 헥토르(Hector in the Garden)'(1846)에서도 나타난다.[9] 1869년 글래드스턴(Gladstone)

은 이런 현상에 대한 못마땅함을 다음과 같이 표현했다.

> 호메로스의 시에 등장하는 헥토르는 후세의 관습에 의해 지나치게 과장되
> 고 훼손되어 원작의 특징이 모두 상실되었으며, 용맹과 기사도 정신의 표상
> 인 양 부각되었다. 그러나 용맹도 기사도 정신도 사실대로 이해하자면, 호메
> 로스의 헥토르가 지닌 성격적 특징이라고 할 수 없다.

글래드스턴은 헥토르가 보여주는 극도의 용맹과 '명백한 비굴함의 조짐'
사이에 일관성 없는 성격적 특성을 이해할 수 없다고 했는데, 이는 헥토르
가 두려워하는 것이 무엇인지 정확히 파악할 수 없다는 의미일 것이다. 아
마도 글래드스턴이 의문을 가졌던 점은 '그의 인성에서 악덕의 자취를 전
혀 찾아볼 수 없는데…… 그렇다면 그 시대에 영웅적인 남자의 본보기로
간주되고 중세 기독교 문학에 인용되어온 그의 말에 부합하는 특성은 어
디에 있는가?' 하는 것이다.[10]

사울 레빈(Saul Levin)의 말을 들어보자.

> 《일리아드》에는 먼 옛날부터 전 세대를 통해 그리스인들과 공감대를 형성해
> 온 전형적인 영웅의 모습이 있다. 그리스인들은 어린 시절부터 그에 대한 이
> 야기를 읽고 들었다. 동시대의 그리스가 어떠한 환경적 변화를 겪든, 그들의
> 영웅은 시를 통해서 먼 조상들이 만들어놓은 모습 그대로, 아니 어쩌면 조상
> 들이 선망했던 모습 그대로 굳어져왔다. 그럼에도 《일리아드》의 어떤 부분은

다른 부분에 비해 그리스 황금기에 미친 영향이 미미하다. 핵심적인 두 인물 중 하나를 경시했기 때문인데, 그가 바로 아킬레스를 훨씬 능가하여 현대의 독자들은 물론 학자들까지 감동시킨 헥토르다. 우리는 차라리 헥토르를 닮고 싶어 한다. 그러나 우리가 진심으로 시인과 아카이아 청중들의 마음을 그들의 후손들이 느꼈던 만큼 공감할 수 있을까? 오직 아킬레스 한 사람에게서 《일리아드》의 위대한 영웅의 모습을 보았던 그들의 마음을 말이다.[11]

우리는 많은 경우 호메로스나 아카이아 청중들이 느꼈던 소회와는 동떨어져 있으며, 왜 아킬레스가 《일리아드》의 영웅인가를 이해하기 위해서는 그의 메니스에 대한 깊은 성찰이 필요하다. 그러므로 나는 호메로스의 시가 여신에게 메니스를 찬양하라고 권유하는 장면으로 시작한다는 점과 《일리아드》라는 작품 전체가 찬미 받을 만한 메니스를 주제로 한다는 점에 대해 좀 더 깊이 살펴보고자 한다.

아킬레스의 무절제한 분노가 정당한 이유

아킬레스가 영웅이고 헥토르가 경멸할 만한 악인이라면, 아킬레스의 끔찍한 행위들이 모두 긍정적이고, 합당하고, 적절하며, 유덕하고, 감성적이며, 이성적이고, 정당하다는 해석은 어떻게 납득해야 할까? 이런 해석은 얼마든 가능하고, 나는 그리스인들이 호메로스의 영웅을 사실상 그렇게 이해했다고 생각한다. 실제로 아킬레스는 전쟁에 참여하지 않음으로써 제우스로부터 명예를 부여받는다. 그가 다시 전쟁에 나간다는 것은 그의 메니스가 종결되었음을 상징한다. 그러므로 나는 조심스럽게 서구 번역본의 첫 두 단어(원본상으로는 '메니스'와 '아이도'에 해당하는 '분노'와 '노래하다'-옮긴이)에 대한 새로운 번역을 제시하고자 한다. 즉 '신 차원의 분노를 찬미하라'로 번역할 것을 제안한다.

메니스는 단순한 격정이 아니기 때문에, 우리가 감정이라고 부르는 것과 동일시될 수 없다. 그것은 내면에서 저절로 일어나는 것이 아니라, 사회적이고 우주적인 자극제에 의해 일어나는 것이다. 내가 해석하는 바에 의하면 그리스어 메니스(menis)는 영어로 메네스(menace, 위협 또는 위협적인 존재)로 번역하는 것이 더 타당하다(이 두 단어의 영어 발음이 유사하다는 사실 말고도, 두 단어의 연관성을 찾을 만한 몇 가지 근거가 있다). 영단어 메네스에는 극심한 분노의 감정이 함축되어 있으며, 그 감정의 소유자에 의한 폭력적인 위협, 그리고 그 위협의 결과로 모두가 경험하는 혼란을 암시한다. 그러므로 아킬레스의 메니스는 단순히 그의 감정을 묘사하는 것이 아니라, 그의 모든 행위와 무위, 전쟁의 과정, 전쟁에서 철수했다가 다시 가담하게 되는 전 과정을 강조하고 정당화한다. 영단어 메네스는, 명사로 사용될 때는 '해를 끼칠 수 있는 사람이나 사물, 즉 위협이나 위험'이라는 뜻을 갖는다. 또한 단수로 사용될 때는 '위협적인 기질 또는 분위기'의 의미도 갖는다. 《일리아드》의 맥락에서는 바로 이런 위협이 정당화된다. 아킬레스에게 저지른 아가멤논의 처사로 인해 사회적·관습적 파열이 야기되었기 때문이다.

아킬레스의 메니스로 말미암아 아르고스의 강물은 피로 물든다. 무엇이 그러한 결과를 초래했을까? 메니스를 단순히 '분노'라고 가정한다면,

아킬레스가 자신이 당한 부당한 행위에 과도한 응징을 가했다는 결론을 피할 수 없을 것이다. 제1권에서 아가멤논은 상으로 받은 여자 노예 크리세이스를 내놓는 대신 아킬레스의 전리품인 브리세이스를 빼앗아간다. 아폴로의 사제인 크리세이스의 아버지에게 크리세이스를 돌려보내야 했기 때문이다. 아가멤논이 크리세이스의 몸값을 거절한 것은, 먼저 우주적이고 의례적인 정의와 질서를 어긴 것이다. 이에 대한 응징으로 아폴로는 그리스의 전 진영에 역병이 돌게 했다. 아폴로의 메니스란 이런 것이며, 그로 인한 모든 재앙을 체험한 아가멤논은 질서를 회복하고 아폴로의 메니스(위협)를 종결시키기 위해 마음을 바꿀 수밖에 없다. 그러나 자신의 전리품을 내놓은 데 대한 보상으로, 그리고 손상된 체면을 지키기 위한 방편으로 아가멤논은 아킬레스의 전리품을 빼앗는다. 이에 아킬레스는 아가멤논의 행위를 묵시적으로 용인해준 모든 그리스 진영과 연대를 끊는다.

여기서 우리가 아킬레스가 단순히 체면이 손상되거나 아가멤논에게 모욕을 당해서, 또는 브리세이스를 잃어서 화가 났다고 이해한다면, 당연히 그를 잔혹하고 호전적이며 성급한 인물로 보게 될 것이다. 그가 불명예스러운 일을 당했다고 해서 그의 메니스가 초래한 끔찍한 파괴가 정당화될 수 있을까? 그러나 아킬레스는 아가멤논이 부당하게 브리세이스를 강탈한 것에 대해 개인적인 감정으로 화를 내는 것이 아니다. 아가멤논의 행위는 좀 더 포괄적인 의미에서 우주적 질서의 파괴이고, 그로써 초래될 세상 질서의 붕괴로 보아야 한다. 아가멤논은 지위와 교환, 명예에 관한 전통적 관례를 무시하는 행동을 함으로써 두 번이나 메니스를 촉발시켰다. 한 번은 아폴로의 메니스, 그 다음은 아킬레스의 메니스. 이에 대한 아킬레스의 '신 차원의 위협'은 모든 것을 원래대로 복귀시키는 역할을 한다는 점에서 찬미 받을 가치가 있다.

아킬레스의 메니스를 목적론적으로 살펴보자면, 그가 《일리아드》에서 펼치는 대부분의 행위는 폭력을 행사하기 위해서가 아니라 폭력으로부터 벗어나기 위해서다. 아킬레스는 자신의 메니스에 구속되어 있으며, 이러한 상황에 대해 무위로 일관한다. 그를 구속하는 것은 자기 자신일 수도 있고, 아테나나 테티스일 수도 있다. 그 예로 폼페이에 있는 1세기경의 프레스코화를 보면, 아킬레스의 메니스는 제일 먼저 아테나에 의해 통제와 철수의 형태로 전환된다. 이와 더불어 아킬레스를 묘사한 대부분의 고대 문헌들을 보면 눈에 띄거나 뚜렷한 표정 변화에 대한 언급이 없다는 사실도 주목할 필요가 있다. 아킬레스의 얼굴 표정에서는 분노의 전형적인 징후를 전혀 찾아볼 수 없다는 말이다.

또 다른 예로 기원전 480년경의 것으로 추정되는 술잔을 살펴보자. 술잔의 겉면에는 아가멤논에게 브리세이스를 빼앗기는 순간이 묘사되어 있는데, 아킬레스는 상복을 두른 채 가만히 앉아 있고, 그의 심경을 나타내는 징표라고는 손을 이마에 얹은 자세뿐이다. 이런 자세를 개인적인 슬픔을 드러낸 몸짓이라 볼 수도 있지만, 당시 정황을 고려해볼 때 그의 메니스를 엿볼 수 있는 몸짓으로 해석해도 타당할 것이다. 단지 개인적인 불행 때문이 아니라 세상이 직면하게 된 상황을 감지하며 슬픔에 압도된 모습으로 말이다.

아킬레스와 아가멤논의 프레스코화, 아폴로의 집, 폼페이, 서기 1세기.

아킬레스가 브리세이스를 빼앗기는 순간을 묘사한 아테네의 붉은 그림 잔,
기원전 480년.

그 후로 아킬레스는 분노에 들끓는 모습으로 함선 주변을 맴돌고, 그의 메니스는 끊임없이 아르고스를 투쟁에 휘말리게 한다. 《일리아드》는 이미 알고 있는 결말을 가지고 수없이 반복되어온 이야기다. 그런 면에서 아킬레스의 메니스는 폭력적 결말을 예고함과 동시에 다른 이들이 그리스에 가하게 될 폭력을 용인하기도 한다. 아킬레스가 전투에서 철수하자 헥토르와 트로이 군사들이 전투에서 우위를 점하면서 아카이아인들은 지옥의 맛을 경험하게 된다. 그리스 군사들의 사기의 원천인 아킬레스가 전장에서 사라지자 트로이 군은 그리스인들을 마구 살육한다. 이는 제우스가 뜻한 바이기도 한데, 제우스의 메니스는 이 경우, 아킬레스의 메니스를 적극 반영한 것이다. 뮬너의 표현을 빌리면, 아킬레스의 메니스를 위한 '활성제'다.[12] 제우스는 아킬레스의 어머니인 테티스를 통해, 아가멤논의 악행에 대한 대가로 아카이아인들이 고통을 당하게 해 달라는 아킬레스의 요청을 들어준다. 반신반인인 아킬레스의 흔치 않은 인간적 메니스를 신들의 차원인 '우주적 제재'로 전환시켜 세상의 질서를 무너뜨린 자가 속해 있는 사회 전체를 정당하게 징벌한 것이다.[13]

아킬레스의 억울한 누명을 벗기다

이후 아킬레스는 절친한 친구인 파트로클로스를 트로이 군과의 전쟁에 내보내는데, 이때야 비로소 그의 메니스는 수그러든다. 이 시점까지 아르고스가 완패함으로써 아킬레스의 명예를 더럽힌 부당함에 대한 충분한 징벌이 이뤄졌기 때문이다. 아킬레스는 마치 자기가 전쟁터에 나가는 것 같은 마음으로 파트로클로스를 내보내면서, 서사시의 시작 부분에서 아가멤논에 의해 끊어졌던 유대감을 회복하기 위한 첫 발을 내딛는다. 그러므로 파트로클로스의 죽음은 단순히 아끼던 전우의 죽음이 아니라 아킬레스 자신의 죽음과도 같았으며, 둘 사이에 그러한 동일성이 있었던 만큼 아킬레스를 비탄에 빠뜨리고 결국 전쟁에 가담케 한다.

현대 번역은 거의 필연적으로 아킬레스가 다시 행동을 개시하는 것을 사랑과 비탄이라는 강렬한 감정들과 뒤섞인 계속적인 분노의 표출로 해석한다. 분노나 노여움에 대한 우리의 기준에서 본다면 이는 지극히 자연스러운 현상이다. 아킬레스의 손에 의해 자행되는 극단적인 폭력이 오로지 이런 감정에 연유한다고 보는 것이다. 그러나 아킬레스의 행위는 슬픔으로 인한 것이며 모든 전우들을 돕기 위해서였던 만큼, 우리는 그의 무자비한 살육을 《일리아드》의 주제이기도 한 메니스가 해소되었다는 징표로 이해해야 한다.

메니스에 싸여 있는 아킬레스는 활동성이 둔화되어 있었지만, 살육전을 펼치는 그의 모습은 신의 메니스를 '닮아' 있다고 묘사된다. 아킬레스는 높은 신들의 세계에서 가해지는 일종의 위협인 메네스(menace)를 형상화하는 상징으로서 존재하며, 인간관계를 회복하고 의례적 연대를 재결성한다는 명목 하에 단 한 번 자신의 메니스를 내려놓는다.[14] 호메로스는 아킬레스가 '힘이 넘치는 맹렬한(또는 격한) 정기(μένεος δ έμπλήσατο θυμόνα άγρί-ου-메노스 데 엘플리사또 티모나 아그리우)'로 헥토르에게 치명상을 입히기 직전의 모습을 묘사하면서, 그의 격정이 우주적인 영역보다는 자연의 영역인 땅의 기운에 다시 굳건하게 뿌리를 내렸다고 했다.[15] 스티븐 스컬리(Stephen Scully)가 말했듯이, '맹렬히 분노하는 화신'이었던 아킬레스가 마침내 인간의 몸으로 인간의 비통한 분노를 표출하는 유한적 존재가 되는 순간이다.[16] 이 부분에서, 그리고 헥토르의 죽음을 앞둔 시점에 다시 한 번 현대 번역은 메노스(μένος)를 '분노' 또는 '화'로 해석하고, 위력 또는 힘, 세력, 강함, 폭력의 의미를 지닌 이 단어를 메니스와 혼용한다.[17]

　　매우 중요하지만 종종 간과되는 부분이 있는데 바로 아킬레스가 헥토르의 시신을 넘겨줄 것을 거절하는 대목이다. 아킬레스는 헥토르의 시신을 개와 새의 먹이로 주겠다고 하는데, 여기서 그의 진심은 헥토르의 살을 생으로 뜯어 먹을 정도의 격정과 용기(μένος καί θυμός-메노스 카이 투머스)가 있었으면 좋겠다는 것이다.[18] 페이글스는 이 부분을 '나의 분노, 나의 울분(my rage, my fury)'으로 번역했으며, A. T. 머레이(A. T. Murray)는 '노여움과 울분(wrath and fury)'으로 번역했다.[19] 서사시의 첫머리에 나오는 메니스와 '노여움'은 분명 다른 의미임에도 두 버전 모두 분노에 차 있는 아킬레스라는 주제로 일관한다.

　　그러나 이 대목이 암시하는 바는 명백하다. 아킬레스는 헥토르의 살을 생으로 먹을 만큼 격정에 차 있지 않았으며, 그런 시도조차 하지 않는다. 그러므로 이 대목은 다음과 같이 해석해도 좋을 것이다. '내게 너의 살을 생으로 먹을 수 있는 용맹스러운 기운(메노스)과 열정(투머스)이 있다면.' 이것이 보다 우주적인 자신의 메니스를 완전히 내려놓는 시점에 묘사된 아킬레스의 성격에 좀 더 일치되는 해석이 될 것이다.

| 두려움과 우주적인 것

《일리아드》제22권, 결정적인 만남의 순간을 맞이하는 장면에서 헥토르는 아킬레스와 일대일 대결을 청하지만, 막상 두려움에 싸여 안절부절못한다. 아킬레스는 집요하게 헥토르를 추격하며 트로이의 성벽을 돌고, 아테나는 동지로 변장하고 헥토르에게 나타나 아킬레스와의 싸움을 응원하지만, 사실 그것은 헥토르가 달아나지 못하게 하려는 속임수였다. 싸우기로 결심한 헥토르는 왜 달아났을까? 바로 이 점이 헥토르를 서사적 영웅의 으뜸으로 꼽으려는 사람들이 가장 이해하기 어려워하는 부분이다. 《일리아드》전체를 통해 나타나는 헥토르의 영웅적인 행적으로 볼 때, '떨며(τρόμος-트로모스)' '겁에 질려 달아나는(φοβηθείς-포베테이스)' 모습은 그의 성격에 어울리지 않는다.

그토록 용맹스럽던 헥토르는 왜 겁에 질려 달아났을까?

감정 역사의 기본 원리는 감정이 대상의 변화를 포착하기에는 부족하다는 것이다. 왜냐하면 그러한 변화는 감정 경험 자체를 변화시키기 때문이다. 고대의 감정 역사 분야에서 영향력 있는 역사가인 데이비드 콘스탄(David Konstan)은 이렇게 말했다. "감정은 본능적이고 보편적인 반응이 아니며, 개인이 속해 있는 사회에 특화된 가치에 의해 길들여진다…… 말하자면 인지적 기초 위에 사회적으로 형성된다는 뜻이다." 감정은 '판단에 근거'할 수밖에 없는데, 사라 아메드(Sara Ahmed)의 이론에 의하면, 그러한 판단이 마치 자연적인 것처럼 이루어진다는 것이다.[20] 그 변화들은 너무 빨리 일어나기 때문에 적절한 행동이나 표정, 태도를 선별적으로 취하려는 의식적 느낌조차 가질 새가 없다. 하지만 주어진 맥락 안에서 감정은 생겨나고, 그 맥락에 대한 암묵적 이해를 동반한다. 헥토르가 왜 달아났는가를 이해하고자 할 때, '두려워서'라는 답으로는 충분하지 않다. '아킬레스가 무서워서'라는 답도 마찬가지다. 이 두 개의 답은 또 다른 의문을 제기할 뿐이다. 그렇게 두려움을 모르던 투사가 왜 갑자기 떨기 시작했을까?

그것을 이해하려면, 호메로스가 구축해놓은 전반적인 우주적 주제에서 인간의 영웅주의가 가지는 상대적으로 얄팍한 깊이를 이해해야 한다. 호메로스가 직접 설명하는 영웅에 대한 표면적 해석을 좀 더 쉽게 상상해보기 위해 그가 제시하는 또 하나의 평면을 떠올려보자. 바로 아킬레스의 방패다. 그 방패는 아킬레스가 메니스를 내려놓고 전투에 나갈 때 헤파이스토스가 직접 철을 연마해서 만들어준 것이다.

방패의 구성을 묘사하는 올리버 태플린(Oliver Taplin)의 말을 들어보면 이해가 쉬울 것이다. 태플린이 보기에 방패는 우주의 축소판이다.[21] 방패에는 생명의 요소들이 조악하리만치 세세하게 그려져 있는데(주로 좋은 것들이다), 중앙에는 우주, 즉 지구, 하늘, 바다, 태양, 달, 별을 뜻하는 다섯 개의 동심원이 있다. 그 밖으로는 두 개의 도시가 둘러싸고 있는데 하나는 평화롭고, 다른 하나는 전쟁에 휩싸여 있다. 이는 정의의 두 모습을 나타낸다('올바로 서 있는 정의' 그리고 청동과 피의 정의). 그 밖으로는 농촌 생활을 보여주는 그림이 띠처럼 둘러쳐져 있는데 계절별 농민들의 생활을 묘사한다.

그 밖으로는 춤추는 사람들의 모습이 있고, 제일 바깥쪽에 둘러진 가장 큰 띠는 바다의 모습이다. 《일리아드》에서 유일하게 이 전쟁만이, 평화로운 삶 아니면 최소한 전체론적인 삶을 위해 훨씬 더 큰 전체의 관점에서 치러진다는 의미를 담고 있다.

그런데 왜 이런 의미를 담고 있는 방패를 아킬레스에게 주는가? 《일리아드》에 등장하는 인물들 중에 아킬레스만이 평화롭게 오래 살기를 포기하고, 싸우다가 명예롭게 죽기를 원했기 때문이다. 아킬레스의 권력은 무사로서 그의 자질에 근거한다. 그가 존재하는 이유(raison d'être)는 동심원들 중 하나, 그 하나의 반 정도에 담겨 있는데, 그나마 중심에 자리 잡지도 못했다. 고르곤의 머리나 천둥 번개 등을 그려 넣은 흔한 방패의 모습이 아닌 것이다. 아킬레스의 방패는 일상을 상기시킨다. 농사, '평화로운' 일상적 실랑이, 변화무쌍한 자연에 대처하는 일, 유쾌한 소란을 벌이는 순간들. 이러한 삶은 하늘과 바다가 닿는 곳까지 끝없이 펼쳐져 있는데, 경험의 폭은 대부분의 경우 매우 좁다.

이러한 주제는 헤시오도스의 《일과 날(Works and Days)》(기원전 700년)과도 연결된다. 이 작품은 일상을 이야기하는데, 해야 할 일들과 하지 않아야 할 일들, 계절과 땅에 관한 이야기, 그리고 소소한 언쟁들에 관해서다. 헤시오도스가 보기에 이러한 일상의 경계는 멀리하는 게 최선인 바다와 내재하는 신들이다. 또한 반복되는 계절과 달력에 관한 이야기라는 점에서 구조적으로 순환적일 수밖에 없다. 그런 점에서 아킬레스의 방패와 《일과 날》은 공통점을 갖고 있는데, 둘의 유사성은 이러한 피상적인 차원에서 그치지 않는다.

중요한 것은 겉모습만 보고 속단하지 말아야 한다는 것이다. 헤시오도스가 말하고 싶었던 것은 하루하루가 평범하고 지루하더라도, 그 자체가 신들의 뜻이기 때문에 소중하다는 점이다. 끝없이 순환되고 반복되는 일상이라도 삶 그 자체로 신성하다는 것이다. 단순한 겉면에 평범한 일상을 그린 아킬레스의 방패도 이와 같다. 트로이 전쟁은 훨씬 더 원대한 주제의 한 부분을 차지할 뿐이며, 그 전체를 아우르는 거대한 힘에 비하면 하나의 작은 사건처럼 보인다. 전장에서 영웅들이 보여주는 모든 행위도 전체 군사의 무리 속에서, 그리고 다양한 모습으로 펼쳐지는 삶이라는 넓은 주제 안에서 미미해진다. 우리가 아는 그대로의 일상이라는 삶의 지평이 주어지고, 영웅들의 행위는 중요하지 않게 된다. 일반적으로 생각하는 행복한 세상을 그린 것은 아니지만, 전체적으로 볼 때 평범함을 바라보는 관점이 《일과 날》이라는 작품과 통하는 데가 있다. 그리고 결론적으로 전하는 메시지도 같다. 결국, 아킬레스의 방패는 신이 만들었고, 모든 사물의 내면에는 신성이 존재한다는 사실을 말해준다. 시야를 넓히면 영웅의 가치와 무사로서 그의 위엄은 약화되고, 활력을 잃는다. 전쟁에서 어떤 활약을 보이든, 그가 얼마나 유명하든 또는 무명하든, 신의 영향력, 그리고 별과 바다의 힘 앞에서 영웅의 존재는 작아진다.

그러므로 평범하지만 신성한 방패의 이미지가 《일리아드》의 내용 전체에서 가장 중요한 순간에 만들어진다는 사실은 의미심장하다. 아킬레스가 마침내 자신의 메니스를 내려놓고 슬픔과 분노에 싸인 채 전쟁에 참여하는 시점이기 때문이다. 이것은 마치 우리가 듣고 읽게 될 내용이 제자리를 찾았다는 예상을 하게 하려는 것 같다. 시 전체의 구도가 잡히는 순간이다. 아킬레스는 단순한 방패가 아니라 우주의 장대함을 앞세우고 있는 것이다.

우리가 그 뒤에 일어나는 영웅적 행적에 마음을 뺏기는 동안, 평화라는 주제와 또 다른 세계, 즉 전장이나 인간보다 더 넓은 세계는 순환의 과정을 반복한다. 제19권에서 아킬레스가 전투복을 챙겨 입는 동안 그의 방패에 대한 묘사가 흐른다. '달처럼 주위에 빛을 쏟아놓는다. / 또는 외로운 정착지에서 타오르는 불꽃처럼 / 섬 언덕 높이에서 빛을 반사하며 / 바다로 나가는 사람들의 얼굴을 비춘다. / 풍랑이 이는 것을 무력하게 바라보고 있어야 하는 이들 / 풍랑을 타고 사랑하는 사람에서 멀어지는 이들.'[22] 하늘, 땅, 바다. 방패의 구성이 한 번에 요약되어 있다. 이러한 요약은 아킬레스가 '별처럼' 빛나는 투구를 썼을 때 다시 한 번 나온다. 말총은 땅을 기억하게 하지만, 바다 또한 잊지 않게 하려고 '물결친다'. 그리고 마침내 아킬레스가 마차에 오를 때, '전투복장을 한 그의 모습은 / 황금색 태양처럼 빛난다.'[23] 우주의 맥락에서 보면 《일리아드》의 결말은 작은 사건에 불과한 것이다.

스티븐 스컬리는 인간 행위가 무의미함을 이렇게 극명하게 상기시키기 때문에 아킬레스의 미르미돈 군대가 그의 갑옷을 바라보지 못하는 것이라고 주장한다. 아킬레스는 자신에게 임박한 죽음과 인간 행위의 공허함을 이미 받아들였기 때문에 기꺼운 마음으로 이를 바라볼 수 있다. 우리는 여기서 아킬레스가 반신반인이라는 사실을 기억해야 한다. 같은 이유로, 헥토르가 방패를 보고 달아나는 것은 아직 자신의 유한성, 그리고 더 큰 주제 안에서 자신의 위치를 받아들이지 못했기 때문이다. 헥토르가 죽음을 맞이하는 바로 그 순간, 우리는 다시 한 번 우주적 주제에 대해 생각하게 된다. 아킬레스는 분노에 차 있지만, 분명히 '둥근 방패 뒤에' 있다. 그 부분에서 방패의 우주적 구성이 다시 한 번 묘사된다. 바다처럼 물결치는 투구의 깃털장식, 땅을 상징하는 황금색의 튼튼한 말총, 그리고 '금성처럼' 번쩍이는 창날. 스컬리의 말에 의하면, 땅과 하늘, 태양, 달, 별, 강, 바다를 아우르는 원대한 배경 안에 그러한 모습으로 인간을 그려 넣는 것이야말로 올림피아 신들의 이야기다움이며, 아킬레스의 초월적인 울분에 깔려 있는 원대한 예지력이다. 나는 그것이 바로 비통한 슬픔에 싸인 아킬레스라고 생각한다. 이 시점에 이미 그의 '초월적인 울분', 즉 신 차원의 위협이 지나갔기 때문에 전쟁에서 죽을 운명을 받아들이고 이러한 예지력을 가질 수 있는 것이다. 자신의 유한성에 갇혀 전전긍긍하는 사람들의 입장에서는 별개인 듯 보이는 우주의 원들을 '통합된 전체'로 본다는 것은 두렵고 엄청난 일이다. '그 개관적이고(synoptic) 비인간적인 시각은 인간을 더 원대한 우주와 제우스의 의지라는 맥락에 가져다놓음으로써 인간이 특별한 지위에 있다는 착각에서 깨어나게 한다.'

이는 특히 헥토르가 아킬레스를 대적하는 순간에 결정적으로 작용한다. 스컬리는 이를 '신의 현존을 느끼는 것'이라고 표현하는데, 온 우주가 아킬레스의 칼날과 함께 그를 덮치는 것 같았으리라는 것이다. 그러한 상

상을 한다는 것은 극히 미미한 존재로 축소된다는 뜻이다. 하지만 방패의
위용은 '고르곤으로 장식된 방패보다 더 강렬한 효과'를 지닌다.[24] 경이로움,
말하자면 압도적인 장대함을 지닌 신성함에 대한 특별한 두려움을 자아
낸다.

《일리아드》의 진정한 영웅은 '시인의 언어'다

《일리아드》의 문장들은 말보다 행동이 더 큰 감동을 준다는 사실을 보여
준다. 사실 행동이 따르지 않는 말은 무력하다. 칼과 창을 제대로 쓸 줄 모
르는 사람의 말은 아무리 유창해도 들을 필요가 없다. 그럼에도 시 속에는
말이라는 매체(칼부림이 따르지 않는다고 가정하자)가 가지는 탁월함이 드러난다.
호메로스가 방패를 묘사하는 부분에서, 《일리아드》에서 일어나는 모든 사
건들이 피상적이고 부분적임을 상기시키는 점은 시인이 특정 요소가 아닌
보편성에서 신성을 찾아내고, 그것을 그려낼 수 있음을 증명한다. 영웅들
은 생겨났다 사라지고, 영광과 공포, 분노도 그렇다. 행위는 그것이 일어나
는 순간에만 영향력을 갖는다. 그 영향도 전체 주제의 일부에 불과하지만,
그조차 신이 주제하는 전체를 통해서 가능하다. 마찬가지로, 말은 시간과
공간을 초월해서 전체를 아우른다. 모든 것을 맥락 안에 집어넣고, 신성과
여러모로 흡사한 보편성 안에서 그 맥락이 통하게 하는 시인의 예지력은
실로 영웅적이다. 전체의 표면 밑으로 신성에 접근한다. 아킬레스는 방패
를 두고, '인간의 손으로는 만들 수 없다'고 했지만, 사실 방패는 시인의 창
작물이다.[25] 실제처럼 견고한 묘사는 시를 신성에 연결시킨다.

그러므로 《일리아드》가 가지는 교훈적 가치, 청중을 고무하는 모범이 되는 영웅적 행위의 묘사에는 언제나 다음과 같은 전제가 따른다. 시인이 아니었다면 우리는 이 영웅들, 또는 아킬레스의 신 차원의 위협을 접하지 못했을 것이다. 대중의 마음속에 아킬레스나 헥토르의 불멸은 언제나 이들의 이야기를 전해주는 시인의 불멸에 미치지 못한다. 《일리아드》의 영웅은 인물의 영웅다운 면모와 한계를 드러내는 힘을 가진 언어다. 영웅이 경외감에 눌려 무너지든, 죽음을 예감하며 경외감을 불러일으키든, 오로지 시인만이 메니스와 경이감의 내면으로 들어가 영웅의 삶 너머에서 신성을 마주할 수 있다.

| 수치심과 인간적인 것

우주적인 장대함 앞에 작아진 인간에 대한 고찰과 극명한 대조를 이루는 것으로, 투키디데스의 필로폰네소스 전쟁 이야기를 들 수 있다. 여기에는 우주적인 고찰이 전혀 담겨 있지 않으며 전적으로 인간이기 때문에 일어나는 행위가 중심이 되어, 웅장하지만 인간의 범주를 벗어나지는 못한다.

정서적인 삶의 역사를 포함하여 모든 인간적인 것을 이해하려면, 우선 인간이 어떤 존재인지를 알아야 한다. 그것이 '과학'이라는 단어가 따라붙는 학문으로서 감성 연구의 매력이다. 감성은 인간 본성에 대한 확실한 통찰을 주고, 그에 기반을 두어서 모든 장소, 모든 시간에 일어나는 인간의 경험을 설명할 수 있게 해주기 때문이다. 그러한 연구가 순환성을 갖는 것은 당연하다. 인간 경험의 성쇠를 탐색하려면 먼저 인간이 어떤 존재인가를 살펴봐야 하고, 이는 인간 경험의 성쇠를 탐색해야만 알 수 있다. 그러다 보니 감성 연구는 종종 목적을 알기가 힘들고, 무엇이든 하나의 거시적인 가정을 하고 보려는 경향이 있다. 인간이란 어떤 존재인가를 항상 알고 있거나, 감성이란 무엇인가를 항상 알고 있다는 가정 말이다. 심리학, 철학, 진화생물학 등을 두루 섭렵하며 비판적 독서를 하다 보면, 그러한 가정이 대부분의 경우 틀리다는 결론에 도달하게 된다.

그러한 가정을 했다는 것은 곧 우리 자신을 정의하려는 탐구가 여러 측면에서 볼 때 그 자체로 확정적이라는 뜻이다. 우리가 어떤 존재인가를 지나치게 단언하는 데에 따르는 문제는, 시간이 지남에 따라 우리가 그런 존재가 아님을 너무도 명확하게 알게 된다는 사실에 있다. 그러나 진실되고 궁극적인 정의를 놓친 것이 아니며, 아직 탐구하지 못한 영역의 끝 부분쯤에서 찾을 수 있을 것이라고 주장한다면, 이는 논리적인 결론이 아니다. 오히려 단정적으로 정의하지 않는 것이 논리적인 결론이 될 것이다. 인간으로 산다는 것의 내용과 의미에 대한 정언적 주장이 시간이 지남에 따라 유효성을 잃어간다면, 그것은 그 내용과 의미 자체가 변했기 때문일 것이다.

이 책의 논제의 핵심은 인간이란 존재가 어느 한 상태로 고정되어 있지 않다는 것이다. 린네(Linnaeus)의 분류에 따르면, 우리 인간은 '호모 노세 떼 입숨(homo nosce te ipsum)', 즉 자신을 아는 존재다. 여기서 주관성의 모호함이 내재되어 있음을 전제하게 된다. 이는 헥토르와 아킬레스를 궁극적인 피정복자와 영웅으로 구분 짓는 바로 그 점이기도 하다. 헥토르는 자기가 속해 있는 맥락에서 인간(유한한 존재)으로 산다는 것이 어떤 의미인지 깨닫지 못했고, 아킬레스는 깨달았던 것이다. 이 두 인물의 운명이 바뀌는 것을 세속적인 가치의 중요성이 부각되고 신성이 몰락하는 것으로 요약할 수 있을지도 모른다. 어떤 경우든 인간이란 어떤 존재며, 무엇을 하는지에 대한 가변적 결론을 향한 흥미롭고 설득력 있는 연구과제를 제공한다.

역사가들은 인간의 본성을 정의하거나 어떻게 정의할 수 있는가를 연구하려는 유혹에 빠지기 쉽다. 이를 위해 가장 용이한 방법은 번역의 기술을 활용하는 것이며, 그로 인해 고대 역사 문학은 인간의 의미에 대한 현세주의자들의 선입견을 충족시키는 데 기여했다. 우리가 살펴본 바와 같이 《일리아드》가 그 대표적인 예다. 좀 더 깊이 들여다보기 위해 투키디데스의 《펠로폰네소스 전쟁사》를 역사가들이 어떻게 활용하는가를 살펴보기로 하자.

이 작품은 변하지 않는 인간의 본성에 관한 이야기이며, 특히 감성 또는 비이성적 측면에 대해 이야기하고 있지만, 《일리아드》와는 달리 사실을 배경으로 하고 있기 때문에 역사가들이 정확한 날짜와 장소, 과정을 확인할 수 있다. 앞으로 명확하게 드러날 사실은 투키디데스의 작품이 인간 본성의 영속성에 관한 이야기라는 평판이, 역사가들에 의해 인간적인 요소의 가변성을 용인하는 내용으로 인식되어왔다는 사실이다. 투키디데스 작품의 번역들을 역사기록학적으로 고찰함으로써 우리는 전쟁을 서술하는 투키디데스의 시각에서 보편성이 아닌, 특수성의 중요성을 수긍하고 인정하는 단계에 도달하게 될 것이다. 그리고 이 특수성, 즉 시대적·문화적 맥락에 근거하여 인간의 역동성을 이해하려면, 정서적인 차원의 경험이 수반되어야 한다.

역사가 반복되는 이유가 정말 인간의 보편적 감정 때문일까?

투키디데스(기원전 460~400년경)는 기원전 411년 아테네와 스파르타의 전쟁에서 싸운 아테네의 장군이었다. 역사의 아버지로 알려져 있으며 증거에 근거한 '객관적' 서술로도 높이 평가받는 인물이다. 전례 없이 탁월한 전쟁 이야기를 서술한 투키디데스는 신과 초자연적 힘의 개입을 인정하지 않았으며, 갈등을 일으키거나 직면하는 정치적 움직임의 핵심 요소가 인간의 열망과 두려움이라고 보았다. 나는 투키디데스의 작품을 감성 역사의 시초라고 말한 적이 있는데, 그 이유는 인간이 감정을 자제할 수 있다는 기존의 인식과 달리, 격정적인 감정에 굴복하는 인간의 성향을 보여주는 방식으로 사건들이 서술되어 있기 때문이다.[26] 그의 작품에는 아테네의 정치 논리와 수사학의 예가 많이 담겨 있는 만큼, 그 속에 나타나는 행위도 두려움과 야망에 따르는 결과, 규범적 열정, 그리고 그러한 규범의 위반을 중심으로 펼쳐진다.

주변에서 일어나는 일들이 언젠가 다시 돌아올 것이라는 느낌은 투키디데스가 그의 작품에서 지속적으로 중요하다고 주장했던 요소들에 대한 현대적 이해의 핵심이다. 다른 누군가의 전쟁이었던 것이 곧 우리들의 전쟁들이 된다는 것을 서술했던 것이다. 그러나 투키디데스의 그러한 관점은 수세기에 걸쳐 그의 작품을 읽고 해석해온 수많은 독자와 번역가들에 의해, 자신들의 역사관, 시간의 흐름, 역사의 역사에 등장하는 주인공, 즉 인간이란 존재의 의미에 맞게 각색되었다.

저명한 원로 역사학자 메리 비어드(Mary Beard)는 2010년 다음과 같이 언급했다. "투키디데스의 그리스어는 신조어, 어색한 추상적 개념, 온갖 종류의 언어적 특이성들 때문에 이해하기가 거의 불가능하다." 그 때문에 후기 그리스 역사가인 할리카르나소스 출신 디오니시우스(Dionysius)는 투키디데스의 작품에 대해 '억지스러운 표현', '수수께끼 같은 모호함'이라고 비난했으며, '만약 사람들이 실제로 이렇게 말을 했다면 그들의 어머니나 아버지도 그 말이 주는 불쾌감을 참기 힘들었을 것이다'라고 했다. 그리고 비어드는 이렇게 결론짓는다. "아마 그들은 '번역가'가 필요했을 것이다. 그리고 '쉽게 술술 읽히는' 그 번역들이…… 원래의 그리스어에 대해 잘못된 생각을 갖게 했을 것이다. 더 '좋은' 번역일수록, 원작의 느낌에서는 멀어진다." 그리고 이렇게 경고한다. "투키디데스는 기지 넘치는 많은 어록들을 남기기 위해 글을 쓴 것이 아니다."[27]

투키디데스의 작품에는 인간 경험의 보편성에 대한 심오한 통찰이 담겨 있다. 가볍게 읽을 때는 이러한 면들이 힘 또는 권력과의 특정 관계에 대한 영구 불멸의 열망과 열정, 또는 그런 잠재성으로 보일 것이다. 그리고 힘에 대한 열망이 있는 곳에는 그만한 깊이의 두려움을 가지고 있는 누군가가 있다. 힘에 대한 욕망과 두려움이라는 인간적 요소는 힘의 수단에 대한 접근성과 공포의 소재에 따라 각기 다른 차원에서 관련 인물을 괴롭힌다. 전쟁이 시작되는 부분을 서술하면서 투키디데스는 이런 일이 또다시 반복될 것임을 알리는데, 이런 그의 말은 그 후로 전쟁 과정을 서술하는 동안 벌어지는 사건들을 통해 입증된다. 힘을 향한 열망과 두려움이 아테네인, 펠로폰네시아인 할 것 없이 모두를 격렬한 전쟁과 패배라는 매우 유사한 시나리오 속으로 빠뜨리기 때문이다. 이는 자칫 감성적 나약함 또는 경계심과 이성의 붕괴로 보일 수 있다. 두 경우 모두 힘을 탐닉하고 두려움을 갖게 하는 요인이 된다. 투키디데스의 시각에서 그렇다는 뜻인데, 인간 본질의 핵심이라 할 수 있는 이러한 나약함이야말로 그의 작품에서 벌어지는 전쟁이 또다시 일어날 수 있는, 아니면 최소한 인간적인 것에 공통적 요소가 되는 이유다.

비어드의 회의적인 입장과 같은 맥락에서, 우리는 어떤 이유로 투키디데스의 서술에 운명적 연속성이 암시되어 있다는 느낌을 받게 되었는지 생각해볼 필요가 있다. 이는 분명 아리스토텔레스가 말한 역사가의 역할과는 극명하게 다르며, 그 이유가 너무 분명해서 그가 투키디데스의 그리스어 원작에서 인간 본질의 특성에 따라 미래를 예측할 수 있다는 주장을 간파하지 못했을 것이라는 추측을 하게 한다.

역사가와 시인을 구분하는 것은 운문을 사용하느냐 산문을 사용하느냐가 아니다. 헤로도토스의 글을 운문으로 바꿀 수는 있다. 그래도 그것은 운문으로 쓰인 역사일 뿐이며 산문이었을 때와 조금도 다르지 않다. 역사가와 시인을 구분하자면, 한 사람은 일어난 일을 이야기하고, 다른 사람은 일어날 수 있는 일을 이야기한다는 것이다. 이런 점에서 시는 역사보다 철학적이고 심오하다. 시는 보편성을 이야기하고, 역사는 특정 사실을 이야기한다. ……시인이 실제 일어난 일에 대해 쓴다고 하자. 그래도 그는 여전히 시인이다. 왜냐하면 이미 일어난 일들은 일어날 수 있었던 일들과 다르지 않으며, 다만 시인의 입장에서 그 일들을 고찰했을 테니까.[28]

그럼에도 투키디데스에 대한 평판은 이와 반대 입장에서 두드러진다. 그 이유는, 추측하건대, 투키디데스 작품을 번역한 사람들이 아리스토텔레스가 시의 영역으로 남겨두었던 역사에 대한 주장을 내세웠기 때문이다.[29] 투키디데스 작품의 역사기록학적 중요성은 주로 제1권과 제22권에 담겨 있다. 그 핵심이 되는 그리스어 문장은 다음과 같다. κατά τό άνθρώπινον(카타 토 안트로피논). 스티븐 라티모어(Steven Lattimore)의 특징적인 번역을 문맥 안에서 살펴보자. 앞의 그리스어 구절에 해당하는 부분은 이탤릭체로 표기했다. '과거에 일어난 사건들, 그리고 인간의 본성에 따라서, 미래에 유사한 방식이나 그에 필적할 만한 방식으로 반복될 사건들의 진실을 알고 싶은 사람들에게 내 글이 유용하게 쓰일 수 있다면, 나는 그것으로 족하다.'[30] 여기서 '인간의 본성에 따라서'라는 문장은 번역하는 사람에 따라 다양한 의미를 내포할 수 있는데, 제2차 세계대전 이후에는 영속성과 '본성'의 의미를 부각시키려는 경향이 있다. 예를 들어 렉스 워너(Rex Warner)는 이 부분을 '인간의 본성이 어떤 것이든지'로 번역했으며, 로버트 리슬(Robert

Lisle)은 '인간이 인간일 수밖에 없는 한'으로 번역했다.[31] 가장 최근에 영어로 번역한 마틴 하몬드(Martin Hammond)도 같은 점을 강조했다. '과거에 일어난 일, *그리고 인간이 그런 존재이기 때문에* 언젠가 또다시 같은 혹은 유사한 형태로 반복될 수밖에 없는 일들을 명확하게 이해하고자 하는 사람들에게 유용하게 쓰인다면 흡족할 것이다'(이탤릭체는 저자의 강조임).[32] 다른 언어로 번역하는 경우도 다르지 않다. 브레츠카(Vretska)와 리너(Rinner)의 독일어 번역을 보면, 'gemaäß der menschlichen Natur'라고 되어 있는데, 직역을 해보면, '인간의 본성에 따라서'가 된다.[33]

요약하자면, 투키디데스는 자신의 작품이 인간의 본성이 무엇이며 어떻게 작용하는가를 이해하는 데 유용하게 쓰이는 것에 만족하는 사람으로 평가된다. 그런 의미에서 그의 작품은 인간의 본성에 의해 초래된 어떤 상황에서 왜 인간이 어느 특정 방식으로 행동하는지를 이해하는 데 유용한 청사진과 같다.

이 부분에서 예전의 번역은 좀 더 모호하다. 투키디데스의 작품을 처음 영어로 번역한 토머스 홉스(Thomas Hobbes)는 '인간의 상태에 따라서'라고 번역했으며, 빅토리아 시대의 고전주의자 벤저민 조웨트(Benjamin Jowett)는 '인간적인 것의 질서에 따라'로 번역했다.[34] 둘 다 모호하지만 앞의 예는 인간의 상태가 조건으로 제시되었으며, 두 번째는 '인간적인 것'이라는 분류 기준이 언급되었다. 그 분류 기준이 쉽게 이해되지는 않지만 말이다. 1980년대 초 마크 코간(Marc Cogan)은 책 한 권 전체를 할애하여 '인간적인 것'에 대해 쓰면서, 이것이 바로 많은 사람들이 '인간 본성'으로 해석하는 anthropinon의 직역이라고 주장했다.[35] 이는 그리스어의 아주 희귀한 활용 방식으로 투키디데스의 저작에도 한 번 나오는데, 그의 작품 전체를 하나의 맥락으로 이해하면서 읽지 않는 한, 그 뜻을 잡아내기가 거의 불가능하다. 그러나 여기서 명확하게 해야 할 것은 역사가 반복되게 하는 인간 본성의 보편성에 대한 투키디데스의 단언은 기지 넘치는 발언들 중 하나임에 틀림없지만, 투키디데스가 쓴 것은 아니라는 점이다. 그리고 그 구절이 '인간 본성'을 의미하는 것이 아니라는 점도 확실하다. 왜냐하면 사실 투키디데스는 이 말(ἀνθρώπινον φύσιν-엔트로페이안 퓌신)을 전쟁을 묘사하는 다른 부분에 썼기 때문이다.

투키디데스가 말하는 인간적인 것이란?

투키디데스 작품의 중요성이 인간 본성이 아닌, '인간적인 것'을 이해하는 데 달려 있다면, 우리는 당연히 인간적인 것이 무엇인지를 알아보아야 할 것이다. 투키디데스가 가장 강조한 것은 역사를 예측 가능한 과학으로 볼 수 있게 하는 인간의 본성이라는 것은 전혀 고정적이지 않으며, 우발적이고 변덕스러우며, 역경에 처했을 때 격정적인 감정에 굴복하는 특성을 지닌다는 점이다. 이러한 전제에서 가능한 추론은 인간은 스트레스를 받으면 전혀 예상치 못한 의외의 행동을 한다는 사실이다. 이 기질적 불안 속에는 인간의 행동을 합리적인 범위 안에서 수사적으로 수정하려는 모든 시도를 헛되게 하는 정서적 불능이 본질적으로 내재되어 있다.

이는 아테네인의 유덕함을 칭송하는 페리클레스의 장례식 연설, 그

직후에 이어지는 역병에 대한 투키디데스의 서술에 잘 나타나 있다. 페리클레스는 아테네 시민들의 용기와 책임감을 칭송하면서 이러한 미덕을 보증하는 아테네 민중의 정서적 성향을 강조한다. 아테네인들은 우호적이며, 마음을 상하게 하는 언행을 하지 않는다. 법을 준수하며, 범법 행위는 부끄러워해야 할 일이고, 치욕스럽고 불명예스러운(αἰσχύνην-아이스퀴네) 것으로 여긴다. 아테네인들은 놀이와 축제를 통해 정신을 가다듬고, 마음을 괴롭히는(λυπηρόν-뤼페론) 요소를 지워버린다. 또한 미와 지식을 사랑하여 나태해지지(직역하면 '연약함', μαλακίας-말라키아스) 않을 수 있으며, 빈곤 자체를 부끄러워하지 않지만 빈곤으로부터 벗어나려는 노력을 포기하는 것은 부끄럽게 여긴다. 따라서 아테네 시민의 삶 자체가 자부심이다. 성공할 가능성에 연연하지 않고 결과를 희망(ἐλπίδι-엘피디)으로 남겨두며, 두려움(δέους-데오스)이 아닌 영광 속에 삶을 이룬다.[36] 아테네라는 도시 자체가 이러한 자질을 보증하고 형성했으며, 이 도시를 만든 것도 조상들의 자질이었다. 아테네의 시민들은 도시를 내려다보며 아테네의 연인(ἐραστάς-에라스타스)이 되었으며, 아테네의 힘은 도시의 명예를 지켜야 한다는 책임감에 불타오르는 용기 있는 사내들에게서 비롯된다는 사실을 기억했다.

이러한 역동적인 관계는 그들의 정서 상태가 도시의 성격에 달려 있음과, 용기 있는 의무가 도시의 구성 요소라는 사실 둘 다를 의미했다. 삶에 대한 총체적인 자족감과 만족감(εὔδαιμον-에우다이몬)[37]은 자유(ἐλεύθερον-엘레우테론)에 달려 있고, 자유는 용기 또는 직역하면 정신의 선함(εὔψυχον-에웁시콘)에 달려 있기 때문이다. 그러므로 도시가 시작하려는 전쟁은 자족을

감정의 역사

위한 순리적 수단이며, 정치체제에 집단적 참여라는 논리로 정당화된다. 전쟁, 시민정신, 용기(패배에 대한 두려움), 명예, 사랑, 자족감은 개인과 도시 간의 역동적 관계 안에 서로 결합되어 있다.[38] 그중 어느 하나도 뺄 수 없다.

그러나 역병이 돌아 인구의 상당부분이 몰살을 당하자 아테네 시민에 대한 찬사는 쓸모없는 공언이 되고 만다.[39] 민생의 맥락이 변하면서 유덕한 시민과 영화로운 도시의 돈독했던 관계는 흐트러지고, 페리클레스의 연설에 담겨 있던 모든 찬사의 요소들은 그 반대의 국면으로 뒤집어졌다. 공포감에 압도된 시민들은 준법정신을 버리고, 용기가 아닌 향락주의를 통해 행복을 찾고자 했다. 죽음이 거리마다 찾아오고 어떤 영웅적 행위로도 그것을 막을 수 없었으므로 즉각적인 욕구의 충족에 매달리게 되었던 것이다. 걷잡을 수 없이 번지는 전염병 앞에서 법과 정의 체계는 무용해지고, 체제 안에 하나로 뭉쳤던 민중은 도시가 흔들리자 전체가 하나처럼 욕정에 따라 행동하기를 주저하지 않는 전혀 다른 모습으로 돌변했다. 신에 대한 두려움도 처벌에 대한 두려움도 죽음의 공포로 촉발된 그들의 탐닉을 막지 못했다. 투키디데스는 사건의 원인이 된 욕정과 사회적인 통제장치 없이 방출된 욕정이 가져올 수 있는 위험을 모두 명확하게 설명한다. 난국에 처한 상황에서 아테네인들이 감성적인 통제와 인간적인 것을 국가에 귀속시키는 데에 길들여져 있었다는 중요한 사실을 다시 한 번 강조하는 것이다.

인간적인 것들은 늘 변하지만 인간이 만든 정치체제는 관성을 지닌다. 그러므로 이 둘이 만나면 개인은 국가의 역동성에 휩싸인다. 인간적인 것은 집단적이다. 다시 말하지만, 전쟁에 대한 투키디데스의 서술은 욕정에 가득 찬 개인이 정치체제를 통해 그 욕정을 실현하려고 할 때 어떤 일이 벌어지는지를 보여줌과 동시에 개인과 체제의 역동성 안에서 인간적인 것들의 성쇠가 이루어진다는 사실을 보여준다. 투키디데스 작품의 등장인물은 언제나 힘과 관계를 맺거나 힘의 체제와 관계를 형성하고 있는데, 그 관계는 균형적일 수도 있고 불평등할 수도 있다. 후자의 경우 힘 있는 자는 욕정에 굴복하고, 힘 없는 자는 두려움에 굴복한다. 둘 중 어떤 상황에 처하든 개인으로서 인간은 최악의 모습을 드러낼 수밖에 없으므로 인간은 체제에 의해 전쟁에 휘말려들게 되는 것이다. 정치체제가 개입하지 않으면 펠로폰네소스인들의 두려움도 아테네인들의 힘을 향한 열망도 사건의 원인이 되지는 않는다. 국가라는 체제 안에 존재할 때에 그들의 운명이 결정되는 것이다.

투키디데스는 소수 독재정치보다는 민주주의를 선호한다고 분명하게 밝혔지만, 집권체제의 유형에 상관없이 힘의 역학이라는 것이 전쟁을 촉발시킬 수밖에 없다고 주장했다. 모든 집권체제는 힘에 대한 열망에 빠지거나, 반대로 힘을 강화하려는 정권에 대한 두려움에 압도되기 때문이다. 인간이 하는 일, 감정, 행동 방식은 격렬하고 혼란스럽다. 인간적인 것 가운데 항상성을 갖는 요소가 있다면 그것은 생물학적 본질이 아니라, 인간을 구속하기도 소외시키기도 하는 체제 간의 충돌이다.

파멸을 초래한 수치심

투키디데스의 작품에서 일어나는 대부분의 행위들은 대화와 연설을 통해 서술된다. 하지만 중요한 대화는 등장인물들 사이에 오고가는 것이 아니라 도시들 간에 개인적 화자의 형태를 빌려 이루어진다. 가장 잘 알려진 예로 멜로스의 대화를 들 수 있는데, 여기서 아테네는 멜로스 섬에게 아테네의 속국이 되든지 파멸을 선택하라고 요구한다.[40] 이 경우에도 화자는 도시이지 개인이 아니다. 이 부분에서 이렇게 길게 설명하는 이유는 '인간적인 것'에 대한 투키디데스적 견해를 보여주는 아주 좋은 본보기이기 때문이다. 어떤 열망은 힘을 갖고, 또 다른 열망은 그렇지 못한다는 명제를 합리적인 수사적 접근법과 묶어서, 군대의 무게와 정치 제도적 논리에 의해 추진된 관성에 편승시킨다. 그는 곧 약자의 희망은 파멸을 가져오며, 강자에 대한 증오는 곧 강자의 힘을 의미한다고 경고한다.

대화의 시작 부분에 인간의 논쟁(ἀνθρωπείῳ λόγῳ-안트로페이오 로고)에 대한 중요한 언급이 나오는데, 여기서 아테네인은 정의란 오직 논쟁에 참여하는 사람들 간에 힘의 균형이 유지될 때에만 가능하며, 힘의 균형이 깨진 상태에서 강자는 취할 수 있는 것을 취하고 약자는 강자가 원하는 한도까지 내놓아야 한다고 주장한다. 그러나 여기서 힘과 약함은 특정 인간의 본질이나 개인의 이성적 역량이 아니라, 논쟁에 개입된 정치체제의 집단적 힘에서 나온다. 인간의 논쟁(어떤 번역에서는 '인간의 사고' 또는 '인간사'로 풀이되기도 한다)은 시민 분쟁과 다르지 않다. 따라서 논쟁에서 강자의 위치에 있던 아테네인들은 멜로스인들에게 완전히 굴복하거나 파멸을 맞으라고 요구한다. 그 후에 벌어지는 일들을 보면 인간사에서 힘을 가진 자는 약자의 태도를 결정지을 수 있다는 절대적인 사실이 명백해진다. 아테네인들은 멜로스인들의 중립성이나 우정을 받아들이지 않았다. 힘의 역동성이 자기들 쪽에 우세하게 기울어져 있는 상황에서 너그러움을 베푼다는 것은 약함을 보이는 것일 수 있으며, 그 시점에서 아테네는 실제로 힘을 잃고 있다는 두려움을 느끼고 있었기 때문이다. 반면에 멜로스인들의 증오(μίσος-미소스)는 아테네인들이 힘을 가지고 있다는 증거가 된다. 아테네의 수사적 입장은 하나다. 적의 집단적 정서 상태가 그들을 지배할 것인가, 파멸시킬 것인가를 결정하는 자신들의 정치적 의지를 결정하게 한다는.

멜로스인들은 그들의 입장에서 행운과 희망을 향하여 절실한 수사적 호소를 한다. 자신들의 전쟁운이 아테네인들만큼 좋기를, 그리고 항복하지 않음으로써 희망을 잃지 않기를. 그러나 이러한 희망은 아테네인들에 의해 무산되는데, 이때 아테네인들은 멜로스인들에게 희망이란, 대부분의 번역에 따르면, '위험한 위로자'라고 경고한다. 그러한 안일함은 실질적인 성공의 수단이 준비되어 있을 때에나 정당화될 수 있기 때문이다. 아테네인들은 멜로스인들에게 아직 스스로를 구할 수 있는 인간적인 방법이 있음을 강조한다. 바로 항복하는 것이다. 그리고 멸망을 초래할 수 있는 헛된 바람이 섞인 예언이나 신탁 같은 비현실적인 방법을 희망이라고 혼동하는 것은 어리석은 일이라는 사실을 일깨운다. 아테네인들은 희망을 눈가리개로 표현한다. 불운이 다가오는데 그것을 보지 못하여, 피해가기 위한 적절한 현실적 대응을 못한다면 결국 불운을 겪을 수밖에 없기 때문이다. 맹

감정의 역사

목적인 희망에 대한 그릇된 집착은 수치심과 불명예에 대한 우려로 이어져 스스로를 구하기 위해 필요한 일을 하지 못하게 하고, 결국은 남은 자존심마저 버려야 할 상황이 도래하면서 더 큰 치욕을 초래하게 된다. 아테네인들은 멜로스인들의 희망이 허상임을 확신하고 궁극적인 파멸을 경고한다.

투키디데스의 서술이 그렇듯이, 이 대화의 결말은 그 여름에 일어난 사건에 대한 사실 묘사로 이어지고, 그 다음에는 다가오는 겨울, 멜로스에서 벌어질 일에 대한 간단한 서술이 이어진다. 도시를 이성적, 정서적 특성에 연결시켜주는 명백하게 인간적인 대화의 초점은 사건에 대한 진부한 사건 보고가 시작되면서 바로 흐려진다. 그러나 바로 앞부분에 나오는, 아테네인들이 사물의 질서를 보는 관점에 비춰볼 때 투키디데스의 서술에서 보이는 무미건조함은 실로 무서울 정도다. 아테네인들은 멜로스인들에게 강자가 약자를 지배하는 것은 필연적인 순리(φύσεως ἀναγκαίας-피세오스 아나카이아스)라는 점을 경고한다. 투키디데스는 전쟁에 관한 서술 전체를 통해 모든 인간의 역학이 힘에 대한 열망과 두려움, 그리고 강자와 약자의 불균형으로 귀추된다는 자신의 주장을 예증한다. 결국, 멜로스인들의 운명은 이러한 자연의 원리에 의해 정해졌으며, 인간적인 것들도 결국 그 안에 귀속되는 것이다. 짧은 반란 이후 아테네인들은 또 다른 병력을 멜로스에 보내 압박을 강화한다. 결국 멜로스인들은 항복한다. 군 입대가 가능한 연령의 모든 남자는 죽임을 당하고 여자와 어린이는 노예로 팔린다. 멜로스는 아테네의 식민지가 된다.

서술을 하는 중에 말이 끊어지고 침묵이 흐르는 부분이 많은데, 이는 배우의 감정이 들어가는 부분이다. 멜로스의 대화가 있은 후 멜로스의 파멸이 있기까지 몇 개월 동안 아테네인들이 예고했던 일들이 일어났음을 짐작할 수 있다. 멜로스인들은 희망과 자존심에 매달렸을 것이고, 이는 그들의 수치스러운 죽음을 초래하는 촉매가 되었을 것이다. 이런 맥락에서 볼 때 희망은 환상을 위한 것이며, 그 결과는 파멸이다. 이러한 서사적 구성에서 힘을 향한 아테네인들의 열망은 멜로스인들의 빈약한 저항을 제압한다. 그러나 파멸은 두려움이라는 정신적 부패를 통해 일어난 것이다. 멜로스인들이 아테네인들이 기대했던 대로 그들의 힘을 두려워했던 것이라면, 멜로스인들은 항복하고 노예가 되는 현실을 받아들였을 것이다. 그러면 최소한 살아남을 수는 있었을 테니까. 하지만 멜로스인들이 가장 두려워했던 것은 항복했을 때 따라오게 될 수치심이었다. 이 경우 두려움의 본질은 자만심이다. 희망과 자만심, 부정적 가치가 또 다른 부정적 가치를 만나서 그들의 운명을 결정지었을 뿐 아니라, 아테네인들의 기대에 부응하여 더 나쁜 결과를 초래한 것이다.

| '행복'의 실천

투키디데스의 작품에서 감정의 역사를 찾는 일이 현대 역사기록학의 맥을 거스르며 비판적 시각에서 살펴보는 것이라면, 아리스토텔레스의 작품에서 찾는 일은 현대 철학의 맥을 비판적 시각에서 살펴보는 것과 같다. 물론 두 경우 모두 현대 번역이 강조하는 기준은 이 시대 독자들이 가장 이해하기 쉬운 방법으로 번역하는 것이다. 그 과정에서 중요한 뭔가를 잃어버린다고 해도 말이다.

우리는 자신의 감성 탐지기를 작동시키는 데 있어, 익숙함, 연속성, 그리고 인간적인 확고함을 필요로 하는 성향이 있다. 이러한 요소들이 기대와 다르거나, 투키디데스나 아리스토텔레스처럼 독특하고 낯선 서술로 가득한 글을 대할 때, 우리는 혼란스럽고 방향을 잃은 듯한 인상을 받게 된다. 하지만 우리가 누구이며 우리의 감정은 왜 그렇게 작용하는가에 대해 깊이 있게 탐구하기 위해서는 그 낯설음을 수용해야 한다. 그래야만 감정의 우발성을 이해하면서 우리의 삶 속에 배어 있는 경험의 본질과 작용 방식을 밝혀낼 수 있을 것이다. 과거의 사건에서 특이점을 찾아내고 그것을 이해하려면, 경험적 기준을 만들어가는 동안 맥락의 중요성에 초점을 맞춰야 한다. 예를 들어 우리의 감정을 이해하고, 그리하여 개인으로서 또는 인간 그 자체로서 우리가 누구인지를 이해하는 데 '감성'이라는 기준보다 더 의미 있게 다가오는 것은 없다.

그러나 아리스토텔레스의 시각에서 열정과 미덕, 웰빙의 관계를 이해하고 이를 공감하려면 '감성'이라는 보편적 기준에 의지하려는 유혹을 물리쳐야 한다. 여기서는 선한 행위, 존재, 감정 사이의 역동적 관계를 가장 명확하게 설명하는 아리스토텔레스의 윤리학에 초점을 맞출 것이다. 일반적으로 아리스토텔레스의 주장은 다음과 같다. 삶의 궁극적 목적은 선을 이루는 것이다. 최고의 선은 행복이다. 우리는 미덕을 행함으로써 행복에 이를 수 있다. 가장 덕망 있는 행위는 정치다. 그러므로 가장 행복해지는 길은 유덕한 정치가가 되는 것이다. 표면적으로 보면, 우리는 이성적인 정신 활동이라는 행복의 비결을 가지고 있는 것처럼 보인다. 그러나 이렇게 간단명료한 해석에는 우리가 잘 알고 있는 문제점이 있다.

첫째로 가장 명확한 문제점은 '행복'이라는 단어에 있다. 이는 그리스어 εύδαιμονία(에우데모니아)의 가장 일반적인 번역이기도 한데, 원어 그대로를 직역하면 선한 마음을 가진 상태를 말한다. '다이몬(daimon)'이란 외적인 신성, 개인의 수호신을 말하지만, 에우데모니아는 다소 혼동되어 쓰이기는 하지만, 개인의 기질을 의미한다. 그리고 이 기질은 개인이 덕을 연마하는 과정과 인생 경험에 근거해서 객관적으로 측정할 수 있다.[41]

좀 더 첨예한 문제가 있는데, 아리스토텔레스는 유덕한 삶과 에우데모니아의 경험이 이성적인 정신 활동이라는 것을 무엇보다 강조한다는 점이다. 그런데 이성적인 정신 활동은 감성과 관련된 일들을 뒤로 밀어낸다. 감각적이거나 경험적인 것들이 신중한 사고와 사려 깊은 행동에 의해 얻어지므로, 이 선한 느낌 에우데모니아는 감성이나 열정이라기보다는 기질, 즉 단단히 내면화된 인성으로 이해된다. 따라서 그가 어떤 특정 순간에 어떤 느낌을 갖는가 하는 문제와는 상관이 없다. 이런 면에서 보면 누군가를 '행복한' 사람이라고 말하는 것은 문제가 있다. 어느 순간 그는 또한 고통스럽거나 화가 난, 상실감을 느끼는 사람일 수 있기 때문이다.

에우데모니아는 철학자들이 가장 많이 다루는 주제이기 때문에 이 어휘의 정확한 뜻과 적절한 번역을 놓고 논쟁을 벌이는 것은 전혀 이상한 일이 아니지만, 그러한 논쟁이 감성의 역사 연구에서 벌어지는 모습을 좀 더 예리하게 살펴보면 그 논쟁에서 새로운 중요성을 발견하게 된다.[42] 에우데모니아가 행복을 의미한다는 사실을 단호하게 부정하면 철학의 역사와 철학 그 자체를 곤경에 빠뜨리는 결과를 초래하기 때문이다. 세심한 주의를 기울이고 언어의 외적 숨은 의미들까지 헤아려가면서 번역한 결과가 '행복'이라고 해도 여전히 의문점은 남는다. 왜냐하면 아리스토텔레스의 개념에 나오는 '행복'이란 단어를 현시대적인 번역을 통해 읽는 것이기 때문이다. 그러므로 이 시점부터 하게 될 모든 분석은 아무리 피하려고 해도 시대착오적인 느낌을 지울 수 없을 것이다.

무엇을 해야 할까? 일단 에우데모니아는 그리스어 그대로 남겨두는 것이 좋겠다. 분명히 해석은 필요하지만, 그래도 원어 그대로 남겨두는 것이 가장 좋은 방법이다. 감성 역사 연구에서 가장 중심이 되는 전제는 감성이란 시간이 지나면서 변할 뿐 아니라, 사라지기도 한다는 사실이다.

과거는 현대 영어의 어휘들로는 명명할 수 없는 감성적 개념, 행위, 관례들로 채워져 있다. 그렇다면 왜 상고 시대의 개념을 현대 영어에 맞춰 넣으려 애쓰겠는가? 그리스 고전 시대의 궁극적 목적이 선을 이루는 것이고, 그 선이 최고의 경지에서 표출되는 것이 에우데모니아라면, 우리는 그 시대 사람들이 이 단어에 어떤 의미를 부여했는가를 이해하고자 노력해야 한다. 그 뜻이 이러이러한 것과 같았다든지, 무엇과 유사하다든지, 무엇에 비유된다고 치부한다면 문제의 핵심을 놓치게 된다.

에우데모니아를 덕목에 따른 이성적 정신의 정서적 활동, 즉 개인이 자각하지 못하지만 객관적으로 제시되는 현상이라 한다면, 개인이 자각하고 있는 이성적 정신의 정서적 활동은 무엇일까? 여기서 열정이라는 정서와 그것의 시작, 관리, 목적에 관한 논쟁, 그리고 열정의 정서와 덕목, 다시 말해서 도덕의 관계에 대한 논쟁이 시작된다.

이때 두 개의 중요한 구성요소가 두드러지는데, 첫째 도덕적 덕목은 인간에게 천성적으로 내재되어 있는 것이 아니며, 습관을 통해 함양되어야 한다는 것이다. 둘째, 덕목과 악은 격정적인 감정을 일으키는 상황에 반응하면서 함양된다는 것이다. 다시 말하면 격정적인 감정이 일어나는 경험을 통해 습관화된 행실이 개인의 도덕성을 결정짓는다는 것이다. 이런 식의 열정 관리는 열정이 경험되는 방식과 그로 말미암아 초래되는 결과에 직접적으로 영향을 미친다. 중요한 것은, 아리스토텔레스가 열정(파토스)의 여러 관점과 그에 따르는 행동을 서술하면서 실천(프렉시스)이라는 기준과 통합시킨다는 점이다. 행동하지 않으면 감정도 생기지 않는다. 감정은 항상 의미가 담겨 있는 실질적인 반응을 끌어낸다. 그러므로 열정을 경험한다는 것은 지극히 개인적인 일이다.

결국 이런 식의 정의는 감정 자체를 상대적으로 보게 한다. 주어진 상황이 무섭다고 할 때, 두려움을 경험하는 정도는 그 공포와 관련된 행동, 실천적 연습에 따라 상대적이기 때문이다. 소심하거나 겁이 많은 사람은 두려움에 직면했을 때 그 자리에 굳어버리거나 달아날 것이고, 용감한 사람은 두려움의 근원을 마주할 준비를 하거나, 싸우거나, 스스로를 보호하려고 할 것이다. 아리스토텔레스에 의하면 행동이 감정을 정의한다. 그 반대가 아니다.[43] 두려움이나 분노, 그 밖에 다른 감정들을 받아들이고 처리하는 장치가 내재되어 있는 것이 아니며, 개인은 오로지 경험과 실천적 연습을 통해 자신에게 일어나는 일을 합리화하고 이해한다.

> 우리가 대처하는 방식…… 위험에 직면했을 때, 겁을 먹는가 아니면 자신감을 유지하는가에 따라 용감한 사람인지 겁쟁이인지가 판명된다. 욕망과 분노의 감정이 일어나는 상황에서도 마찬가지다. 어떤 사람들은 삼가고 절도 있는 행동을 보이는 반면, 규칙을 무시하고 성급하게 화를 내며 다른 형태의 행동을 보이는 사람도 있다. 한마디로 말해서, 유사한 행동은 유사한 기질을 만든다는 뜻이다.[44]

그러므로 개인의 기질은 전적으로 그의 습관, 그리고 유아기 때부터 그 습관이 형성되어가는 과정에 달려 있다. 아리스토텔레스에 의하면 이로 인하여 '많은 것이, 아니 모든 것이' 달라진다.[45] 따라서 정서나 감정은 내면에서 자동적으로 일어나는 과정이며, 인간의 본질이거나 부분적인 특성이라고 생각할 여지는 없다. 왜냐하면 정서적 경험은 주어진 상황 속에서 행동으로 반응하면서 얻어질 수밖에 없기 때문이다. 아리스토텔레스는 이 점을 확실하게 강조하기 위해 그의 스승인 플라톤의 말을 인용한다. "유아기 때부터 적절한 대상에 대해 기쁨과 슬픔을 느끼도록 훈련을 받는 것이 중요하다. 진정한 교육은 바로 이런 것이다."[46] 정서적 지향과 실천 교육은 교육의 지상 목표다. 왜냐하면 그러한 교육이야말로 덕목을 함양하기 때문이다.

아리스토텔레스는 분명히 우리의 정신이 느낄 수 있는 역량을 가졌다는 사실을 이해했다. 이는 '욕망, 분노, 두려움, 대담성, 시기심, 기쁨, 다정함, 증오, 그리움, 질투, 동정심'을 포함한다. 하지만 감정에 따르는 행위를 관찰하고 평가하는 것 외에 감정을 스스로 또는 타인이 평가할 수 있는 방법은 없다. 실천이 따르지 않는 열정을 상상하기는 힘들다. 철저히 아무 행동도 하지 않는 것 역시 실천의 한 가지 형태이며, 그 또한 개인의 기질에 대해 뭔가를 말해준다.

아리스토텔레스에 의하면 어떤 것을 느낄 수 있는 정신적 역량이 있다고 해서 그것을 반드시 느껴야 하는 것은 아니다. 사실 어떤 열정은 명확하게 부도덕하기 때문에 유덕한 사람이라면 그러한 열정을 경험하지 않는 것이 옳다. 감정이란 '합당한 시간에 합당한 근거 위에서 합당한 동기에 의해 합당한 대상에게 합당한 방법'으로 느껴야 한다. 그리고 때로는 전혀 느끼지 않아야 한다.[48] 시기심, 파렴치함, 악의 같은 감정들이 바로 그렇다. 아리스토텔레스의 정의에 따르면 누구든 그런 감정을 경험한다면 잘못이다. 언뜻 보기에도 이런 경우는 문제성을 내포한다. 덕을 갖춘 사람의 정신이 어떻게 그런 사악한 감정을 느낄 수 있겠는가? 아리스토텔레스는 이런 사악한 열정을 다른 열정의 극단적인 부작용이라고 보고 문제를 해결했다.

예를 들어 파렴치함(anaischuntia-아네이차샤)은 수치심이 부족한 것이며, 이에 덕스러운 열정은 온화함이나 겸허함(aidōs-아이도스)이다. 시기심이나 질투심(phthonos-프토노스)은 분개함이 지나친 것이므로, 이에 대한 덕스러운 열정은 적절한 응보가 수반되는 정당한 분개함(nemesis-네메시스)이다. 다시 말해서 사악한 감정을 경험할 수 있는 정신의 역량은 도덕적 감정을 경험할 수 있는 역량과 같다. 어느 특정 시간에 누군가에게서 일어난 감정은 그가 어떤 행동을 습관으로 들였느냐에 전적으로 달려 있다. 아리스토텔레스가 제시하는 예를 살펴보자. 분노 조절 수칙인데 오늘날 화를 조절하느라 애를 먹는 사람들에게 신선한 충격을 줄 것이다. 화가 지나치면 화를 잘 내는 성미(orgilotēs)를 갖게 되며, 화를 내야 할 때 제대로 내지 못하면 기가 부족(aorgēsia)하다고 한다. 그러나 도덕적인 분노의 경험은 온화함(prāotēs)을 통해 나타난다. 온화함을 분노의 일종으로 보기는 힘들지만, 온화함을 분노 조절을 실천하는 상태로 본다면 좀 더 이해하기가 쉬울 것이다.

아리스토텔레스를 따라 선함과 에우데모니아의 덕목을 살펴보는 동안 잠시 시간을 할애하여 앞서 다루었던 상고 시대와 고전 시대의 감성적 경험에 이러한 내용을 적용해보는 것도 좋을 것이다. 무엇보다 명확히 해둬야 할 것은 어려운 상황에 처한 사람들의 행동과 실천이 감정 조절에 상대적으로 실패하거나 성공한 것으로 간주되어선 안 된다는 점이다. 공포, 분노, 잔인성 등은 조절능력을 상실해서도 아니고 중용을 실천하지 못해서도 아니다. 고전 시대에는 감성 경험의 내용과 가치를 이해하려면 주어진 상황에서 일어난 일이 합당한가를 살펴야 했다.

이 모든 것은 아킬레스의 메니스가 극단적인 동시에 합당한 것으로 조명되었던 《일리아드》에서의 격정적 감정과는 거리가 멀다. 하지만 호메로스의 서사시 다른 부분을 보면 아킬레스의 온화함이 드러난 곳도 있다. 전쟁터 밖에서 울분에 들끓고 있는 모습처럼 말이다. 아킬레스가 신 차원의 위협을 행사하는 방식은 자신의 전투력을 발휘하지 않는 것이며, 이는 곧 분노의 직접적인 표출보다는 훨씬 더 우월한 방식을 보여주기 위한 것이다. 파트로클로스가 죽은 후 아킬레스가 전쟁터로 돌아오고, 닥치는 대로 무자비한 살육을 하는 행위와 헥토르의 시신을 훼손하는 행위는 모두 불균형을 드러내기보다는 파트로클로스에 대한 애정과 신의의 깊이에 부응하는 극도의 슬픔이 표출된 것이다. 그럼에도 고전 시대의 그리스인들조차 《일리아드》에 기술된 메니스와 슬픔을 쉽게 이해하지 못했다. 그런 까닭에 영웅주의의 기준이 변하면서 야만성으로 보일 수 있는 아킬레스의 행위에 심한 비난이 퍼부어졌다.

고전 시대에는 전쟁의 잔혹성이 너무 명백하고 현실적이었다. 투키디데스가 증명했듯이 수치심과 두려움은 군사력에 직면해서 명예를 실추시켰다. 분노는 그것을 분출시킬 힘을 가지지 않는 한 아무 소용이 없다. 아테네인들은 상대국 사람들이 우월한 힘을 가진 자기들을 상대로 복종과 공경을 표하거나, 최소한 그런 척해야 한다고 생각했다. 이는 아리스토텔레스의 기준을 통해 보는 덕목에서 힘의 가변성과 궤적을 시사한다. 결국 힘을 가진 자의 입장에서 보자면, 역병을 맞은 아테네 시민의 감성적 패배도, 아테네의 강력한 힘 앞에서 멜로스인들의 감성적 패배도 '합당한 시간에 합당한 근거 위에서 합당한 사람을 향하여 합당한 동기에 의해 합당한 방식으로' 느끼지 못했기 때문에 겪어야 했던 패배가 아닐까?

반면, 무자비한 식민 강대국의 무력 앞에 엎드린 멜로스인들은 항거한다는 자체가 자기들이 실제로 옳다고 느낀다는 증거가 되는데도 어떤 근거를 가지고 감정의 정당성에 대해 스스로 이해하는 바를 정리하여 전달할 수 있었을까?

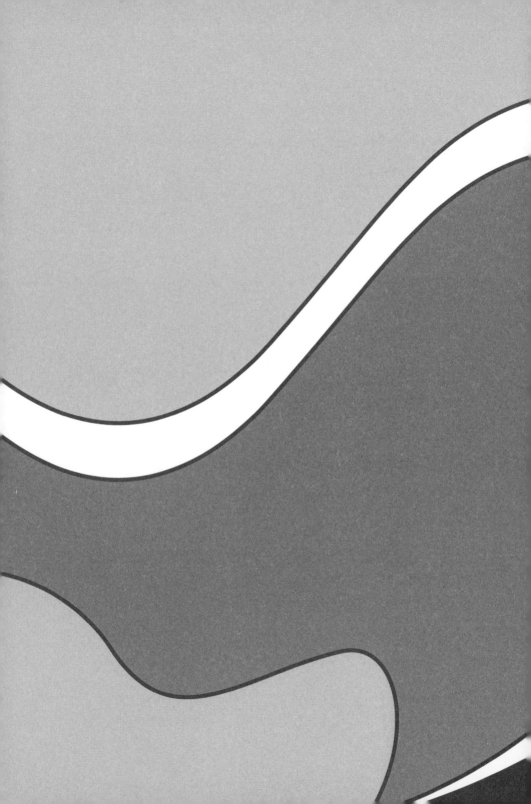

2장

-

수사적 표현의 힘과
그 영향력

A

HISTORY OF

FEELINGS

이 장에서는 고전 시대의 아테네와 로마 제국, 북아프리카를 비롯해 초기 기독교 국가까지 이어지는 고대 세계를 살펴보기로 하자. 여기서 초점은 정의와 실험적 기준이 아닌 감성적 경험을 만들어내는 수사학의 힘에 맞춰질 것이다. 따라서 수사적 지식이 신체적, 사회적 실천에 미치는 영향, 말하자면 사람들이 인간의 열정에 대해 안다고 생각하는 것이 그 열정을 경험하고, 만들어내고, 떨쳐버리는 데 직접적으로 어떠한 영향을 미치는가에 대해 살펴볼 것이다.

앞장의 투키디데스에 관한 내용에서도 '인간적인 것'을 이해한다는 식으로 표현되어 정서적 믿음과 관행을 밀어붙이는 수사학의 힘을 살펴보았다. 이 장에서는 수사학에 그러한 효과가 있을 뿐 아니라 그 자체로도 정서의 실천적 훈련이었다는 사실을 좀 더 자세히 살펴보기로 하자.[1] 다시 말해 이 장에서 나의 논제는 어떤 감정은 저절로 일어나는 것이 아니라,

그 감정이 정당화되기 때문에 일어나는 것이라는 사실, 그리고 그 정당화
는 수사적으로 이루어진다는 사실이다.

이는 말의 힘에 대한 이야기이기도 하다. 호소가 곧 정서의 소환이
되는. 이것을 감성이라고 부른다면, 여기서의 감성은 목표 지향적이고, 상
황에 민감하며, 많은 경우 이성적이다. 그렇기 때문에 실은 감성이라고 부
르지 않아야 한다고 생각한다. 플루타르크와 플라톤의 경우, 거리를 둔 채
감정을 바라보고, 그것이 일어나지 않는 상태에서 수사적 상상을 통해 그
것을 경험해보기 위해 감정이 일어날 때 거리를 두는 훈련을 했다. 다시
말하지만, 나는 독자들에게 이 장이 '분노'나 '혐오'라고 불리는 그 어떤 것
에 대한 내용이라는 인상을 주는 일은 피하고 싶다. 왜냐하면 여기서 현대
적 이해를 부추겨서, 이 장에서 다루려는 수사적 열정을 이해하는 데 방해
가 되게 하고 싶지 않기 때문이다.

| 분노의 감정 일으키기

로버트 A. 캐스터(Robert A. Kaster)는 고대의 '감성'을 영어로 쉽게 옮기는 일
을 삼가야 한다고 장황하게 설명한 적이 있다. 감성적 경험을 하나의 어휘
형태로 축소한 다음 그것을 다시 번역하는 동안 그 감성이 주어진 맥락에
서 어떠한 감흥을 일으키는지/일으켰는지를 알 수 없게 된다는 것이다. 감
성적 과정은 어휘라는 수단, 즉 감성 언어로 '기록'되지만, 동시에 평가와

반응의 과정도 거친다.

> 감성을 제대로 이해하자면……. 평가적인 시각에서 연기로 펼쳐지는 그 모든
> 구성 요소, 시작 부분의 작은 서술과 극적인 대사 하나에서부터 끝 부분에
> 보게 될 여러 가지 가능한 반응들까지를 아우르는 총체적인 과정이다. 대사
> 의 어느 한 요소라도 빠지면, 감성적 경험도 근본적으로 바뀐다. 반응이 없으
> 면(순간적으로 부정하거나 억압해버릴 만한 것일지라도), 현상에 대한 냉랭
> 한 평가만이 남는다. 평가가 없으면(주의를 기울이지 않는 평가일지라도), 마
> 음과 몸의 무의미한 동요만 남는다.[2]

이러한 과정의 대부분이 무의식적으로, 마치 순간적이거나 자연적인 반응
인 것처럼 일어나기 때문에 나는 연기를 한다거나, 해 보인다는 그의 주장
에는 동의하지 않는다. 물론 그의 취지는 지지하며, 문화적 '대본'라는 개념
에도 전적으로 동의하지만 말이다.

중요한 것은, 문화적 대본이라고 해서 영화나 연극의 대본 같은 것
은 아니라는 점이다. 사람들이 문화적 대본을 익히는 것은 반드시 자기들
이 드라마-물론 곁에서 보기에 드라마처럼 보인다는 뜻이다-의 구성원이
라는 사실을 알아서는 아니다. 배우는 마치 원래 그런 것처럼 대사를 '읽
으려는' 의도를 가지고 대본을 익힌다. 그러나 언제나 그 과정도, 드라마도
이미 전송된 다음이다. 그러므로 감성 드라마는 오히려 즉흥 연기에 가깝
다. 모두가 알고 있는, 그러나 보이지 않는 대본을 읽는 것. 문화를 마치 타

고난 천성인 것처럼 실천하는 것, 그리고 인지적이지만 무의식인 듯 보이는 과정을 주고받는 역동적인 일련의 행위다.[3]

미틸레네 논쟁

이러한 통찰은 투키디데스(고대 그리스어: Θουκυδίδη, (기원전 465~400년경)는 고대 그리스 아테나이의 역사가이며, 기원전 5세기경 아테네와 스파르타가 기원전 411년까지 싸운 전쟁을 기록한 《펠로폰네소스 전쟁사》를 저술하였다. '역사는 영원히 되풀이된다.'는 말을 남겼다.) 가 연설을 서술하는 방식과 관련하여 고전 시대에 관한 가장 오래된 의문점을 해결할 수 있는 가능성을 제시한다. 《펠로폰네소스 전쟁사》 제1권에서 투키디데스는 "실제로 어떤 단어들을 사용했는가 하는 세세한 부분들까지 정확하게 기억하기는 힘들다. 내가 직접 들은 것도 있고, 다른 사람들이 여러 출처를 통해 들은 것을 나에게 전해준 것도 있기 때문이다"라고 했다. 이 말은 과학적 정직함이라는 찬사를 받았는데, 궁극적으로는 정확성과 객관성을 지키겠다는 의지를 표명했다는 것이다. 그러나 투키디데스는 문화적, 수사적 문헌을 참고함으로써 예측할 수 없이 변하는 기억에 대한 해법을 제시했다. "그러므로 연설은, 내가 보기에 그랬다는 것이지만, 해당 주제에 대해서 여러 명의 화자가 *표현할 법한* 언어로, 그리고 *해당 상황에 가장 잘 어울리는*(이탤릭체는 저자의 강조임) 감성으로 서술되었다."[4] 그리스어는 내가 덧붙인 어떤 강조 표기보다도 호소력이 있기 때문에 연설은 필요한(δέοντα-데온타) 내용을 담았으리라 본다. 힘의 역학과 문화적으로 갈려 있으리라 전제하는 분노, 두려움, 복종, 지배가 모두 일어나는 만남의 상황

감정의 역사

은 수사적으로, 절차상으로, 경험적으로 볼 때, 특정 방향으로 펼쳐져야 했다. 글로 적히지는 않았지만 역할을 맡은 모두가 어떻게 읽어야 할지를 무의식적으로 알고 있는 대본을 따라서. 연설의 정서적인 내용은 청중의 느낌을 형상화하고 대변하는 방식으로 짜여 있다. '감성'이라는 단어를 말할 때는 그 감성의 동기와 평가를 담았으며, 그에 따를 반응을 포함시켰다. 적수들이 투키디데스 방식으로 주고받는 이 연설에서 우리는 또한 그러한 서술이 논쟁을 통해 어떻게 변조되고 수정되는가를 볼 수 있다.[5]

　　여기서 살펴보고자 하는 연설(3.37-49)은 앞에서 언급했던 것들의 본보기들이다. 기원전 428년 미틸레네인들의 저항에 대한 아테네인들의 반응에 관한 내용이다.[6] 레스보스에 있는 미틸레네라는 도시는 아테네의 동맹국이었지만, 아테네의 권력에 대항하여 레스보스 전체가 하나로 통합하고자 했다. 이러한 도전에 화가 난 아테네는 배신에 대한 정당한 분노의 대가로 미틸레네의 모든 남성을 죽이고 여자와 어린아이들은 노예로 팔기로 결정한다.

　　이상한 것은, 투키디데스는 어떤 연설도 기록하지 않았는데 우리가 이러한 결정, 의회에서 한 연설의 결과에 대해 알게 된다는 사실이다. 주고받은 대담에 대해 우리가 알고 있는 것은 그것이 논쟁이었다는 사실, '화가 났다'는 사실, 미틸레네인들을 살해하고 노예로 만들겠다는 결정뿐이다. 그리고 이 '화(ὀργή-오르게)'를 부추긴 원인은 미틸레네인들이 다른 '동맹국'들처럼 아테네의 지배하에 있지 않음에도 저항한다는 사실, 그리고 필로폰네소스 함대의 지원을 받는 등 그 저항이 아주 철저히 계획적이라는 사실

이었다. 저항은 계산된 일이었고, 그만큼 완벽한 배신이었던 것이다.[7]

　그 뒤에 나오는 단락과 연설은 많은 연구가 이루어졌던 부분이다. 그러나 잠시 시간을 할애해서, 의회가 어떻게 '화'를 행동으로 표출하는지 살펴보기로 하자. 아테네인들의 결정이 공동의 화를 반영하는 것처럼, 논쟁이 개인의 화를 불러일으킬 수 있다는 사실은 납득할 만하다. 그러나 이 부분의 맥락을 보면 도발이 저질러진 상황에서 화가 필요했던 것처럼 보인다. 한 개인이 다른 개인에 대항하여 도발하는 것이 아니라 한 도시가 다른 도시에 맞서 도발하는 것이니만큼 더 강력한 원인이 제공된 것이다. 군집해 있는 시민들이 대변하는 아테네의 화는 정당화되었다. 하지만 다음 날 투키디데스는 아테네인들이 마음을 바꿔서(μετάνοιά-메타노이아), 자기들의 결정이 무자비했다(ὠμός-오모스)는 결론에 도달했다고 말한다.[8] 이때 오모스는 흔히 '잔인한'으로 번역되는데, '야만적인'으로 해석될 수도 있다. 자기들의 결정을 철회하는 행위도 민주주의 정신과 관련이 있으며, 민주주의 정신이야말로 아테네인들의 가치를 투영하는 것이다. 아테네가 원래의 결정대로 해야 한다고 맹렬한 반론을 펴는 클레온이 강조하는 것도 바로 이런 관점이다.

　클레온은 의회에 모인 사람들에게, 아테네가 민주국가이긴 하지만, 제국의 운명은 막강한 힘과 종속, 강압 정치에 달려 있다는 점을 강조한다. 그러면서 제국은 민주주의의 자애로움이 아니라 주먹으로 다스려야 한다고 주장한다. 클레온에 따르면, 민중의 분노를 적에게 분출하지 않고 그대로 무뎌질 때까지 기다린다면 이는 아테네에 해가 될 뿐이다.[9] 화는 논쟁이 진행되는 동안 지속적으로 뜨겁게 유지되지 않기 때문에, 새날이 밝으면 시들해질 수 있다. 적을 단죄하자는 결단은 화에서 비롯된 것이고, 화가 들끓는 동안 행해진 징벌은 그 화에 의해 정당화된다. 그러한 징벌과 결단을 뒤돌아 생각하고, 화가 난 상태가 아니었더라면 그렇게 심하게 단죄하지는 않았을 것이라는 생각을 한다는 것은 처음에 잘못이 저질러졌다는 전체 맥락을 놓치는 것이다. 클레온에 따르면 정의란 이를 시행하기 위해 화라는 핵심 요소를 필요로 한다. 그는 아테네인들에게 미틸레네인들의 손에서 시련을 겪을 때(πάσχειν-파스케인) 어떤 느낌이었는지를 기억하고, 그 화를 정의를 실천하는 데 쏟으라고 외친다. 적의 고통을 보고 마음 약해지거나 주춤거리지(μαλακισθέντες-말라키스텐테스) 말고, 동정심을 보이지도 말라고 호소한다.[10]

투키디데스는 클레온이 했을 법한 말을 모두 기록하지만, 그에 이어지는 디오도토스의 연설에서는 그런 말을 하지 않았어야 한다는 점을 시사한다. 많은 학자들이 언급했듯이, 클레온의 연설은 마치 심판관들에게 화를 수단으로 하여 정의를 구현하라고 설득하는 듯하다.[11] 해리스가 기록했듯이, 법적 절차에서 화를 불러일으키는 것은 처벌을 합리화하기 위한 수사적 장치다. 클레온의 연설은 법정에서 할 법한 어조다. (재판관 앞에서 불의를 재구성함으로써) 화를 불러일으키고, 그 화를 통해 정의의 수위를 정할 수 있기 때문이다.[12] 그러나 클레온은 법정에서 말하는 것이 아니라 의회에서 말하고 있다. 그러므로 화를 부추겨서 아테네인들에게 동기를 부여하려는 시도라면 장소를 잘못 선택한 셈이다. 이런 까닭에 클레온은 아리스토파

네스(기원전 446~386년)의 연극에서 풍자의 대상이 되는 등 자기 문화 안에서 조롱받는 신세가 된다. 특히 〈기사(Knights)〉와 〈말벌(Wasps)〉 두 작품에서는 화를 돋우는 것이 그의 직업(métier)으로 나온다.[13]

투키디데스는 원작에서 클레온의 연설을 서술하지 않았으며, 클레온이 스스로 만들어서 했던 연설을 여기서 다시 정리하는 것이라는 전제 하에, 다음과 같은 추측을 할 수 있다. 클레온은 미틸레네인들의 반란이 아테네의 힘을 시험해본 것처럼 보이게 함으로써 일단은 시민의 화를 끌어내는 데 성공했을 것이다. 그러므로 아테네인들이 결정을 번복한 것은 클레온이 지적하는 것처럼 동정심 때문이 아니라 질서라는 측면에서인 것이다. 결국 변한 것은 그들의 마음, 즉 정신이지 가슴이 아니기 때문이다. 클레온의 말과 행동은 의회에서 할 수 있는 것이 아니다. 이성이 있어야 할 곳에서 화를 끌어내는 것은 반칙이다. 화는 옳지 않다.

이에 맞서 디오도토스는 민주주의 체제를 욕되게 한 사람에게 할 법한 연설을 한다.[14] 그 목적은 화에 맞서 싸우거나 동정심을 편들기 위함이 아니라 그 자리에서 그렇게 격정적인 감정을 부추길 수 있다는 전제를 완전히 배제하고자 함이다. 디오도토스는 의회가 결정을 내리는 데 방해가 되는 두 가지를 지적했다. 바로 성급함과 화(ὀργή-오르게)다.[15] 클레온의 연설에서는 '화'를 뜻하는 이 단어가 대부분의 번역 작품에서는 '격정'으로 번역되어 있으며, 디오도토스는 이를 '훈련되지 않은 얕은 마음'이라고 덧붙인다. 여기서 '마음'은 그노메(γνώμη)인데 동시에 '의견' 또는 '결정'이라는 뜻도 가진다. 그 뜻으로 문맥을 훨씬 더 명확하게 이해할 수 있다.[16]

디오도토스가 클레온의 의견을 직접적으로 비난하는 이유는 화가 난 탓에 그의 의견이 제한적이고 편협해졌기 때문이다. 디오도토스의 이러한 지적은 아테네인들에게 주는 경고로 확대 해석할 수 있다. 미틸레네인들에 대해 공통으로 가지고 있는 화 때문에 클레온의 연설에 솔깃해질 수 있기 때문이다.[17] 많은 번역 작품의 경우 여기서 '화(ὀργή-오르게)'라는 단어는 '기질' 또는 격분으로도 번역되어 있다. 토론에 사용된 단어의 뜻을 이런 식으로 바꾸는 것은 토론의 방향을 잘못 인도할 수 있다. 클레온은 화를 부추기고, 디오도토스는 그것을 무마시킨다. 이는 법적 공방이 아니므로 화가 관여될 수 없다. 의회에서 옳고 그름, 정의를 따지는 것은 중요하지도 않고, 적절하지도 않다. 오로지 중요한 것은 도시의 안녕을 위해서 어떻게 하는 것이 최선인가 하는 문제이므로, 여기에 화가 들어설 곳은 없다. 수사적으로 화를 끌어내려는 시도는 도시의 판단 능력을 저하시킨다.

투키디데스는 투표의 결과가 거의 비등했다고 했지만, 디오도토스의 승리였다. 그 덕분에 완화된 처벌이 내려졌다(1,000명 조금 넘는 미틸레네인 살해되었을 뿐이다).[18] 그러나 논쟁과 의견 표명 과정에 정서적인 영향이 있었을 것이라는 점을 생각해야 한다. 디오도토스가 화와 동정심을 모두 부정하고 도시에 최선의 이익을 추구한다는 입장에서 현명한 조언을 했기 때문에 그의 수사적 연설이 우세했다는 것은 아테네인들의 마음속에서 화가 완화되었다는, 아니 그보다는 완전히 해소되었다는 것으로 추측할 수 있기 때문이다.

캐스터는 감성 대본에 대해 이렇게 말했다. "대본의 어떤 요소든 제거해보라. 전혀 다른 경험을 하게 될 것이다." 디오도토스는 아테네 의회의 심의를 두 가지 면에서 근본적으로 바꿔놓았다. 첫째, '감성' 단어들을 추상적으로 도입하고, 논쟁에서 그러한 감성적 면을 고려할 때 얻을 수 있는 장점을 언급했다. 둘째, 의원들에게 화를 부추기는 말에 반응하지 말 것을 주지시켰다. 의회가 반응을 하지 않으면 단지 냉정한 평가만이 남을 것이며, 디오도토스 연설의 요지가 바로 그것이라는 것이다. 이는 우리가 좀처럼 생각해보지 않는 미틸레네 논쟁의 이면이기도 하다. 수사적 방법으로 화를 끌어올릴 수 있다면, 마찬가지 방법으로 화 또는 그 밖의 격정적인 감정들을 해소시킬 수도 있기 때문이다. 하나의 도시가 집단적 감정을 느끼는 조직이라고 할 때, 그 도시가 어떤 감정을 느끼는가는 의회의 심의 과정이 어떻게 이루어지는가에 달려 있다. 열정의 통제가 시민 단체의 합리적인 수단이었던 것이다.

| 피의 기질

미틸레네 논쟁은 격정적인 감정의 구체성을 배제하고 절차와 수사학적으로 접근한다는 점에서 특기할 만하다. 그러나 감정이나 감각, 감성 역사의 핵심은 정서적 행위에서 신체가 맡은 역할에 관한 인식론이다. 철학자와 의학 전문가들은 살아가면서 일어나는 감성적인 경험을 이론화하려는 경향이 있다. 감성, 또는 열정이란 무엇인가, 어떤 작용을 하는가, 그리고 신체에는 어떠한 영향을 미치며 생리학적으로는 이들을 어떻게 다스려야 하는가. 특히 격정적인 감정은 수세기 동안 병리학에 연관되어 있었으며, 현대에 들어와서는 신체적인 질병과 정신적인 장애로 구분되는 경향이 있다.

이 책에도 그러한 이론의 다양한 계보를 소개했는데, 함축적인 경우도 있지만, 기본 의도는 단순히 지식적 배경만을 제공하지는 않겠다는 것이다. 이러한 현상들이 어떻게 경험되는가를 살펴보기 위해서는 감성이나 열정 또는 정서가 무엇인가에 대한 지식의 역사에 초점을 맞춰야 하기 때문이다. 우리가 대상에 대해서 무엇을 알고 있는가에 따라 그 대상을 어떻게 할 것인가, 어떠한 영향을 받는가가 달라지기 때문이다. 또한 그 대상을 경험하게 되었을 때, 그에 대해 성찰하는 방식과 방향에도 영향을 받는다. 그리고 우리 또는 다른 사람이 경험하는 것을 볼 때, 다른 사람들은 우리에 대해 어떤 성찰을 하는가, 우리는 또 다른 사람들에 대해 어떤 성찰을 하는가도 달라진다. 제도, 정책, 관행이 모두 우리가 알고 있는 것에 의해 만들어지고 강화되므로 지식체계를 그만큼 강조할 수밖에 없다.

이런 관점에서 볼 때, 동시대 학자들의 말을 길잡이 삼아 지식의 역사 속으로 들어가보는 것이 매우 중요하다.[19] 과거로부터 현재까지 어떻게 왔는지, 옳은 것으로 판명된 훌륭한 사고의 전개를 찾아서 목적론적 서술을 구성하는 의학사 및 과학사의 지식적 맥락은 처음부터 버려야 한다. 역사가로서 우리는 역사적 지식이 정확한지에는 관심이 없다. 우리가 관심을 갖는 부분은 그 지식이 믿음의 단계를 넘어서 진실로 인식되었는가 하는 것이다. 역사적 맥락을 구성함에 있어 감정과 관련된 관행을 이해하려면 지식체계가 반드시 필요하다.

체액설(Humoralism, 모든 질환은 체액의 이상으로 인해서 생긴다는 과거의 이론-옮긴이)보다 견인력과 영향력이 있는 몇 개의 지식체계가 있다. 체액설은 감성 이론으로 간주하지 않는 것이 옳다. 시대착오적이기 때문이다. 감성 이론은 인간의 성격과 기질, 건강과 질병, 감정과 삶에 대한 적합성까지를 총체적으로 아우른다. 신체에 흐르는 액체나 수분을 환경의 자연 요소에 연결시켜서 세상 속에서 인간의 위치를 찾고, 인간 내면에서 세상의 위치를 찾는다. 또한 감성 이론은 모든 장애와 그에 대한 치료 방법도 밝혔다.

체액설은 고대의 이론으로, 히포크라테스(기원전 460~370년)에 의해 공식적인 의학 이론으로 인정받았으며, 후에 페르가몬의 갈렌(Galen of Pergamon, 서기 130~210년)에 의해 표준 치료법으로 인정받았다.[20] 체액(그리스어로는 χυμός-퀴모스, 라틴어로는 hūmōrēs-우모레스)은 혈액, 점액, 황담즙(성마름), 흑담즙(우울감)으로 이루어져 있다. 개인의 기질(temperament, '섞다'라는 뜻의 라틴어 tempere에서 유래)은 체내에 있는 체액의 균형에 의해 달라진다. 혈액은 봄처럼 수분이 많고 따듯하다. 공기의 기운과 관련이 있다. 혈액의 흐름이 성하면 쾌활하고 낙천적인 기질이 된다. 황담즙은 여름처럼 따듯하고 건조하다. 불의 기운과 관련이 있으며, 화를 잘 내는 기질을 만든다. 흑담즙은 가을처럼 건조하고 차가우며 땅의 기운과 관련이 있다. 우울한 기질을 만든다. 점액은 겨울처럼 차갑고 습하다. 물의 기운과 관련이 있으며, 침착하고 냉정한 기질을 만든다.

체액설과 관련된 용어들 중에는 잘못 사용되는 어휘들이 많다. 고대 로마 시대에 질병과 치료란 어떤 것이었는지를 이해하려면, 우울한, 차분한, 쾌활한, 성마른 등으로 특정 지어지는 체액이나 기질에 대한 현대적 해석은 제외시켜야 한다. 영어를 사용하는 현대인들에게 이러한 말들이 익숙하리라는 것은 의심할 여지가 없지만 말이다. 우리는 개인의 감성 기질을 표현하거나, 특정 상황에서 그들의 감성이 어떻게 표출될 것인지를 설명할 때 이런 분류 기준을 이용한다. 아마도 '유머(humour)'라는 말 자체는 그 어떤 단어보다 흔히 사용되고 있을 것이며, '유머 감각'이 좋다든지 나쁘다든지 하는 표현도 여기서 비롯되었을 것이다. 젊은 운동선수들 중에 정신적 압박을 받는 상태에서는 '신경'이 예민해져서 실수를 하거나 통제력을 잃어버리는 사람들이 있는데, 이런 경우 승리하기에 유리한 기질을 갖추지 못했다는 평을 듣는다. 우리는 기질이 실체가 없는 그 자체의 어떤 특질이라고 생각한다. 하지만 이 모든 기질이라는 것은 우리 몸 안에 물질로서, 실체로서 확실히 들어 있다.

　　체액설은 지난 2,000여 년간 개인의 정서적 특성, 그리고 좀 더 넓게는 인종의 정서적 특성을 정의해왔으며 질병을 식별하는 주요 요인으로 인식되어왔다. 기질의 균형이 깨지면, 자연적으로 그렇게 된 경우라도, 의료적 치료를 통해 균형을 되찾게 했다. 그런데 이러한 현상을 이해하기 위해서는 '기질'이라는 단어에 대한 현대 생리학적 이해는 접어두어야 한다. 체액설의 관점에서 보면 기질은 기분, 열정 등과 같은 형태로 나타날 수는 있지만, 전적으로 물리적인 현상이다. 그러므로 히포크라테스와 그 후 갈렌으로 이어지는 시대에는 '우울하다'는 진단을 받는다는 것은 기질과 혈액의 습윤 정도에 문제가 있다는 뜻이었다(우울한 성격은 차갑고 건조하다).[21] 우리가 타고난, 포괄적인 의미에서의 기질적인 것은 애초에 신체적이고, 기본적이며, 물리적인 것이었다. 기질은 실제하는 요소들로 이루어져 있다.

히포크라테스는 그의 논문, 〈공기, 물, 장소에 관하여(On Air, Waters, and Places)〉에서 기후와 기질의 관계를 명확하게 설명하면서, 스키타이인들은 습한($\dot{\upsilon}\gamma\rho\dot{o}\tau\eta\tau\alpha$-우그로테타, 직역하면 '습함') 체질을 가졌기 때문에 '어깨, 팔, 손목, 가슴, 고관절 및 허리'에 열을 가해 습도를 말렸다.[22] 사냥과 전쟁을 위한 체력을 키우기 위해서였다. 그런 사람들은 체질적으로 느긋하고, 남자의 경우 '배가 무르고 차다'. 주로 승마를 하면서 많은 시간을 보내며, 성욕이 둔하다. 여자인 경우에는 자궁 기능이 좋지 않으며, 습해서 '나태하고 뚱뚱하다'. 이에 비해 유럽인종은 계절에 따라 다른데, 정액이 응고하는 정도에 차이가 있기 때문이다. 따라서 정신적으로 흥분되어 있고 열정적인 유럽인들은 '거칠고' 비사교적일 수 있다. '변덕스러운 기후'가 몸과 마음의 '왕성한 활동'을 유도했고, 그로 말미암아 '용기'가 생겨났기 때문이다. 계절의 변화는 유럽인들을 더욱 호전적이게 했다. 급변하는 기온 탓에 거칠고 ($\dot{o}\rho\gamma\dot{\eta}\nu$ $\dot{\alpha}\gamma\rho\iota\upsilon\dot{\upsilon}\sigma\theta\alpha\dot{\iota}$-오르겐 아그리오스타이) 무감각한($\dot{\alpha}\gamma\nu\dot{\omega}\mu\upsilon\nu\upsilon\varsigma$-아그노모노스) 기질을 갖게 되었기 때문이다.[23]

질병이 기질에서 연유하기 때문에, 출혈을 유도하여 체내의 균형을 바로잡는 방법이 사용되었다. 갈렌의 조언을 살펴보자. "정상적인 활동을 하는 사람들 중에 중압감이나 긴장감을 느끼는 경우, 신체 주요 부분이나 전체에 출혈을 시킬 필요가 있다."[24] 여기서 내가 특히 관심을 갖는 것은, 정서적으로 경험하는 '중압감'이나 '긴장감'이다. 많은 경우 병이나 장애의 징후는 정서적인 경험으로 구별할 수 없기 때문이다. 라틴어 번역가인 갈렌은 이를 gravatur tenditurve(무겁게 누르는 긴장감)이라고 했으며, 그리스어로는 실제로 무겁게 누르다, 우울하게 하다는 뜻을 가진 βαρυνομένοις (바루노메노이스) 또는 벌리다, 펴다의 뜻을 가진 τεινομένοις(테이노메노이스)로 설명했다.[25] 체액의 이상으로 다혈증과 같은 문제가 생길 수 있는데, 그로 인한 징후는 감각이나 감정으로 나타난다. '체액에 불순물이 많아지면 (crude humours) 피부가 납색을 띠는 동시에 몸이 무겁게 느껴지며, 정신적으로 나태해지고 의식이 둔해진다.'[26] 이 또한 신체에 근원을 둔 감각적 자극, 정서적 경험, 느낌이다. 몸에 생긴 문제를 치료하기 위한 수단으로 출혈을 유도하는 것도 정서적 경험을 변화시킨다. 몸 상태가 좋아졌음을 느끼게 되므로 정서적 경험에 변화가 생긴 것이다.

의학전문가에 따르면, 이러한 이론이 절대적으로 지배하게 되면 성공적인 치료를 위해서는 문제를 이해해야 한다는 생각을 하게 된다. 한편으로는 감정이라는 것이 아는 것과 연결되어 있는 것 같지만, 다른 한편으로 생각해보면 그 감정에 관해 무엇을 하는가와 더 깊이 관련이 있다. 출혈을 유도하는 것은 단순한 의료적 치료법이 아니라 정서적인 관행이기도 했다. 말하자면 환자의 감각, 감정, 정신의 상태에 변화를 주는 것이다. 이러한 점에서 출혈 유도는 실제로 효과를 보았던 의술로 보는 것이 마땅하다. 물론 그러한 평가는 의학사 및 현대 의술의 흐름에는 어긋난다. 현대 의학 교육과정에서는 통용되지 않는 방법이기 때문이다. 그러한 행위는 과거의 무지, 의학적 자질 부족으로 간주된다. 소수 의학전문가들에 의해 플라세보 효과(눈속임으로 효과를 기대하는 것-옮긴이) 정도로 치부될 수도 있다.

내가 흥미를 갖는 것은 바로 이 플라세보 효과다. 이는 감성의 역사를 탐구하는 데 아주 중요한 영역이다. 대부분의 경우 플라세보는 본질적으로는 의료적인 근거가 없음에도 효과를 발휘하는 현상으로 이해된다. 새로 개발된 의약품이 효과가 있는지, 시장에 출시될 수 있는 상태인지 확인하기 위한 실험에서 사용되는 방법이다. 제약 산업은 플라세보 효과를 능가하는 약품을 개발하기 위해 끊임없이 분투하고 있다.[27] 사람들이 일반적으로 이해하고 있는 플라세보 효과란 무엇일까? 일종의 자기 망상일까? 처음부터 아무 문제가 없었다는 뜻일까? 그저 설명할 수 없는 신기한 심리 현상일까? 이 세 가지 추측을 혼합한 연구 보고서는 이미 충분히 나와 있을 것이다. 그럼에도 플라세보 효과에 대해 깊이 있게 탐구하고, 그것이 어떻게 작용하는지, 왜 효과가 있는지, 그리고 그 효과에 차이가 생기게 하는 요인은 무엇인지를 알아내는 일은 새롭고 흥미로운 연구과제다.

제약 회사들은 신약 개발이라는 임무를 수행하기가 점점 힘들어지는 현상을 경험하고 있는데, 이는 감성 역사가를 위해서는 좋은 일이다. 특히 미국 내에서는 플라세보 효과가 점점 더 강력해지는 것 같다. 치료의 성공에 대한 기대와 관련된 다양한 요인들 때문이다. 실험이 진행되는 장소의 분위기와 놀라운 치료를 약속하는 광고 효과 등이 기대감을 증폭시키고, 그만큼 플라세보 효과도 강력해진 것이다. 일부에서는 통제실험 방식을 다시 고안해야 할 필요성까지 제기하고 있다. 플라세보 효과 실험군의 성과가 너무 좋아서 그 결과를 믿을 수 없게 되었기 때문에 약품을 사용하지 않는 실험군을 새로 도입해야 한다는 것이다. 부분적으로는 플라세보 효과가 나타나게 하는 신경전달물질 회로의 유전적 차이, 그리고 플라세보와 약품 간의 상호작용에 의한 신체 내인성계의 왜곡 때문이다.[28] 간단히 말해서 세상과 문화 속에 존재하는 신체가 플라세보에 반응하는 방식이 명백하게 변한 것이다. 플라세보를 연구하는 사람들이 약의 미래를 위해 이러한 현상의 영향을 해결하려고 고심하는 동안, 역사가들은 과거에 일어났던 플라세보와 약품 간의 상호작용, 그리고 역사적 문화 속에 나타났던 플라세보 효과의 정도에 대해 끝없는 추측 가능성을 펼쳐본다. 온갖 요인들이 믿을 만한 진통제인 듯 보인다. 신앙심을 중시했던 시대에는 기도였을 것이고, 그 외에 이상한 양조주와 칵테일까지.

고통에 처한 사람들에게 나을 거라는 확신을 준다는 것은 해소의 효과를 낸다. '상처를 잘 어루만지다'는 말은 문자 그대로 해석하든 비유적으로 해석하든, 실제로 효과가 있다.[29] 아픈 곳에서 뇌로 보내는 전기적, 화학적 신호와 그에 따라 뇌에서 연속적으로 일어나는 화학적, 전기적 반응이 통제와 안전함을 전달하는 또 다른 신호, 즉 어루만지는 행위에 의해 수정될 수 있다. 그로 말미암아 불안과 두려움이 덜어지는 것이다. 어느 상황에서든 문제를 보고했으면 그에 따른 반응을 기대하게 마련이다. 그것이 위안의 말이든, 약이든, 아니면 토닉 한 잔이나 따뜻한 손길이든. 플라세보 효과의 이러한 측면은 기대가 충족되었다는 느낌이다. 고통 받는 사람이 그 효과를 믿는 한, 어떤 완화제를 쓰는가는 중요하지 않다. 사람의 몸에는 강력한 진통장치가 내장되어 있는데, 의약품의 역사는 이러한 장치를 보다 효과적으로 작동시키는 방법을 찾는 일이었다. 지난 수세기에 걸쳐 의사들이, 그리고 최근 들어서는 제약 회사들까지 약품이나 의술의 고유한 특성에 초점을 맞춰, 고통을 느끼지 않게 하는 특정 화학 성분이나 치료 방법을 이해하고자 노력해왔던 반면, 최근 플라세보 연구는 약의 효능이 인체의 자생 능력을 얼마나 효과적으로 강화시키는가에 달려 있다는 사실을 증명해 보이고 있다. 예를 들면, 파라세타몰(아세트아미노팬)의 효과에 대한 연구결과 같은 것이다. 실제로 파라세타몰은 내인성 진통제인 카나비노이드를 활용하는 신체 기능을 억제해서 결과적으로 훨씬 더 많은 양의 파라세타몰을 만들어내게 한다. 어떤 방법이든 신체의 중추신경계를 작동시켜 고통을 없앤다면 효과적인 플라세보라 할 수 있다.

다시 말해서, 성공에 대한 기대감이 생리적인 현상에 미치는 영향을 설명하는 플라세보 연구가 있다. 아는 대로 행하는 것은 종종 성공적인 결과를 가져오는데, 그 이유는 그것이 성공할 것임을 알기 때문이다. 그러므로 의약품의 효과가 전적으로 내인성, 즉 인간이라는 유기체의 장기에서 일어나는 생리 기능의 일부라는 주장은 맞지 않는다. 출혈을 유도하는 것이 최선의 의술이었던 시대에는 고통스럽거나 긴장되어 있을 때, 피를 흘리고 나면 실제로 나아진 듯 느꼈을 수 있다. 플라세보 효과가 그러한 의술이나 약품 고유의 특성에 포함될 수 없다고 해도, 그 때문에 의학의 역사적 분석에서 플라세보 효과의 중요성이 작아지지는 않는다. 오히려 과거에 경험되었던 플라세보 효과에 대해 살펴보면, 생화학과 사회문화적 행위를 결합시키고자 했던 노력의 자취를 확인할 수 있다. 그것은 감정 역사 또는 신경 역사의 탁월한 주제다.

부항을 뜨거나 거머리를 이용해서 출혈을 유도하는 행위는 고대 의술의 중요한 부분이었으며, 19세기에 들어서고도 한참 동안 계속되었다. 일반적으로 부항은 통증 치료 효과가 있는 것으로 알려져 있었다. 컵을 이용해서 혈액을 피부 표면 가까이 끌어올린 다음, 열을 이용해 컵 안을 진공 상태로 만듦으로써 피부(혈액도 함께)를 컵 속으로 빨아들이는 방법이다. 습식부항은 출혈을 포함하는 과정으로 부항을 뜨는 부위의 과다한 혈액을 빼내기 위한 목적으로 시행되었다. 허리든, 가슴이든, 무릎이든, 어디든 문제가 있는 곳에 부항을 시행했다. 거머리를 이용하는 방법은 대 플리니우스(Pliny the Elder, 서기 23~79년)의 저서인 ≪자연의 역사(Natural History)≫에 언급되었는데 부항과 마찬가지로 '체내의 과다한 혈액을 빼내는 것'으로 설명되어 있다. 그의 주장에 의하면 한 번 시도해본 사람은 매년 다시 하고 싶어 하며, 통풍으로 인한 통증 완화에도 효과가 있다고 한다.[30]

플리니우스는 모든 통증에 대한 치료법을 가지고 있었는데 그때마다 의도했던 것은 물리적인 효과였다는 사실을 기억할 필요가 있다. 혈액의 정체로 발생하는 고통스러운 염증 증세인 급성 결체 조직염에는 찧은 무를 처방했다.[31] 두통에는 야생 루타(페가넘 하르말라)를 폴렌타와 함께 먹도록 했고, 두통이 좀 더 심할 때는 보릿가루와 식초를 섞어서 먹도록 했다.[32] 빗물에 폴리움(테우크리움 폴리움)을 찧어 섞으면 독사에 물렸을 때 효과가 있다.[33] 큰키다닥냉이(레피듐 파티폴리우임)를 팔에 붙이면 치통이 가시며, 산림 아욱(아마도 말바 실베스트리스일 듯) 뿌리로 잇몸을 따끔하게 찌르는 것도 치통에 효과가 있다.[34] 한편 짠나물(아트리플레스 할리무스)은 발목 염좌와 방광염으로 인한 통증에 효과가 있는 것으로 되어 있다.[35]

　이렇듯 플리니우스의 저서에는 널리 쓰이던 민간요법과 의학 지식이 통합된, 통증과 괴로움에 효과가 있는 치료법이 정리되어 있다. 하지만 여기서 강조하고 싶은 것은 그가 내린 처방에 적절한 약품 성분이 포함되어 있었다는 사실이 아니다. 예를 들어 야생 루타가 실제로 진통 효과를 보였을 수 있지만, 보릿가루나 빗물과 섞었을 때 더 강력한 효과가 있었을

유리 부항 컵, 로마, 서기 251~450.

것이다. 여기서 플라세보 효과가 정서적 동기를 제공했으리라는 사실을 간과하지 말자. 통증을 느끼는 상태, 즉 다른 무엇보다도 감정이 관여된 정서적 상태는 치료 효과가 있을 것임을 안다는 사실이 치료 여부를 결정한다. 이것이 바로 자비에 모스코소(Javier Moscoso)가 말한 '희망의 도덕 경제'에 속하는 견해인데, 나는 여기에 생물문화적 신체-마음 체계의 역사성을 더하여 그의 견해를 보강하고자 한다.[36]

| 피의 잔치: 시각적 욕망을 위한 축제

플루타르크(서기 46~120년)는 로마 시민이었으나 그리스에서 출생했다. 플라톤주의 학자로 제국에서 널리 알려진 인물이었으며, 델포이에서 지내던 인생 후반에 아폴로 신전의 신관이 되었다. 그리스와 로마의 유명 인사들의 전기인 《영웅전(Parallel Lives)》과 《모랄리아(Moralia)》 같은 로마 제왕들의 삶에 관한 작품들로 명성을 얻었다. 《모랄리아》에는 동물에 관한 세 편의 수필이 담겨 있는데 인간의 도덕성을 주제로 구성되어 있다. 그중에 피와 내장을 다루는 방식이 흥미로운 작품이 있는데 바로 〈육식에 관하여(On the Consumption of Flesh)〉 또는 라틴어로 〈고기(De esu carnium)〉라는 제목의 글이다.[37]

플루타르크는 동물을 죽인 다음 죽은 고기를 먹는 사람의 정신 상태에 대해 못마땅하다는 견해를 보였다. 이 부분에서는 암묵적으로 혐오스러운 행위의 역사성을 묘사하는 것 같기도 하다. 그는 동물을 죽이고 먹는 행위는 소름끼치는 짓이며, 그런 일을 하기 위해서는 강철처럼 차갑고 단단한 심성을 가져야 할 것이라고 했다. 플루타르크에 의하면 그런 일을 처음 시도한 사람은 인간이라면 당연히 가져야 할 공포심이 없는, 다른 종류의 인간이라고 생각할 수밖에 없다고 했다. 그런 논리로 생각한다면 격정적인 감정을 견딜 수 있는 인간의 정신력은 정해진 기준이 없다. 하지만 플루타르크는 살코기를 먹는 모든 행위에 대해 소름끼쳐 하면서도, 육식이 뿌리 깊은 관습이며 동물이 식용으로 사용되어야 한다면 적어도 죽이는 과정은 잔인성을 최대한 배제한 정서적 행위 안에서 이루어져야 한다는 사실에는 동의했다. 그러므로 동물의 고기를 먹는 것은 '무자비한 욕망 (wantonness)' 때문이 아니라 오직 배고픔을 해소하기 위해서여야 하며, 동물을 죽일 때에도 '학대와 괴롭힘'이 아니라 '슬픔과 연민'의 마음으로 행해야 한다고 했다. 일반적인 번역에 의하면 그런 의미로 해석된다.

그러나 여기서 '무자비한 욕망'이라는 의미로 해석된 'wantonness'는 그리스어로 τρυφῶντες(트뤼폰테스), 즉 사치스럽고 나약하며 호화로운 삶을 의미한다. 타락한 삶이라는 뜻이다. 이는 특정 감정의 절제, 의도적으로 냉담해진다는 의미에서의 타락을 의미한다. 더구나 여기서 사용된 영어의 관용구 '슬픔과 연민'은 그리스어 οἰκτείροντες καί ἀλγοῦντες(윅테이론테스 카이 알고운테스)를 번역한 것이다. 앞에 나오는 단어는 연민을 뜻하는데, 이에 대해 데이비드 콘스탄(David Konstan)은 윅토스(oiktos)는 '연민보다는 청각적으로 슬픔이나 애도를 표한다'는 의미라고 설명한다. 통곡과 눈물 속에 동물을 살육해야 한다는 뜻이다.[38] 두 번째 단어는 알고스, 즉 신체적 고통을 의미하는데 동물을 죽이는 과정에서 죽이는 사람도 고통과 괴로움을 느껴야 한다는 뜻이다.

이는 고대 시대에 일반적으로 고통을 표현하는 방식과도 일치하는데, 우리가 흔히 분리해서 생각하는 육체적 고통과 정서적 고통이 통합된 형태다.[39] 현대의 통증 과학은 둘을 다시 통합하는 데 초점을 맞추지만, 그리스와 로마에서는 모든 육체적 고통은 동시에 시련이며, 모든 시련은 어떤 식으로든 육체적 고통을 수반한다고 보았다. 그래서 플루타르크는 여전히 동물들은 도살되고 먹힐 것이라고 한탄하면서 소비 과정의 일부로서 고통을 나누어야 한다고 제안한다.

하지만 플루타르크는 자신의 혐오감을 표출하는 것 같으면서도(영어의 '혐오'와 관련된 단어는 한 번도 사용하지 않았지만 그의 생각은 충분히 전달되었으므로), 끔찍하고 놀랄 만큼 무서운(τερατῶδες-테라토데스) 이야기를 거듭 반복하기 때문에 이상하게도 즐기는 것처럼 보인다.[40] 동물을 죽이고 그 고기를 먹는 과정에서 통곡과 고통을 경험해야 한다는 권고 뒤에는 고기 맛을 좋게 하는 일련의 조리법이 소개되기 때문이다. 끔찍해하면서도 여전히.

돼지의 몸에 붉고 뜨거운 쇠꼬챙이들을 꽂기도 하는데, 담금질한 쇠에 피가 달아오르고, 그 피가 돌면서 고기 맛을 달고 부드럽게 한다. 또 어떤 사람들은 새끼를 낳을 때가 된 암퇘지의 유방 위로 올라가 뛰거나 밟아서 어미와 새끼가 하나로 뭉개지게 한다(오 속죄의 주피터여!). 그것도 피와 젖, 뭉개지고 짓이겨져 엉망이 된 새끼들까지 함께 분만되는 바로 그 고통의 순간에 말이다. 그렇게 해서 극도로 부어오른 동물의 고기를 먹는다. 또 어떤 사람들은 두루미와 백조의 눈을 꿰매서 어두운 곳에 가둬두고 살을 찌운다. 그런 다음 살을 흉측한 혼합물과 섞어 절인다.

이것은 우리가 알고 있는 혐오라는 감정의 본질적인 역학의 본보기가 될지도 모르겠다. 왜냐하면 거부하려는 의지이면서 동시에 외면할 수 없는 매력을 가지고 있기 때문이다. 혐오의 대상이란 정해져 있는 것이 아니며, 그것에 대한 반응도 예측할 수 없다. 그러나 혐오스러운 것으로 인식되기 위해서는 어떤 식으로든 그렇게 표현되어야 한다.

플루타르크는 마치 신기하고 새로운 것을 소개하는 듯한 어조로 육식법을 묘사하면서 혐오스러움을 자아낸다. 눈길을 돌리지 말고 우리가 먹는 것을 자세히 보라고 강하게 설득한다. 말끔하게 자른 고기와 관절이 아닌, 도살의 결과물인 죽은 동물의 살과 상처를 말이다. 플루타르크는 '도살된 동물의 고기'를 처음 입에 넣은 사람과 '섬뜩한 시체와 유령들로 차려진 정찬'을 사람들 앞에 대접한 사람에게 경의를 표하면서, 어떻게 '그 사람은 도살되어 가죽이 벗겨지고, 난도질된 피투성이를 보고 견딜 수 있었는지' 놀라워한다. '후각은 어떻게 그 냄새를 견딜 수 있었는지, 다른 동물의 상처를 씹으면서 어떻게 그 맛에 역겨움을 느끼지 않는 냉담함을 보일 수 있었는지, 죽은 동물의 상처에서 수액과 주스를 빠는 데 열중할 수 있었는지.'

이는 축제의 극단적 재구성이라 할 수 있다. 음식 대신에 악취 나는 죽은 동물들이 차려져 있는 축제의 테이블. 모두가 알고 있는 장면을 부각시키면서 신랄하고 두려움에 찬 시선으로 그것을 다시 들여다보라고 요구한다. 겁에 질리고 역겨워 눈길을 돌리려면 우선 가까이 와서 모든 감각 기관을 통해 현장을 느껴야 한다. 그리고 죽음과 오염의 장면을 숙지하고 과거에 아무 생각 없이 또는 의식의 깊은 성찰 없이 똑같은 행위를 저질렀던 경험을 되돌아보면서. 반드시 그렇게 한 다음에 혐오감을 느끼며 눈길을 돌려야 한다.

그런데 왠지 플루타르크는 혐오감에 대해 이야기하는 것이 아니라는, 혹은 혐오감과 연관성이 있는 그리스어 σικχός(시키코스) 또는 ἀηδής(아에데스)에 대한 이야기가 아닐 수도 있다는 불안감이 떠나지 않는다. 섬뜩한 축제의 장면에서 혐오감을 느낀다면 우리는 플루타르크의 작품을 제대로 읽은 걸까? 해답은 경험을 위해 어휘가 필요한가, 아니면 특정성을 가진 전혀 다른 경험을 어휘 때문에 익숙한 경험으로 보게 되는 것인가에 달려 있다.

혐오는 시공을 초월한 보편적 정서일까?

리처드 퍼스-가드비히어(Richard Firth-Godbehere)의 말에 의하면 현대 신경과학자들은 혐오감이 보편적이면서 무의식적이라고 가정하는 경향이 있다. 배고픔처럼 진정한 의미에서의 정서가 아니라 감정 상태라는 뜻이다. 그는 또한 어휘의 뜻은 언어마다 다른 뉘앙스를 갖는다는 사실도 언급했다. x

의 정의에 의견이 모아지지 않을 때 'x=보편적'이라는 말은 성립되지 않는다. 더구나 불일치 그 자체가 x라는 경험에 영향을 미치고, 그 경험은 특정 어휘 선택에 연결된다. 퍼스-가드비히어가 지적하는 바에 따르면, x=영어의 'disgust'로 표현되는 혐오감일 때, x=구역질이 날 정도로 외면하고 싶은 충동이다. 하지만 x=독일어의 'Ekel'로 표현되는 '혐오감'일 때는 '구토 반응은 일어나지 않는다'. 좀 더 중립적인 혐오감이기 때문이다.

퍼스-가드비히어는 또한 '역겨운 느낌이라는 것이 진화되어온 특성이어서 모든 사람이 느끼는 감정이며 모든 문화에 그 특성과 관련된 어휘가 있지만, 그렇다고 해서 언제나 현대 영어에서 말하는 혐오감(disgust)의 의미로 이해되는 것은 아니'라는 점을 지적했다.[41] 더구나 무의식적으로 역겨워지는 상태가 있다 할지라도 그러한 반응을 일으키는 대상이 정해져 있는 것은 아니다. 사람들이 혐오감을 느끼는 대상은 문화마다 그리고 시대에 따라 매우 다르다. 감정의 역사를 통해 과거에 일어났던 감성적 상호 작용을 살펴보면 사람들이 느끼는 혐오감이라는 것은 그들이 살아가는 맥락 안에서 혐오감을 일으키는 대상이 가지는 의미와 직접적으로, 본질적으로 엮여 있다는 사실을 알게 된다. 그러므로 '진화되어온 이러한 특성'을 모두가 공통으로 가지고 있다고 해서, 그것만으로 그 대상에 대해서 또는 그것을 경험하는 것이 어떤 것인지에 대해 알 수 있는 것은 아니다.

나는 예전에 문화적 변화에 대한 글을 쓰면서 혐오감이 보편적이라고 했던 신경역사학자 다니엘 로드 스메일(Daniel Lord Smail)의 오류를 지적하고 그런 식의 보편화 경향을 비판한 적이 있다.

영어에서 흔히 사용되는 '혐오감(disgust)'이라는 개념부터 살펴보자면, 이 개념과 관련된 생리학적, 신체적 표현을 다른 문화의 사람들에게 연결시켜 똑같이 적용하고 있다. 그들이 유사한 생리적 신호와 표현 수단을 사용하는 것이 '혐오감'을 나타낸 것이라고 말이다. 그렇게 보편화하기 전에, 그 느낌에 대한 당시의 개념 자체에 대한 깊이 있는 개념적 분석을 해볼 필요가 있으며, 실제로는 당시의 맥락과 경험이 전체 영어권 사람들이 혐오감을 나타내는 '규범적' 표현을 할 때의 맥락이나 경험과 아무런 유사성이 없는 경우가 많다. 사회적 감성이 '각기 다른 역사적 문화 속에서 달리 작용한다'는 사실을 인정하면, '혐오감'이란 문화적 맥락과 표현 방식, 경험이 다른 것과 상관없이 보편적이라고 말하는 것은 무의미할 뿐 아니라 혼란을 초래할 수도 있다. 설명을 부연하자면, '같은 혐오, 다른 대상'이라는 스메일식 견해는 어떤 문화에서는 사실상 그것과 관련된 정서적 경험이라는 레이블에 의해서 정의될 필요가 없는 생리학적 과정에 선호적이고 가장 중요한 개념적 정의를 갖다 붙이는 것과 같다. 생리학 그 자체는 아무런 의미도 함축하고 있지 않다.[42]

반대로 각기 다른 대상에 대해서는 느껴지는 혐오감도 다르고, 따라서 붙여지는 이름도 다르며, 이어지는 일련의 반응들도 다르고, 그와 관련된 세상이나 사물과의 상호작용도 다르게 일어난다. 내가 특별히 흥미를 가졌던 고대의 '혐오감' 중 하나를 예로 들어보면, 이 감정은 현대 영어의 '혐오하다(disgust)'가 가지는 의미에는 맞지 않는다. 어찌 보면 이것은 육식에 대한 플루타르크의 견해를 설명하면서 그리스어로 '혐오감'을 의미하는 단어들을 쓰지 않은 것과 같다. 만일 '혐오감'에 대한 단어들이 쓰였더라면 해당 부분을 '혐오스럽다'고 단정하고 넘어가기가 훨씬 쉬었을 텐데 말이다.

육식에 대한 플루타르크의 진정한 견해는?

그렇다면 관건은 현대적 경험의 영향을 배제하고 당시의 맥락에서 정서적 경험을 재구성하는 것이다. 플루타르크의 경우를 예로 들자면, 동물을 죽이고 그 고기를 먹는 과정에 감각 기관들이 작동해서 느끼는 섬뜩한 역겨움을 피타고라스의 우주론적 맥락에 가져다놓은 것이다. 그렇다면 어떤 점이 괴기스럽다는 것일까? 처음 플루타르크의 〈육식에 관하여〉를 읽고, 나는 그것이 피와 피 흘림에 대한 일반적인 혐오감을 묘사하는 글이라고 생각했다. 그러나 그것은 피상적으로 읽었을 때의 생각이었다. 사실 글의 요지는 피타고라스의 윤회설에 입각해서 볼 때 우리가 저지를 수 있는 부도덕함에 관한 것이었다. 우리가 죽이고 먹는 동물의 영혼이 한때는 인간의 몸에 담겨 있던 영혼일 수 있으며, 어쩌면 친구나 친척의 영혼일 수도 있는 것이다. 플루타르크는 묻는다. 왜 그런 일을 감수하겠는가? 설사 윤회설을 믿지 않는다 해도, 그럴 수 있는 가능성을 생각해본다면 그것을 불사할 때의 위험부담은 너무 크다. 그 죽은 동물들이 모두 인간의 시체라고 상상해보거나, 죽은 동물들의 몸에 한때 인간이었던 영혼이 윤회해서 들어 있었다고 상상해보면 축제의 괴기스러움이 확실해진다. 그리고 그 장면에 소름이 끼친다. 플루타르크는 그 장면을 자세히 들여다보라고 제안한다. 신중하고 세심하게 살펴보라고. 그래야만 일종의 식인주의에 버금가는 행태로 보았던 그의 시각에서 상황을 이해할 수 있기 때문이다.

　　플루타르크가 주장하는 요지는 동물을 죽이고 먹는 행위는 아무리 길고 요란한 고통의 과정을 거치게 한다 해도 대부분의 사람들에게 전혀 혐오스러운 일이 아니라는 것이다. 육식을 하는 사람들은 그러한 과정에서 일어나는 병폐에 관습적으로 익숙해져 있기 때문이다. 플루타르크의 말을 빌리자면, 사람의 식욕을 상대로 논쟁을 벌일 수는 없다. 배에는 귀가 없으니까. 또한 플루타르크는 육식은 살생의 습관에서 비롯되었다고 한다. 피에 대한 목마름(μιαιφονίας-미아이포니아스) 같은 것이다. 플루타르크는 암묵적으로 그러한 행위를 비난하면서도 관습이 가지는 관성적 힘을 거역하기 힘들다는 사실에는 체념적이나마 동의한다. 위장을 비난할 수는 없으니까. 이 점에서도 역시 그가 묘사하고자 하는 것은 역겨움이 아니라 욕망의 형태다. 혐오감을 불러일으킬 수 있는 가능성을 지적하고자 한다면, 실제로 새로운 공포를 위한 맥락을 제공해야 할 것이다. 그런데 그 시도가 성공을 거두려면, 우리도 그것을 보고 싶어 해야 한다.

　　플루타르크의 글을 영어 번역으로 읽으면 잔혹함에 대한 혐오감으로 통합해서 이해하기 쉽다. 그리고 실제로도 대부분의 번역서에는 "아, 끔찍한 잔혹성이여!"라는 플루타르크의 한탄이 들어 있다. 하지만 이러한 한탄은 동물을 위한 것으로도, 인간의 행위에 대한 것으로 납득하기가 힘들다. 내가 해석하기에 그리스어 ὠμότητος δεινόν(오모테도스 네이논)은 '끔찍한 잔혹성'이 아니라 '무시무시한 날것'이라는 뜻으로 익히지 않은 고기에 비유하여 야만성을 지적하는 것으로 보인다. 언어의 유희인 셈이다. 명백한 어휘적 중복을 의도적으로 간과한 것에 대해 19세기, 20세기 번역가들을 탓할 수는 없다. 19세기 이후 동물에 대한 잔혹성을 혐오하는 것은 특히 대중의 관심이 쏠리는 명분이었기 때문이다.

그러나 여기서 플루타르크는 죽은 동물의 고기, 그리고 식탁은 고상하나 영혼은 야만적인 부자들 둘 다에 경악하며 뒷걸음질을 친다. 그중에는 금욕주의를 주장하는 스토아학파들도 포함되는데 플루타르크가 보기에 그들의 식습관과 그들이 주장하는 절제의 원칙은 일치하지 않았다. 나머지는 쾌락주의자들인데 플루타르크는 이들에 대해 참을 수 없는 거부감을 갖고 있었다. 처음으로 피 묻은 고기를 입에 넣었을 인간에 대한 당혹감도 그 정도였을 것이다.

대부분의 번역서에 보면 플루타르크가 다음과 같은 의문을 던지는 것으로 나온다. "오염된 것을 먹으면서 어떻게 입맛이 상하지 않았을까?" 그러나 여기서 '오염'으로 번역된 그리스어는 더럽힘이란 뜻을 가진 μολυσμός(몰루스모스)로, 그것을 먹는 사람과 먹히는 동물에 한하여 일어나는 일이다. 육식을 역겨워하는 그의 장황한 설명은 오감을 고통스럽게 자극하는 수사적 묘사를 통해 이루어진다. 독자들은 상상 속에서 그것들을 마주한다. 그러므로 피와 비명을 흘리며 죽어가는 동물, 그리고 코를 찌르는 피의 냄새는 철학적이고 정치적인 동시에 영혼의 부도덕성에 대한 단호한 비판이다. 말하자면 물리치기보다는 손짓해 부르는 작품인 것이다. 설득하려는 의도인가 하는 것은 살코기와 그것을 먹는 사람들을 플루타르크의 관점에서 면밀히 검토해보아야 알 수 있다. 번역본에서 전달하는 분위기가 혐오스럽다면, 그것은 플루타르크가 설명하는 영적이고 정서적인 특성을 이해하기가 어렵기 때문일 것이다. 결론적으로 말해서 '혐오감'을 나타내는 그리스어는 쓰이지 않았다. 플루타르크가 원하는 반응은 혐오감이 아니었기 때문이다. 작품을 읽는 동안 혐오감을 찾고자 한다면 분명히 찾을 수는 있을 것이다. 그러나 이해할 수는 없을 것이다.

혐오스러운 것에 시선이 쏠리는 이유

혐오감을 찾고자 한다면 분명히 찾을 것이라는 사실은, 물론 정확하게 말해서 혐오감이 아니지만, 혐오감의 역사에 대한 가장 권위적인 연구에서도 엿보인다. 도널드 라테이너(Donald Lateiner)와 디모스 스파타라스(Dimos Spatharas)가 편집한 《혐오에 대한 고대의 감성(The Ancient Emotion of Disgust)》을 예로 들어보면, 혐오감과 관련된 고대의 개념을 특정한 역사적, 어휘적 맥락 안에서 유효한 것으로 설명하려는 명백하고도 가치 있는 목적을 가지고 있었음을 알 수 있다. 혐오감에 대한 현대의 정의는 역사 연구에 유용하거나, 그 자체로 역사 연구의 소재가 되기에는 너무 한정적이다. 그럼에도 그러한 연구들이 혐오감이라는 감성을 탐구하고자 하는 이유는 고대에 혐오감을 반복적으로 경험했던 것이 현대 영어의 혐오감이라는 감성과 어떤 상관관계가 있는지, 또는 어떻게 다른지를 가려내기 위해서다. 역사성에 대한 모든 주의와 관심에도 불구하고 그러한 연구는 끝내 목적론을 거부하지 못한다. 결과적으로 새 렌즈로 과거의 혐오감을 들여다보는 것이다. 과제를 현대적 기준으로 이루어진 체계 안에 가져다놓음으로써 우리는

언제나 시대착오적인 경계에서 위태로운 춤을 춘다.[43]

　　예를 들어 '혐오스러운 생명체나 물질에 대한 반응을 보이는 얼굴 표정들을 모아서 관찰한다고 해보자. 혐오감을 일으키는 대상을 보면 일반적으로 얼굴을 돌린다.'[44] 여기서, 그리고 전반적으로 전제되어 있는 가정은 어떤 대상은 단순히 본질적으로 혐오스럽다는 것이며, 그러한 대상에 대한 반응도 그에 따라 정해져 있다는 것이다. 정해져 있다는 것은 시간을 초월해서 일관되게 나타난다는 뜻이다. 이 부분에 편집자들은 다음과 같은 주석을 덧붙인다. '자동차 사고 현장이나 인명이 희생된 현장을 자동차를 몰고 지나가며 구경하는 사람들은 예외다. 하지만 그들이 자동차 공간 안에 분리되어 있었고, 아주 짧은 순간 현장을 흘낏 보고 지날 뿐이라는 사실이 그들의 호기심을 안전하게 보호했기 때문일 수 있다. 아래에서 소크라테스의 레온티우스를 살펴보자.'[45] 이 작품은 언어 외적 기교가 뛰어날 뿐 아니라 오늘날 구급차를 쫓아다니는 사람들과 플라톤의 《국가》에 나오는 인물 사이의 간극만큼이나 놀라운 지적 도약이다. 이것이 얼마나 잘못되었는지를 증명해 보이기 위해 플루타르크에 관한 나의 견해에 입각해서 이 관련성의 양면을 살펴보기로 하자.

사고 현장을 보기 위해 속도를 늦추는 운전자가 혐오감에 관한 예외적인 경우라고 주장할 만한 근거는 없다. 사실은 그것이 바로 혐오감에 대한 규칙을 증명한다. 그들이 자동차 안에 안전하게 있어서라는 임의적인 설명은 해답이 되지 않는다. 《타인의 고통(Regarding the Pain of Others)》에서 수전 손택(Susan Sontag)은 이 문제에 대해 전혀 다른 관점을 취한다. 손택의 견해에 의하면 타인의 훼손된 몸은 불경스럽다. 우리가 그것을 자세히 보고자 하는 이유는 그래서는 안 된다는 것을 알기 때문이다. 금기는 삼가야 하는 것인 동시에 강력한 유혹이기도 하다. 삼가야 한다는 사실이 죄책감을 만들고, 우리는 혐오스럽다고 여겨지는 것을 보고 싶은 욕망에 넘어가는 것이다. 손택은 운전자가 사고 현장을 보기 위해 속도를 늦추는 이유가 '뭔가 끔찍한 것을 보고 싶어 하는' 욕망을 가지고 있기 때문이라고 말한다. 차 안에 있다는 사실은 특별한 의미가 없다. 몬트리올을 도보로 여행하는 동

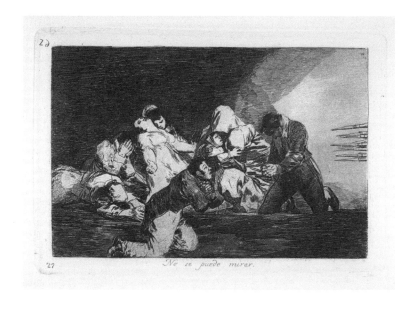

프란시스코 데 고야, 전쟁의 재난 26장, '차마 볼 수 없어(One Can't Look),'
서기 1810~20, 동판화와 드라이포인트.

안 종종 사람들이 모여 있는 곳을 지났다. 그들은 자전거를 타고 가다 심하게 부상을 입은 사람이나 불운한 사고를 당한 보행자를 보기 위해 목을 길게 빼고 모여 있는 것이었다. '차마 볼 수 없어'라는 말에는 종종 보는 행위가 수반된다. 마치 몸과 마음이 반대인 것처럼 말이다.

　　프란시스코 데 고야의 전쟁의 재난(1810~20) 26장에 묘사된 장면을 생각해보자. 총알이 남자와 여자, 어린이들에게 박히는 순간, 총격을 가하는 군인들의 모습은 (총신과 총검 끝을 제외하고는) 보이지 않는다. 고야는 이 장면에 '차마 볼 수 없어(No se puede mirar)'라는 제목을 달았지만, 분명히 그는 보았고, 기억했고, 종이에 옮기면서 영상을 만들었고, 그리하여 그 장면을 훨씬 더 면밀히 볼 수 있었다. 볼 수 없다는 것은 보는 행위의 역동적인 부분이다. 그뿐 아니라, 공개적으로는 부정하려고 하겠지만 거기에는 분명 쾌감이 들어 있다. 내가 《고통: 아주 짧은 서론(Pain: A Very Short Introduction)》에서 지적했듯이 말이다.

> 고통의 미학에 대한 혐오감, 그리고 그것을 당하는 사람의 입장에 자신을 대입시킬 때 밀려오는 두려움은 당연히 우리로 하여금 그 장면으로부터 도망치게 만들어야 한다. 그러나 혐오감과 두려움이 시각적 자극이 되는 경우에는 시선을 끄는 힘이 있다. 그렇지 않다면 무엇이 혐오스럽고 무엇이 무서운지를 어떻게 알겠는가? 그러므로 우리는 타인의 고통을 보면 얼어붙거나 호기심을 갖기도 하지만, 동시에 즐기기도 한다.[46]

기쁨과 괴로움이라는 복잡하고 혼합적인 정서, 어쩌면 숭고함이라 할 수 있을지도 모를 그런 감정은 우리로 하여금 도움이 되는 행위를 하도록 고무할 수도 있지만, 동시에 우리에게 일어나지 않아서 다행이라고 속삭일 수도 있다. 손택이 추측하기에 혐오스러울 만한 이미지에 대해 무감각한 것은 우리가 텔레비전이나 그 밖의 대중매체 또는 전쟁, 고통, 부상 등을 통해 혐오스러운 대상에 노출되는 기회가 그만큼 많기 때문이다. 우리의 눈은 역겨움이나 동정심을 불러일으키는 훼손된 사람의 몸을 보면 혼탁해진다. 무감각해지는 현상에 대한 논란은 새로운 것이 아니다. 그 문제에 대해서는 제5장에서 더 자세하게 살펴보기로 하자. 혐오감이란 복합적인 정서다. 혐오감을 일으키는 대상과 그에 대한 얼굴 표정이나 몸짓으로 나눌 수 있는 것이 아니다. 역겨움이나 메스꺼움이라는 시간을 초월하는 주제에 들어맞지도 않는다.

라테이너와 스파타라스가 자동차 사고의 비유를 들어 언급했던 레온티우스 앞에 놓인 시체를 보자. 이 끔찍한 시각적 축제와 이해하기 어려운 고대의 욕망을 소크라테스와 함께 살펴보자. 플라톤의 《국가》를 번역한 작품 중에서 내가 가장 자주 읽었던, 사실은 나의 교과서이기도 했던 글에서 문제의 단락(439e~440a)을 발췌했다.

아글레온의 아들 레온티우스가 파레우스로부터 시내로 들어가는 길이었다. 북쪽 성벽 밖에서 벽을 따라 걷고 있는데 사형 집행관 옆에 쓰러져 있는 시체들을 보게 되었다. 그는 시체들을 보고 싶었으나, 동시에 혐오감을 느껴 뒷

걸음질을 쳤다. 그리고 한동안 눈을 가린 채 갈등했다. 그러나 욕망이 너무 커서 넘어가고 말았다. 레온티우스는 시체들이 있는 곳으로 달려가면서 눈을 애써 부릅뜨고는 이렇게 말했다. "여기 있다, 이 저주받을 것들아. 잘 보려무나. 아주 좋은 구경거리가 아니더냐?"[47]

이 단락은 영혼이 이성적인 부분과 기개적인 부분, 욕구적인 부분으로 나뉜다는 주제에 대한 토론 중에 나오는 부분이다. 소크라테스는 화(ὀργήν-오르게)라는 감정이 어떻게 이성과 협력하여 욕망과 투쟁하는가를 설명하기 위해 위의 일화를 예로 든다. 이러한 투쟁은 '이성의 충고에 반하는 욕망에 끌려 무엇인가를 하게 되었을 때, 그러한 자신을 저주하면서, 그러한 행위를 하게 만든 욕망에 대해 화가 치밀어오를 때 치르게 된다. 이런 상황은 개인의 내면에서 내란이 일어나는 것과 같은데 이때 기개는 이성의 동맹군이다'. 그러므로 레온티우스의 공식은 다음과 같이 설명될 수 있다.

　　이성은 시체를 보지 말라고 한다. 돌아서라고. 욕망은 시체를 보라고 한다. 기개는 화를 내며 욕망에 끌려가는 총체적 자아를 꾸짖는다. 이것이 정확하다면, 그리고 중대한 논란의 여지가 없다면, 혐오감에 대한 언급은 상황에 맞지 않을뿐더러 여기 제시된 영혼의 구분법과 호응되기가 어렵다. 결국 레온티우스가 뒤로 주춤하게 했던 것은 이성이었으며, 보고 싶어 하는 그의 욕망과 맞선다. 그리스어로 표현하자면 레온티우스는 '보고자 하는(ἐπιθυμοί-에피투모이) 마음과 참을 수 없어 하는(δυσχεραίνοί-두스케라이노이) 마음이 동시에 일어나서 돌아선다'. 여기서 혐오감으로 번역된 단어의 그리스어는 δυσχεραίνοι(두스케라이노이)로 일종의 괴로움의 의미를 내포한다. 하지만 나는 이 부분을 '참을 수 없어 하는'으로 해석했다. 소크라테스가 펼치는 논쟁에서 레온티우스가 참을 수 없어서 돌아서는 부분은 투모스 또는 기개가 아니라 그의 이성이다. 그리고 레온티우스의 기개가 작동하여 시체를 보고 싶어 하는 자신의 욕망에 화를 낼 때 비로소 '감성'이 일어난다. 레온티우스는 자신과의 전쟁을 치르는데, 그렇다, 그것은 이성과 욕망 사이의 전쟁인 것이다.

이 이야기가 전하고자 하는 것은 주검을 바라보고 싶은 욕망을 금하는 문화적 특성이 레온티우스의 내면에 흐르고 있었다는 사실이다. 그렇게 하는 것은 비이성적이므로. 그러나 욕망은 너무 강해서 이성을 이기고 만다. 내면에 흐르는 문화적 특성은 스스로에게 화를 내는 것으로 표출된다. 간단히 말해서 이 장면에는 라테이너와 스파타라스가 말하는 '혐오감의 역설'은 물론, 혐오감의 요소도 전혀 들어 있지 않다. 감성적인 끌림과 밀어냄 사이의 긴장을 의미하는 혐오감의 역설과 관련된 동시대적 예는 수없이 많지만, 레온티우스의 경우를 혐오감의 변덕스러움 때문인 것으로 해석하는 것은 옳지 않다. 이 논쟁의 맥락에서 혐오감을 제외시키고 나면, 왜 애초에 죽은 사람의 몸을 보는 것이 비이성적이며, 왜 그것을 보고 싶어 하는가 하는 의문이 남는다.[48]

이 문제에 대해서 지금까지 많은 문헌이 쓰여왔으며, 흥미로운 병리학적, 변태적 근거를 찾아 레온티우스에 적용하는 것이 문헌학 연구의 과제처럼 보이기도 한다.[49] 그러나 이 경우에는 지나친 것으로 보인다. 캐롤린 코스마이어(Carolyn Korsmeyer)는 다음과 같이 지적한다.

> 레온티우스는 특이한 기질을 가진 사람이 아니다. 걸어서 집으로 돌아가던 평범한 사람이다. 플라톤은 영혼이 서로 상충되는 욕망으로 나뉘어 괴로워하는 현상을 우리가 익숙하게 알아볼 수 있으리라 생각한다……. 레온티우스를 시체가 있는 곳으로 가게 한 것은 끔찍한 장면 그 자체다……. 시체가 있는 장면이어서 그런 것은 아니다. 레온티우스는 단지 소름끼치게 충격적인 뭔가에 끌린 것뿐이다.[50]

이렇게 보는 것이 맞는 것 같다. 우리는 주검을 보고 싶어 한다. 자동차 사고 현장을 기웃거리는 모습을 상상하기가 어렵지 않은 것과 같다. 아니면 중세나 근대 초기 유럽에서 사형집행 현장에 가보는 모습을 상상할 수도 있다. 우리는 끔찍한 장면을 보고 싶어 하는 자신과 싸울 수 있다. 하지만 혐오감과 관련된 복잡한 경험이 있기 때문에, 플라톤은 영혼이 나뉘는 방식, 그리고 그 속에서 이성, 기개, 욕망이 서로 얽혀 있는 방식을 생각해보라고 권한다. 플라톤이 여기서 소크라테스라는 등장인물을 통해 묘사하는 경험을 무시하고 동시대의 신경생물학적 해석을 선호한다면, 감성의 역사는 아무런 의미가 없어진다. 레온티우스의 영혼이 나뉜다는 사실은 중요하다. 그가 경험하는 정서가 그 자신에 의해서, 그리고 플라톤의 대화에 참여하는 대화자들에 의해서 자신의 욕망에 대해 화를 내는 것으로 이해된다는 사실은 커다란 의미를 가진다. 또한 그 경험이 자기를 나무라는 분위기 속에서 행해진다는 사실도 중요하다. 자신의 욕망을 완벽하게 통제하려는 투쟁은 플라톤의 철학체계와 아리스토텔레스의 윤리, 그 이후 철학의 플라톤학파와 스토아학파를 규정하는 주제가 된다. 우리는 레온티우스의 경험을 일어났던 그대로, 액면 그대로 받아들여야 한다.

이 논의를 마무리하면서, 다시 한 번 논점으로 돌아가 수사학적 단계에서는 어떤 일이 일어났는지 살펴보기로 하자. 레온티우스의 이야기는 소크라테스의 일화일 뿐이며, 대화 중에 제4의 인물(소크라테스가 제3자, 플라톤이 제4자일 것이라 추정한다)에 의해 서술되고 있다. 이 단락이 매력적인 이유는 독자가 쉽게 몰입할 수 있도록 장면을 시각적으로 묘사해주는 동시에, 레온티우스가 어떤 느낌일지뿐만 아니라 우리가 어떻게 느껴야 하는지에 대해서도 말해준다는 점이다. 주검이 있는 장면을 마주했을 때 우리가 반응을 어떻게 통제하는지에 대해서도 말해준다. 배고픔과 같이 좀 더 흔한 욕망이 아니라 주검에 관한 일화를 집어넣은 것에 대한 합당한 변명은 우리 또한 주검을 보고 싶은 욕망을 피하지 못한다는 사실일 것이다. 주검을 단지 언급하는 것, 어디에 있었으며 누가 있었는지(집행관)를 설명한다는 것은 우리 또한 그것을 보았다는 뜻이다. 수사적 힘에 의해 머릿속에 그림이 그려지지만, 절제에 관한 논의가 이루어지는 가운데 일어나는 일이다.

사실 욕망을 일으키는 이 수사적 발언의 주체는 이성이다. 그러므로 욕망은 영혼의 이성적인 부분을 손상시키지 않고 충족된다. 우리는 화내지 않고 안전하게 주검을 바라볼 수 있다. 이것은 아주 멋진 역설이다. 초점은 혐오감이 아니라 이미지 또는 장면에 맞춰져 있다. 마음의 눈을 통해 우리는 안전하게 그리고 침착하게 레온티우스가 주검을 바라보며 자신에게 화를 내는 장면을 바라본다. 그렇게 하는 동안 우리는 아무것도 느끼지 않는다. 마찬가지로 대화 자체는 절제의 수사적 수단, 즉 영혼에서 이성이라는 주체가 설 자리다. 이것이 바로 《국가》의 요지다. 감정이 감지할 수 없을 정도로 작아지는 것, 그것이 무엇보다 훌륭한 감정 훈련이다.

| 감각, 죄, 그리고 영원히 감내하는 두려움

아우구스티누스(서기 354~430)는 갈기갈기 찢긴 주검을 보고 싶어 하는 사람의 마음을 알고 있었다. 그가 《고백록(Confessions)》에서 주검을 본 적이 있으며, 그때 쾌감(voluptatis)을 느꼈다고 쓴 것을 봐도 추측할 수 있다. 아우구스티누스는 교회의 아버지로 알려져 있으며, 신학자이자 철학자로 기독교에 지배적인 영향을 주었다. 자신의 주교령인 히포레기우스(현재 알제리의 안나바)에서 많은 글을 남겼다. 감성의 역사를 연구하는 학자들에게 엄청난 영향력을 미쳤음은 이미 입증되었는데 그가 수정한 키케로(기원전 106~43년)의 저작들은 중세 시대 정서 생활의 개념적 범위에 대한 작업 모델을 제공했다.[51]

아우구스티누스의 관점에 따르면 쾌락과 호기심은 '물리적 감각의 작용(agatur per sensus)'이었다.[52] 지식이나 이해에 대한 갈구는 감각적 수단, 특히 눈을 통해(다른 감각 기관의 작용을 언급할 때는 본다는 시각적 은유를 통해) 물리적 세계를 알고 싶은 욕구다.[53] 호기심(curiositas)은 경험과 이해를 갈망(libidine)했는데, 이는 '전율을 하면서도(quod exhorreas)' '훼손된 주검(laniato cadavere)'을 볼 때 느끼는 내재된 희열을 설명해준다. 아우구스티누스가 관찰한 바에 따르면, 훼손된 주검이 있을 때,

> 사람들은 끔찍해하고 얼굴이 창백하게 변하면서도 그리로 모여든다. 그러고는 밤에 꿈속에서 주검을 보게 될까 봐 걱정한다. 마치 낮에 누군가 억지로 보게 한 것처럼, 아니면 누군가 아주 아름다운 장면이라고 속이기라도한 것처럼…… 괴기스러운 장면은 공공연한 가두 행렬을 펼쳐 욕망의 열병(morbo cupiditatis)을 자극한다.[54]

아우구스티누스는 일상적으로 볼 수 있는 섬뜩한 광경 중에서도 하나의 목표를 향해 집중하는 상황에 매료된 것 같다. 특히 들판에서 토끼를 쫓는 사냥개의 추적을 보면 완전히 몰입하게 된다고 고백한다. 도마뱀이 파리를 잡는 장면이나 거미가 거미줄에 걸린 먹이를 먹는 모습도 마찬가지로 넋을 잃고 보게 된다고 한다. 아우구스투스가 고백하기에 일상은 '그런 순간들'로 가득하며, 그의 '유일한 희망(spes)'은 신의 '넘치는 자비(misericordia)'다. 그러한 장면들을 보고 싶은 것은 가슴에서 일어나는 욕망이며, 눈은 욕망을 추구하는 성향을 가졌기 때문이다. 그런 마음이 일어날 때 막아서고 돌아서서 성찰하지 않으면 삶이 헛되어질 수 있다.[55] 그렇다면 아우구스티누스의 철학과 신학에서 정서적 삶이란 어떤 것일까? 모든 감정은 죄와

육신으로 향해 있고, 신으로부터는 멀어지는 건가?

아우구스티누스의 정서 언어는 일반적으로 '감성' 언어로 번역되는데, 그 과정에서 명확성을 잃어버린다. 그러한 예는 《신국론(The City of God)》제14권 9부가 재평가되는 것을 봐도 알 수 있다.[56] 아우구스티누스는 직접 키케로를 향하여 그가 묘사하는 움직임(motus)(어쩌면 감정이 일어나다는 뜻의 arousal일 수도 있다)과 감정(affectus)이 선에 대한 사랑(amore boni)과 신성한 자비로움(sancta caritate)에서 비롯된 것이 아닌가 하는 의문을 제기한다. 그것들을 악덕(vitia)으로 본다면 그 분류 기준이 잘못된 것이다. 키케로처럼 그것들을 질병(morbos)이나 사악한 열정(vitiosas passiones)으로 보는 것은, 그러한 감정이 적절하게 표현된 정당한 이유(rectam rationem)에 의해서 일어난 것임을 간과했기 때문이다.[57]

사실 신체적으로 아무런 감정이나 고통 없이 산다는 것은 엄청난 대가를 치른 후에 도달하는 상태일 것이다. 영혼이 야만스럽거나(inmanitatis in animo), 육체적으로 무감각한 상태거나, 감정이 없는 상태(stuporis in corpore)일 것이기 때문이다.[58] 육체는 인간이라면 피할 수 없는 존재의 일부며, 느낌이라는 기능이 내재되어 있다. 여기서 연민(pathos)을 병으로 모호하게 번역한 키케로의 경우와 유사하게 아우구스티누스는 무감각, 고통이나 감각으로부터의 자유를 뜻하는 그리스어 ἀπάθεια(아파테이아)를 inpassibilitas(불가능)으로 번역하고, 이를 육체가 아닌 영혼에 적용한다면 '적절하고 아주 바람직할 것'이라고 했다. 만일 그것이 '이성에 반하며 마음을 어지럽히는 감정(affectionibus vivatur)이 없는 상태로 사는 것'[59]을 의미한다면 훨씬 더 좋다. 하루하루를 '냉담'하게 산다는 뜻이 아니라, 실존적이며 본질적인 평정심을 유지한다는 뜻이기 때문이다. 인류의 현재 상태, 즉 육신과 죄의 세상에서 그러한 영혼의 냉담이 불가능하고 바람직하지 않다는 것은 명백하다.[60]

　　육체적 감정과 그 표현 중에 유덕한 것들이 있다고 할 때, 어떤 것들이 유덕하며 어떤 의미에서 그렇다는 뜻일까? 의로운 사람(vita iustorum)의 삶에서는 오직 그러한 영혼의 동요(perturbationibus animi)와 감정(affectus), 즉 '옳은(rectos)' 감정만이 일어난다. '하느님의 거룩한 도시에 사는 시민들', 이른바 '하느님의 방식'으로 사는 사람들은 '두려움, 공포, 고통, 기쁨(metuunt cupiuntque, dolent gaudentque)'들을 올바른 방식으로 느낄 것이다.[61] 아우구스티누스는 버질(Virgil)의 《아이네이스(Aeneid)》(6.733)를 직접 인용하는데, 버질은 이 작품에서 키케로의 네 가지 기본적인 동요(perturbationes)를 요약한 것으로 알려져 있다. 그 네 가지는 쾌락(voluptas), 욕망(cupiditas), 슬픔(aegritudo), 두려움(metus)이다.[62] 아우구스티누스는 욕망과 두려움을 비판하기도 했지만, 여기서는 하느님의 뜻대로 사는 삶에 수반되는 것으로 재조명한다.[63]

　　아우구스티누스는 분명 기독교인들이 네 가지 감정을 경험할 수 있는 각각의 성서적 예를 제공한다. 하지만 동시에 두려움과 욕망이라는 상반된 감정의 대립에서 역설적으로 만들어지는 특별한 복합적 감정에 뚜렷한 의미를 부여하는데, 이는 하느님에 대한 믿음과 원죄의 맥락 속에서만 이해될 수 있는 특별한 구성물이다. 고린도인들이 사탄에게 굴복할지도 모른다는 사도 바오로의 두려움(timor)을 인용하면서 아우구스티누스는 이 두려움이 '사랑으로 인한 감정이며, 오직 사랑에 의해서만 느껴질 수 있는 감정(Hunc enim timorem habet caritas, immo non habet nisi caritas)'이라고 주장한다. 그리고 이것이야말로 '진정한 두려움(timor vero)'이며 '영원히 감내하게 될 두려움'이라고 예고한다. 이러한 두려움은 악의 가능성으로부터 도피하게 하지 않으며, 인간이 '선함을 잃어버리지 않도록' 지켜준다. 마음에 죄를 품고 있을 때 그것을 두려워하는 것은 죄를 짓지 않도록 해주는데, 아우구스티누스는 이러한 두려움을 평온함(securus)이라고 했다. 바로 두려움을 모르는 상태다! 이런 종류의 두려움은 의지(voluntas)의 작용인데, 어떤 의미에서는 소망하는 것이기도 하다. 죄를 거부하고 경계하는 것은 그러한 상태에 이르고 싶어 하는 결과이기 때문이다. 우리는 죄에 굴복할 수도 있다는 걱정(sollicitudine)보다는 사랑에서 비롯된 고요함(tranquillitate) 속에 머물기를 바란다.

그러므로 두려움과 욕망의 합일은, 모든 것이 하느님에 대한 사랑과 하느님의 사랑에서 비롯된다는 맥락 안에서 피할 수 없는 죄에 대한 자각, 그것에 대한 두려움, 그리고 피하고 싶은 욕망으로 명백하게 정의된다. 바로 '영원히 변치 않는 하느님에 대한 거룩한 경외심(Timor Domini castus permanens in saeculum saeculi)'이라는 구절의 의미와 같다. 그에 대한 보상은 이후부터 영원히 이어지는 축복받은 기쁨(perpetuorum feliciumque gaudiorum)이다.[64]

여기서부터 두 번째 복합체인 고통과 기쁨을 설명할 수 있다. 아우구스티누스는 위의 구절을 또 다른 구절과 연결시킨다. '가난한 자의 인내는 영원히 시들지 않는다(Patientia pauperum non peribit in aeternum).' 덕으로서의 인내는 현대인들에게 익숙한 말이지만, 그 어원은 '겪다'라는 뜻을 가지고 있으며, 또한 passio(고통, 열정)의 어원이기도 한 patio다. 인내는 참아야 하는 고통, 비탄, 슬픔이 있음을 암시한다(의학 용어인 '환자'라는 말도 있다). 사탄의 세계에서도 인내의 보상은 영원한 기쁨이다. 그러므로 고통 그 자체는 유덕하다. 고통은 하느님이 주신 것이므로, 하느님의 사랑의 징표다. 20세기까지 고수된 신학적 입장이 그렇다는 뜻이며, 그 이후로는 기쁨의 이유이자, 원천이었다.[65]

　　궁극적으로 열정과 감정에 대한 아우구스티누스의 접근법은 그것들을 합리화하거나 육체로부터 분리시키려는 견해를 멀리하고, 죄인과 신앙인의 경험과 아무런 관련이 없는 순수한 수사학적 범주에 넣는 것이다. 열정의 이론과 열정의 살아있는 현실을 연결함으로써, 아우구스티누스는 수사학과 육체적 경험을 통합시켰다. 인간은 야만스럽고, 물리적이며, 육욕적인 존재다. 인간이 느낀다는 것은 부정할 수 없는 본질이다. 그러한 감정을 하느님의 뜻에 맞도록 수사적으로 인도함으로써, 아우구스티누스는 경험의 단어들뿐 아니라, 경험의 특성과 의미 자체에까지 새로운 의미를 부여했다.[66]

　　여기서 분석은 투키디데스에서 보았던 수사적 소환, 건강을 향상시키기 위해 의약품 또는 의술을 들먹이는 효과, 그리고 훼손된 육신의 영상을 떠올리라는 플루타르크의 수사적 손짓과 맥락을 같이 한다. 일단 세상에 나온 단어는 구체화된다. 그리고 그 자체로 실체란 무엇이고 무엇이었는가, 그 본질은 무엇이며, 어떻게 구성되었는가에 대한 수사적이고 산만한 지식의 대상이 된다. 물리적인 요소와 무형의 본질 모두에 관해서 의문을 던지는 것이다. 요약하자면, 여기 소개된 일화들은 육체와 영혼, 정신, 단어, 그리고 세상을 하나의 맥락으로 엮은 감정의 역사를 말하기 위한 것이다. 이 요소들 중 어느 하나를 뽑아서 별개의 것으로 다루고자 한다면 우리의 탐구는 잘못된 방향으로 빠져들게 될 것이다.

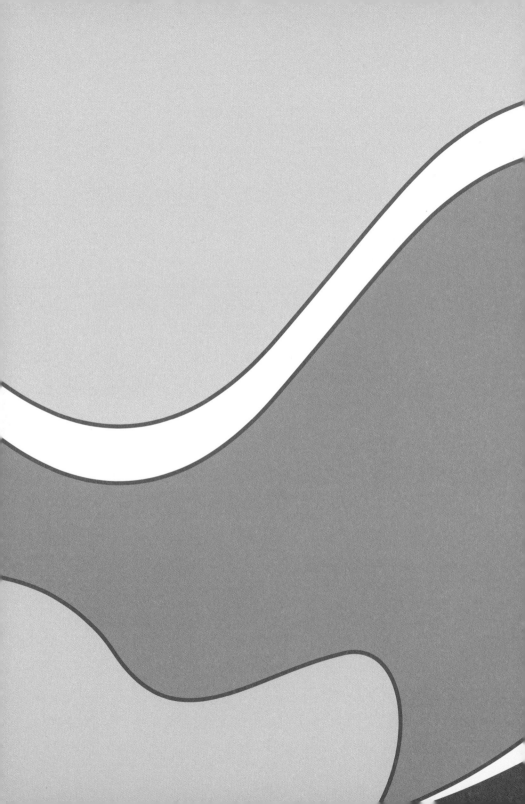

3장

-

사랑이란 감정과
군주의 책략

A

HISTORY OF

FEELINGS

사랑이란……. 이 문장만큼 생략부호가 다양한 가능성을 내포하는 경우는 없을 것이다. 사랑의 문제에서 '복잡하다'는 말은 거의 관용어구가 되었다. 그러나 21세기 사랑의 특징이기도 한 얽힘의 수렁 속에서도 우리 자신의 사랑의 정의는 오히려 좁다. 특정 방식의 낭만적인 사랑을 전제로 하기 때문인데 (흔히) 두 사람이 서로를 개별적인 자아로 생각하고, '애정'을 나누고 상호 의지하는 관계라고 가정하는 것이다. 그러나 이렇게 공유되고 성(性)적이며 낭만적인 감정이면서, 동시에 의식적인 사랑의 실천을 필요로 하는 사랑은 지극히 현대적인 양식이다. 자유롭게 사랑하고 그 대상을 추구할 자유는 시간을 초월해서 언제나 가능했던 사랑의 실천 방식이 아니다. 현시대에도 자식에 대한 부모의 사랑을 비롯해서 다양한 형태의 사랑이 있기는 하지만, 낭만적인 사랑 이전의 시간을 생각해보기로 하자. 신성한 사랑이나 고귀한 사랑, 부부간의 사랑 등.[1]

이 장 전체를 통해 사랑이라는 주제를 다루려는 것은 아니지만, 중세에서부터 근세에 이르기까지 다양한 형태의 사랑을 가능하게 하는 육체적, 영적, 사회적 요인들에 초점을 맞추어 살펴볼 것이다. 12세기 독일의 관점에서 찾아볼 수 있는 영혼의 촉촉함에서 시작해서, 르네상스 피렌체의 사랑의 정치를 살펴보고, 데카르트의 기계론을 아우른 다음, 17세기 파리의 살롱에서 화두로 회자되었던 '성향'의 복잡 미묘한 사회적 관습으로 마무리하게 될 것이다. 사랑이 무엇인지에 대해 단정적인 답을 할 수 있으리라는 기대에 부응하기는 불가능하다. 아무도 그렇게 환원적인 답을 할 수는 없으므로. 하지만 '사랑은…… 였더라'는 정도의 답을 얻을 수 있을 것이다.

| 신성한 사랑의 예시

아우구스티누스에서 토마스 아퀴나스(Thomas Aquinas, 1225~1274)로 이어지는 연구는 중세의 열정과 감정에 대한 지적 사고를 대표하는데 특히 신학적 관점에서 그렇다.[2] 그럼에도 아퀴나스의 시대에도 이미 정서적 생활 관습이 일률적이지는 않았다. 이 장에서는 '감성'이라는 것에 대한 중세의 일반적인 관점과 관행을 살펴봄으로써 이단적 행위를 정책적으로 엄격히 통제하여 정서적 표현이 지극히 제한되었을 것으로 여겨지는 시대에도 놀라울 정도로 다양하고 세련된 감성적 경험이 가능했다는 것을 예증해보고자 한다. 우선 시간을 초월하여 우리에게 감동을 안겨주는 시토 수도회의 수녀 힐데가르트 폰 빙엔(Hildegard von Bingen, 1098~1179)의 이야기부터 시작하자.[3]

하느님의 빛을 보는 감수성

힐데가르트는 자신의 예시적 경험을 담은 3부작 저서를 비롯해서 의학, 어학, 그리고 특히 작곡에서 선구적인 업적을 남긴 것으로 유명하다.[4] 그녀의 편지들을 모아둔 커다란 보관함도 현재까지 남아 있어 그녀가 경험했던 신앙적인 예시의 기록과 함께 당시의 일상들을 엿볼 수 있다.[5] 힐데가르트는 교육이나 학습의 기회를 갖지 못한 것으로도 잘 알려져 있으며, 따라서 그녀의 작품들은 고전음악의 기초나 모범적인 작곡 방식에 의한 것이 아니라 본인이 예시를 통해 본 것들을 그대로 구성하고 서술한 것이다. 그런 점에서 힐데가르트는 중세 선지자들 중에서도 독특한 존재로 전해진다. 방랑 설교자로 60대와 70대를 보내면서 여성으로서는 보기 드문 명성을 얻었으며, 관례적으로 남성에게만 허용되었던 많은 활동에도 참여했다. 수도원의 회랑들을 전전하며 방랑 설교자로서의 삶을 시작하기 전에는 마인츠에서 남서쪽으로 약 56km 떨어진 디지보덴베르크에 있는 수도원에서 살았으며, 후에는 마인츠에서 서쪽으로 29km 정도 떨어진 라인 강변의 빙엔 근처 루페르츠베르크에 있는 자신의 수도원에서 생활했다.[6]

정형성을 벗어난 힐데가르트의 작곡 방식은 감각과 영혼, 성령, 육신이 하나로 통합된 그녀의 정서적 우주론을 독특한 구성으로 표현할 수 있게 했다. 여기서 힐데가르트의 작품에 나타난 덕목의 정서적인 특성, 말하자면 정서적으로 해석되는 존재의 본질 같은 것에 초점을 맞추려는 것은 아니다. 힐데가르트는 이성에 근거해서 세상과 그 너머의 것들을 이해했지만, 이는 분명 내적 인식이었다. 힐데가르트는 예시를 통해 하느님의 '살아 있는 빛'을 보았다. 그러나 눈을 통해서 보는 것은 아니었고, 육신과 영혼의 수분과 같은 감수성, 그리고 더 중요한 푸르른 생명력(greenness)을 통해서 보았다. 그리고 이렇게 '보는' 것만을 기록하고 전했다. 그러므로 여기서 간단하게 살펴보는 내용은 힐데가르트가 하느님께로 향하는 길을 느끼기 위해 필요한 육신과 영혼의 상태에 초점이 맞춰져 있다. 힐데가르트가 다른 사람들에게 하는 조언에도 영혼을 그러한 상태로 가꾸라는 내용이 들어 있다. 이를 위해서는 앞서 언급한 '푸르른 생명력'의 본질적 개념과 그러한 정서 상태와 '예시'를 가능하게 해주는 정서 훈련이 매우 중요하다. 그런데 또한 그것은 힐데가르트의 예시에서 인격화되어 나타나며 이 분석 과정에서 중요한 역할을 하는 신성한 사랑이 인간에게 부여한 본질적 신성함에 달려 있다.

힐데가르트의 업적은 너무나 엄청나기 때문에 여기서 그 가치에 부응하는 깊이로 모두 다룰 수는 없다. 그보다는 세 편의 편지에 초점을 맞추도록 하자. 이 편지들은 힐데가르트의 정서적 실천을 살펴보고, 그녀의 영적/정서적 삶을 이해하는 데 기초가 될 카리타스(caritas)의 본질을 탐구하는 데 도움이 될 것이다. 이 편지들에는 1146년 클레르보의 버나드(Bernard of Clairvaux)에게 보내는 사도 서간에서 시작해서 1175년에 보낸 공식 서한까지 이어지는 힐데가르트의 공적인 행적이 총체적으로 담겨 있다.

힐데가르트의 정서적 실천의 중심에는 독서와 명상, 글쓰기가 있다. 마크 아서턴(Mark Atherton)은 시트 수도회의 학문 연구와 기도를 다음과 같이 요약한다.

> 이 접근법에 따르면, 명상은 전 인격적으로 집중해서 글을 낭독하고 그 의미를 깊이 사유하는 훈련이었다. 이때 기억, 의지, 주의력뿐 아니라 육신과 정신, 영혼까지를 모두 동원해서 집중해야 한다. 사실상 명상을 하는 사람은 글의 내용을 마음으로 숙지해서 실천할 수 있어야 한다. 반대로 독서로 분류되는 학문 연구는 좀 더 신중하고 지도를 받는 방식으로 진행되었는데 학습 자료와 조언 등의 도움을 활용한다. 독서를 하기 전에 명상이 선행되며, 이어지는 독서는 기억과 명상을 더욱 높은 단계로 끌어올려 몰입과 이해를 절정에 이르게 한다.[7]

힐데가르트는 교육을 받지 못했다고 주장하지만 그러한 독서와 명상을 실천했다는 사실은 그녀가 학문적 지도 없이도 폭넓은 독서를 했을 것임을 말해준다. 또한 실천을 통해 신앙심이 고양되어 글을 쓰게 되었을 거라는 사실도 의심의 여지가 없다.[8]

그녀의 예시에 내포된 감각적이고 정서적인 몇 가지 요소를 개별적으로 살펴보기 전에, 힐데가르트(또는 어느 누구)의 예시를 어떤 근거로든 반박하지 말아야 한다는 점을 밝혀두는 것이 중요할 것 같다. 그녀만의 특별한 신앙생활과 신경학적 구조가 그러한 예시를 가능하게 했다는 점에서 그녀가 '본' 것은 진실이었기 때문이다. 예시는 뇌가 가지고 있는 신경가소성의 결과인데, 이는 곧 힐데가르트가 자신과 세계를 지각하는 핵심 요소로서 은유나 광기, 억지, 속임수일 수가 없다. 그러므로 나는 힐데가르트가 정말로 하느님의 환영을 본 것이 아니라는 말을 할 수는 없다. 역사가인 내가 할 수 있는 말은 힐데가르트는 자신이 정말 보았다는 사실을 알고 있다는 것이다. 이는 믿음의 경계 너머에 있는 말이며, 현존하지도 않고 증명해 보일 수 없는 것에 대한 이야기일 수 있다. 하지만 힐데가르트의 관점에서는 자신이 실제로 하느님의 현존을 체험했기 때문에 그분을 확실하게 알고 있었다.

힐데가르트가 자신의 수도원 회랑 밖으로 복음을 전하기 시작하는 시점부터 그녀가 예시를 경험한다는 사실이 밖으로 드러났다. 클레르보의 버나드에게 보낸 첫 번째 편지에는 자신의 예시에 대해 말할 수 있도록 허락해줄 것과 그녀의 말이 이단으로 간주되지 않도록 도와달라는 간청이 공손한 어조로 담겨 있다. 그러면서도 예시에 대해서는 명확하게 설명한다. '육신의 눈으로 보는 것이 아니라 영적으로 봅니다.'[9] 환영은 '타오르는 불꽃처럼 내 마음과 영혼에 닿으면서 의미의 심오함을 가르쳐줍니다(que tangit pectus meum et animam sicut flamma comburens). 그러면 나는 시편과 복음서, 그리고 나머지 성서의 내용을 마음으로 이해하게 됩니다(interiorem intelligentiam.).'[10] 힐데가르트가 직접 이 책들을 읽지 않았다는 뜻이 아니다. 책을 읽고, 낭독하는 소리를 듣는 것이 그녀의 일과였으니까. 여기서 힐데가르트가 말하는 요지, 강조하는 내용의 핵심은 성서 해석상의 통찰과 이해가 정식 학교 교육을 통해 길러진 것이 아니라는 것이다. 전적으로 그녀의 '예시'를 통해 영적으로 주어진 것이다. 또 하나 중요한 것은 예시가 최면 상태에서 일어나는 것이 아니라는 힐데가르트의 주장이다. 그녀는 눈으로 세상을 보고 영혼으로 세상 너머의 것을 보는데, 두 가지를 동시에 한다.[11]

인생이 저무는 단계였던 1175년, 힐데가르트는 기베르 수도사(Monk Guibert)에게 자신이 경험하는 예시에 대해 좀 더 자세하게 말한다. 예시가 일어날 때 '하느님의 의지로 그녀의 영혼은 천국까지 올라가 바람을 타고 다양한 사람들 사이를 날아다니는데, 아주 멀리까지 가기도 한다'. '구름의 흐름에 따라' 지각하는 것도 달라진다. '육신의 귀'로 듣는 것이 아니며, '정신의 사고력이나 오감으로 지각하는 것이 아니다. 오직 영혼으로 본다.' 힐데가르트는 많은 경우, 예시가 일어나는 중에 밝게 타오르는 불빛을 보는데, 어떤 때는 움직이기도 한다. 그녀의 주장에 의하면 유아기 때부터 영혼으로 이 불빛을 보았다고 한다. '구름을 통해 햇빛이 비칠 때 구름이 밝게 빛나는데, 예시에서 보는 불빛은 그보다 훨씬 더 밝은 빛이다.' 힐데가르트는 이러한 예시의 의미를 종교적 실천을 통해 일관성 있게 보여준다. 이 '살아있는 빛의 그림자'는 힐데가르트에게 '글쓰기, 말, 미덕, 그리고 인간의 행실'을 의미한다. 그녀는 말을 보고 듣는데, '인간의 말이 아니라…… 타오르는 불꽃의 형상으로,' 그리고 그녀의 영혼은 이 말과 예시를 '맛보기'까지 한다.[12] 힐데가르트의 독서와 명상, 글쓰기는 시간의 '가능성이라는 맥락'에

현재 유실된, 성 힐데가르트 폰 빙엔의 1150년대 저서, 《쉬비아스(Scivias)》의 19세기
필사본 권두 삽화. 힐데가르트가 예시를 그림으로 설명하고 있다.

서 미성숙한 예시의 경험을 의미 있는 지식으로 변화시킨다.[13]

　　힐데가르트는 생물문화적 신경가소성의 대표적인 본보기다. 그녀의
감각이 감지하는 방식은 우리의 것과 달랐다. 영혼과 육신을 이해하는 방
식도 우리와 달랐으며, 자신의 방신에 근거해서 세상을 경험했다. 힐데가

감정의 역사

르트는 세상의 근원이 세상의 살아있는 존재에 있음을 이해했다. 그러므로 그녀가 본 것은 세상과 그 속에 사는 사람들이 어떠해야 하는가에 대한 그녀의 인식을 결정지었다. 인간은 신성한 사랑의 전형이며, 생명에너지의 근원은 육체적, 영적, 정서적 본질, 즉 비리디타스(viriditas, 일반적인 번역은 '푸르른 생명력')다.[14] 비리디타스와 관련된 정서의 역사는 쉽게 상상해볼 수 있겠지만, 여기서는 앞서 언급한 자질, 즉 사랑에 초점을 두기로 하자.

신성한 사랑과 겸손

하느님의 은총은 지혜와 비리디타스(viridity), 습기로 인간 내면에 존재하는데, 이들이 퇴화되지 않도록, 즉 메마르지 않도록 돌보아야 한다. 이 모두가 신성한 사랑의 열매이자, 신이 창조 작업에 사용하는 주원료다. 힐데가르트는 1166년 아담 대수도원장(Abbot Adam)에게 보낸 편지에서 신성한 사랑의 예시를 다음과 같이 묘사했다.[15]

"내가 본 것은……"

눈이 부시게 환한 아름다운 소녀였어요. 얼굴에서 어찌나 환한 광채가 나오는지 바라볼 수가 없을 정도였어요. 눈보다 희고 별보다 빛나는 망토를 두르고 황금으로 만든 신을 신고 있었어요. 오른손에는 달과 해를 들고 소중한 듯 품에 안고 있었어요. 앞가슴에 있는 상아색 판에는 사파이어색으로 그려진 남자의 형상이 있었어요. 모두 이 소녀를 여왕이라 불렀어요. 소녀는 가슴에 그려진 형상을 향해, "당신과 함께 당신 권능의 날이 시작되오니, 성자의

밝음 속에, 샛별이 뜨기 전에 모태로부터 제가 당신을 낳았습니다"라고 말했어요.[16]

그런 다음 소녀는 힐데가르트에게 이것은 신성한 사랑(caritas)이라고 했다. 이 부분에서는 베어드(Baird)와 어만(Ehrman)의 번역을 택했는데, 이들은 힐데가르트가 편지에서 두 가지 다른 형태의 사랑, 즉 카리타스와 아모르(amor)를 아우른다는 점을 강조한다. 첫 번째 것은 인격화된 신성이자 창조의 근원이며, 두 번째 것은 본질적으로 다른 사랑이다. 바바라 로젠바인(Barbara Rosenwein)이 지적했듯이 카리타스는 맥락과 의도에 따라 여러 가지로 번역될 수 있다. 여기서는 카리타스의 우주적 본질에 중점을 두었다. 이에 따르는 설명이 간단하지는 않다.

하느님은 세상을 창조하시려는 뜻을 가지고 '가장 달콤한 사랑(Suauissimo amor)'으로 굽어보시고는 '위대한 아도르(magno ardore)'로 모든 것을 예비하셨다. 아도르 또한, 열기와 빛의 의미가 담겨 있기는 하지만, 사랑이다. 여기서 열기와 빛은 힐데가르트가 하느님의 행위와 관련된 얘기를 할 때 가장 많이 사용하는 두 가지 본질이다. 그런데 여기서 의문스러운 것은 하느님이 카리타스가 아닌 아모르의 마음으로 세상을 굽어보셨다는 점이다. 힐데가르트가 두 가지 사랑의 차이점을 힘주어 강조했음에도 말이다. 아모르는 하느님의 행위의 성격을 정의하지만, 카리타스는 그 행위의 본질을 정의한다. '카리타스는 하느님께서 만물을 창조하실 때 사용하는 원재료(principio materia)'라고 했기 때문이다.[17] 모든 것은 카리타스로 말미암아 형성되었다.

　　그렇다면 신성한 사랑의 인격화는 겸손이라는 날개를 단 셈이 되는데, 이는 타락한 인간을 끌어올리기 위해 필요하다. '신성한 사랑으로 인간을 창조하시고, 겸손으로 인간을 구원하셨다.' 그 다음에 이어지는 단락에서는 겸손이라는 날개를 단 신성한 사랑의 본질에 근거한 인간의 모든 덕목을 설명한다. 그중에 두 가지 대표적인 덕목은 희망과 믿음인데 '다른 모든 덕목을 따라오게' 한다. 희망과 믿음은 각기 신성한 사랑과 겸손이라는 두 가지 본질을 지닌다. '희망은 신성한 사랑(caritas)의 눈이며, 천상의 사랑(amor)은 그의 심장이다. 그리고 절제가 이 둘 사이를 이어준다. 믿음은 겸손의 눈이며, 순종은 그의 심장이다. 그리고 악에 대한 경멸이 둘 사이를 이어준다.' 그러므로 천상의 사랑(amor)은 신성한 사랑(caritas)에 내재되어 있으며 희망에 대한 절제로 연결되어 있음이 명확해진다.

　　힐데가르트는 대수도원장에게 직무를 계속 맡아달라는 청을 하면서 이 모든 내용을 전한다. 이러한 설명은 전적으로 힐데가르트의 세계관에 근거하고 있다. 그녀는 영적 감수성으로 신성한 사랑의 빛을 보았는데 이 빛은 선한 사람이 살아가는 데 근간이 되는 모든 덕목의 원천이자, 영원히 그 덕목을 지켜갈 수 있게 해주는 힘이다. 이것이 바로 우주생성론이자, 의무, 정서적 관행, 도덕성에 대한 처방전이다. 그러한 맥락에서 힐데가르트는 그릇된 생각을 하고 있는 대수도원장에게 신성한 사랑과 겸손은 인간의 영혼에 부여된 금과 보석 장식이라는 점을 강조한다. 그러므로 삶이 아무리 힘들고 고단해도 이들을 보살피고, 소중히 여기며, 따라야 한다.

| 궁정에서의 사랑과 권력

타인의 감성과 정서적인 면을 파악할 수 있는 능력은 상대방이 그것을 숨
길 수 있는 능력에 달려 있다. 얼마나 잘 숨기는가 하는 것은 표현이나 관
행, 수행 방식의 지침을 얼마나 손쉽게 구하고 읽을 수 있는가에 달려 있
다. 인간사의 역사를 돌아보면 감성, 분위기 또는 어조에 대한 해석들이 제
대로 이루어진 때도 있지만, 그만큼 잘못 해석된 경우도 많았는데, 이 점에
대해 깊이 생각해볼 필요가 있다. 타인의 화나 두려움, 증오를 지각하고 그
에 상응하는 행동을 할 때, 지각에 오류가 있었다면 좋지 않은 결과를 초
래할 것이다. 사랑이나 행복, 다정함을 잘못 지각한 경우도 곤란한 상황에
직면할 수 있다. 역사의 기록을 들춰본다면 그런 결과들이 가득할 것이다.
대부분 타인의 감성을 잘못 읽은 데서 비롯된 역사들이다.

군주의 가면

힐데가르트는 신성한 진실을 힘의 근원으로 보았지만, 그에 못지않게 속이
는 능력도 힘의 역학 관리에 중요한 한 부분으로 간주되어왔다. 니콜로 마
키아벨리(Niccoló Mac'hiavelli, 1469~1527)에 의하면, 어떤 감성적 특성은 권력
을 유지해야 하는 군주가 실제로 가질 필요는 없지만, 가지고 있는 듯이 보
일 필요가 있다고 했다.[18] 마키아벨리의 책략에 의하면 군주는 인간에 대한
잔인성도 지녀야 했지만, 백성들의 지지를 받기 위해서는 경건하고/자비로
우며(pietà), 전적으로 신뢰할 수 있고(fede), 완벽하게 정직하며(integrità), 완

벽하게 인도적이며(umanità), 완벽하게 종교적인(religione) 것처럼 '보여야' 했다.[19] 그러나 정말 그러한 특성을 지닌 사람은 그런 특성들 때문에 곤경에 처하게 될 것이며, 그런 특성을 가진 것처럼 보이는 사람은 그로 말미암아 이득을 볼 수 있지만, 정치적으로 필요하다면 그 반대의 행위도 할 수 있다. 간단히 말해서 군주는 백성들을 대할 때 가면을 써야 하며, 가면이 신뢰를 얻을수록 그 반대의 모습으로 변할 때 더 강력한 권력을 쥐게 된다. 마키아벨리는 군주는 때때로 가혹하고, 이중적이며, 부정직하고, 잔인하며, 비기독교적인 모습을 실제로 보여야 하며, 그러다 보면 내면적으로도 그러한 면모를 지니게 될 것이라는 점을 분명히 했다.

이러한 감성적 유연성의 핵심은 상황이 행동을 결정하는 방식을 수용하는 것이다. 마키아벨리는 모든 군주가 상황 대처 능력을 갖추지는 않았다고 생각했다. 조심성 많은 사람이 충동적이 될 수도 있고 그 반대의 성향을 보일 수도 있기 때문이다. 그러나 한 가지 분명한 것은 유능한 군주는 정서적 실용주의를 활용하여 이런 상황에서는 이런 사람처럼, 저런 상황에서는 저런 사람처럼 대처한다고 했다. 마키아벨리의 책략에서 유덕함(virtù)이란 온화해질 수도 있고 냉담해질 수도 있는 능력을 모두 갖춘 것을 말한다. 그것은 곧 효과적으로 조종하고 통제할 수 있는 힘이나 기술이기 때문이다. 즉 정서적 힘이 곧 유연함인 사람을 말한다. 그런 사람은 자기에게 주어진 대본이 무엇인지를 알고, 그것의 진실성에 연연하기보다는 자기에게 유리한 방향으로 활용한다.

사실 마키아벨리의 책략은 정서의 진실성보다는 진실처럼 보이는 것에 내포된 힘에 초점이 맞추어져 있다. 이와 관련하여 마키아벨리는 군주가 될 사람이 군대나 백성들로부터 미움을 받지 않도록 하는 데 특히 중점을 두었다. 미움 받는 군주처럼 몰락이 확정된 자는 없기 때문이다. 그렇지만 미움을 받지 않기 위한 모든 수단은 군주의 실제 인성과는 아무 상관이 없으며, 모든 것은 오로지 군주가 행동을 통해 자신을 어떻게 내보일 것인가에 결집되어 있다. 군주가 백성의 돈이나 여자를 보호해주고 건드리지 않는 경우, 이는 작전상 그렇게 하는 것이지만 진보적이거나 자비로운 것처럼 보이는데, 여기에는 정서의 역학이 함축되어 있다. 정치에는 내용은 없고, 단지 냉소적인 형식만이 있을 뿐이다.

결국 이러한 힘은 한편으로는 외적으로 보이는 것에 의문을 던지거나 파고들지 못하는 타인의 무능력에, 다른 한편으로는 대중의 정서적 진실성에 달려 있다. 《군주론(The Prince)》에서 신뢰할 수 있는 감정이라는 것을 찾아볼 수 있다면 그것은 성공적인 군주를 따르는 충실한 신하들에서일 것이다. 거기에는 냉소적인 형식은 없고 실리적인 정서가 채워져 있었을 테니까 말이다. 야만족의 침략으로부터 이탈리아를 지켜내고 통합했던 군주도, 마키아벨리가 생각하기에, 복수의 목마름과 흔들림 없는 믿음, 경건함(pietà), 그리고 눈물을 마주했을 것이다. 이탈리아어 pietà는 감성의 역사에 꼭 필요하면서, 동시에 난해한 단어들 중 하나다. 여기서 파생된 영어 단어로 'piety(경건함)'와 'pity(연민)' 그리고 죽은 예수를 안고 있는 성모마리아의 정형적이고 예술적인 모습을 표현한 'pieta(피에타)'가 있다. 언뜻 보면 이 세 가지 범주를 아우른다는 것이 어려울 것 같지만, 이탈리아어로는 조화를 이룬다.

우리가 가장 우선적으로 이해해야 할 중요한 사실은 우리가 '감성'이라고 부르는 것과 정신을 분리시킬 수 없다는 것이다. 예수를 안고 있는 마리아의 모습은 경건함과 연민을 상징하며, 이 둘의 증표는 눈물이다. 한때는 영어의 pity(연민)가 sympathy(동정), compassion(긍휼), humanity(인류애, 인류라는 종의 의미가 아니라 정서적인 특성)와 관련 있다고 알려져 있었다. 이는 동정의 대상을 경멸하는(현대의 용례는 이에 가깝다), 전적으로 타인을 향한 현상이 아니라 동정을 하는 사람이 느끼는 고통스럽지만 불쾌하지 않은 경험이다. 기분 좋은 고통을 겪는다는 표현은 시련으로서의 열정의 의미에 가까워지는데, 반드시 불쾌하거나 해롭다는 의미가 아니라 중립적인 의미에서 겪는다는 뜻이다.

여기서 유추할 수 있는 군주와 대중 간의 관계, 즉 군주가 대중의 '연민(pietà)'을 마주하게 되는 부분은 현대 영어의 감성 어휘와 일치하지 않는다(사실 데이비드 우튼(David Wootton)의 번역에는 연민(piety)이라는 단어 대신에 눈물이라는 단어를 써서 앞의 단어는 사라지고 뒤에 오는 단어를 '눈물의 감성'으로 확장시켰다).[20] 어떤 번역에서는 이 부분을 '동정(sympathy)'으로 했는데 이는 통치자와 피통치자가 동격인 관계가 되므로 원본의 내용과 일치하지 않는다. 경건한 사람들은 통치자가 자신들의 감성에 마음을 쓰고 소중히 여긴다는 사실을 이해하며 그러는 것이 매우 중요하지만, 자신들을 통치자와 동등한 위치로 볼 수는 없다.

그렇다면 나는 여기서 pietà를 영적인 정조를 의미하는 영어의

piety(경건함)로 남겨두겠다. 원한다면 사랑으로 해도 무방하다. 그러지 않으면 통치자와 피통치자의 세속적인 관계로 해석될 수 있기 때문이다. 이 단어가 앞에서 통치자에게 사용되었을 때는 경건함(pious)과 자비로움(merciful)의 두 가지 뜻으로 해석했다. 그의 입장에 맞도록 이중의 의미를 내포하도록 하기 위해서였다. 군주는 종교적인 의미로 경건하게 보이는 것이 좋을 뿐 아니라, 자비롭게 보이는 것도 좋기 때문이다. 자비롭다는 것은 삶과 죽음을 결정할 수 있는 상황에서 살리는 선택으로 기울 것임을 의미한다. 여기서 '연민(pity)'을 써도 좋지만, 앞서 언급했던 바와 같이 연민에 내포되어 있는 암묵적인 힘의 역학은 더 이상 필요하지 않다. 왜냐하면 경건함(piety)과는 달리, 강한 사람을 연민(pity)하지는 않으며, 오직 약한 자에 대해서만 연민하기 때문이다. 연민(pity)은 자비로움(mercy), 관대함(clemency)과 마찬가지로 힘과 권력의 관점에서 사용된다. 따라서 자비로움과 관대함에서 비롯된 행위는 그 반대의 가능성을 암시한다. 즉, 잔인성, 무심함, 무자비함이다. 그러므로 연민을 가진 통치자는 인정사정없이 휘두를 수 있는 자신의 권력을 간접적으로 보여줄 수 있는 상징적인 폭력을 행사할 수 있다.

　　마키아벨리 등에서 보면 이것은 개인의 본성에 배어 있는 감성적 특성이 아니며, 상황과 훈련, 선택에 의해 나타나는 것임을 분명히 알 수 있다. 선망의 눈빛으로 충성을 다짐하는 단결된 민중의 애정 어린 헌신은 분명 군주의 바람을 투영한 것일 뿐이다. 마키아벨리의 광범위한 내용 중 어디에도, 그리고 전 이탈리아와 로마의 역사를 통틀어 찾아봐도 그렇게 마음으로부터 감사하며 헌신하는 백성에 대한 이야기는 나오지 않는다. 그럼에도 마키아벨리는 가능성에 대한 확신은 남겨놓고 있다. 《군주론》은 근본적으로 그러한 충절을 끌어내거나, 그 반대의 결과를 피하기 위한 지침서다.

궁정에서의 사랑의 수사학

마키아벨리가 군주의 정서적 위선만을 강조했다면, 그와 거의 동시대에 살았던 발다사레 카스틸리오네(Baldesar Castiglione, 1478~1529)는 그러한 통치자를 둘러싸고 있는 궁정 생활의 정서적 역학을 총체적으로 탐구했다. 그 점에서도 보여주고 나타낼 것은 충분하지만, 궁정 내의 정서적인 삶에 대한 경험과도 분명한 연관성이 있다. 이러한 사실은 《궁정론(Il Cortegiano)》(1528, 일반적인 영어 번역은 '조신의 서(The Book of the Courtier)'로 되어 있다)을 보면 바로 분명해진다.[21] 엘리자베타 곤자가(Elisabetta Gonzaga, 1471~1526) 공작부인을 둘러싼 삶은 모든 면에서 최고의 만족감(somma contentezza)을 누릴 수 있는 분위기였지만, 궁정 내 사교생활에서 힘의 역학은 호기심 어린 시선을 끌기에 충분했다. 공작부인 주변의 신하들은 사랑의 사슬(una catena)로 묶여 있는 셈이어서 전형적인 성적 연애 관계와 그 제한적 '사랑'의 형태를 모두 보일 수밖에 없었다.

　　카스틸리오네는 이러한 사랑을 '궁정의(amore cordiale)'라는 말과, '의지의 일치(concordia di volontà)'를 합한 이름으로 불렀다.[22] 사랑의 온기는 좋은 것이긴 하지만, 이러한 사랑을 사교와 행실, 주어진 역할대로 말하기의 일환으로 관계의 선한 면들을 경험할 수 있는 사교계의 수면 위로 드러나게 했다. 그러한 관계가 본인들의 '의지'와 막강한 부와 권력을 지닌 여인이 성의 표시로 지불한 수표의 효력으로 수면 아래 가라앉아 있었다는 사실은 보편적인 제재 하에서는 허용되던 자유로운 표현조차 엄격하게 통제되는 분위기였을 것임을 유추하게 한다.

카스틸리오네는 이런 사랑이 궁정에 모여 있는 신하들 사이에서 수사학적 놀이에 따라 펼쳐지는 모습을 보여준다. 그중 한 사람은 사랑이란 여성이 자신을 사랑하도록 '유도하는 능력'의 결실로 맛보는 열정이라고 말하면서, 그러한 열정을 맛보려면 '꾸준한 노력'이 필요하다고 한다. 하지만 그는 다른 남자의 얼굴에 나타난 사랑의 표정을 보고 노력하기를 거부한다. "창백하고 슬픈 얼굴로 말도 없이 애통해하기만 하는 연인들은 항상 불행을 눈에 가득 담고 있어. 말을 할 때면 말끝마다 한숨을 세 번씩 쉬고, 하는 말이라고는 늘 눈물과 고통, 절망 그리고 죽음에 대한 갈망뿐이지." 사랑이 그 자체의 고유한 감정이기보다는 곧 몰아칠 힘겹고 격정적인 시련의 전령사인 상황에서 이 신하는 '자신의 안녕'을 위해 '사랑의 감정을 가라앉히기 위한 노력'에 온 힘을 기울이겠다고 한다.[23]

한편, 이 신하는 사랑에 빠져 '지나치게 행복한(troppo più che felici)' 또 다른 연인들을 보게 되는데, 그 남자는 애인의 언쟁(guerre), 분노(ire), 경멸(sdegni)조차 달콤한 열정으로 받아줄 정도다. 어떻게 화(sdegno)가 두렵지 않고 달콤하게 느껴질 수 있는지 이해할 수 없었던 그는 모여 있는 동료들에게 기분 좋은 느낌을 주는 화에는 어떤 것들이 있는지 자세히 물어보면서, '사랑을 좀 더 탐구하다 보면 다른 이들은 쓴맛을 느끼는 곳에서 나는 달콤함을 찾을 수 있지 않을까' 생각한다. 달콤하게 받아들여지는 화의 근원을 찾아가는 동안 사랑의 탐구는 지적인 행위가 된다. 신하들이 '사랑의 화(sdegni d'amore)'의 원인과 표출 방식에 대해 자유롭게 대화를 나눈다는 점에서 볼 때, 궁중생활에서만 통하는 애정 관계의 역학에 대한 일종의 상식 같은 것이 있었음을 알 수 있다.[24]

사랑이 가슴에서 타오르는 불이라면, 사랑을 받는다는 것은 영혼이 흥분 상태에 놓인다는 뜻이다(아름다움과 예절, 지식, 어법, 몸짓 등이 모두 그렇듯이). 이것은 기쁨(piacere)과 동의로 볼 수 있는데, 이런 관점에서 어떤 관계의 역학에서는 비난인 듯 보이는 표현도 기쁨의 이유가 될 수 있음을 설명할 수 있을 것이다.[25] 사랑은 아름다운 것을 좋아하는 마음 때문에 생겨나지는 않지만, 여성의 신체적 아름다움에 매료되는 남자는 그런 면에서 둔감한 남자보다 흥분 상태에 놓이기가 쉽다. 이는 예술가의 시선을 지지하는 논쟁이기도 하다. 그러한 잣대로 볼 때 완벽한 조합은 가장 아름답고 외향적인 여성과 그녀의 진가를 알아보는 가장 예술적인 시선이다. 이런 경우, 남성은 몰아치는 여성의 격노를 견딜 수 있을 것이다.

| 나는 움직인다, 고로 존재한다

'감성'이라는 단어를 떠올려보자. 어떻게 정의할 수 있을까? 라틴어 접두

사 e-는 '멀리' 또는 '밖으로 향하는'의 뜻을 가지고 있다. 어간인 'motion'은 라틴어 motio에서 왔으며 '움직임'을 뜻한다. 그러므로 'emotion'의 뜻은 '밖으로 향하는 움직임'이 된다. 이러한 의미는 어떤 경험에 의해 '감동했다(moved)'는 관용적 표현에서 찾아볼 수 있다. 의례나 영화, 장례식 같은 것들은 모두 '감동적(moving)'일 수 있다. 그런데 실제로 움직이는 것이 있다면 어떨까? 그에 대한 대답은 영혼에서 시작하는데, 그렇다고 영혼에서 끝나지는 않는다.

인간의 감정과 관련해서 고대의 유산이 있다면 다음과 같은 것이다. 인간 경험의 정서적 특성은 본질적으로 인간이 무엇을 하는가에 달려 있으며, 인간이 무엇을 하는가는 인간이란 어떤 존재인가에 달려 있다. 열정과 미덕에 관한 아리스토텔레스의 이론은 모든 것을 행위와 습관에 연결시키는데 이 두 가지가 영혼을 훈련시킨다고 한다. 그러나 영혼 그 자체는 본질적으로 인간의 생각과 행동에 영향을 주어 유덕하거나 사악하거나, 선을 추구하거나 포기하려는 열정에 시달리게 한다. 고대 이후로부터 이어지는 고전주의 철학의 대부분, 그리고 수세기에 걸친 지적 사고의 대부분은 인간 영혼의 각기 다른 영역 사이의 협상에 근거를 두고 있다. 말하자면, 우세한 이성 영역과 열등한 감정 영역이 욕망이나 감각의 영역을 지배하는 문제를 놓고 협상을 벌인다는 뜻이다. 영혼이 중립성을 띠는 동물의 기능은 이 두 영역보다 낮은 단계에 있으며 야수와 식물이 같은 특성을 공유한다.

인간의 본성에 관해서는 수세기에 걸쳐 세세한 논쟁이 이어져왔지만, 아리스토텔레스학파와 플라톤학파의 중요한 체계는 그대로 보존되어왔다. 예를 들면 인간이 할 수 있는 행위의 범주는 인간이 어떤 존재인가에 국한되어 있기 때문에 열정에 관한 이론도 자연히 제한될 수밖에 없다는 주장과 같은 이론들이다.

데카르트가 인간을 이해하는 방식

르네 데카르트(René Descartes, 1596~1650)로 넘어가자. 열정에 도입된 데카르트의 업적을 이해하려면 먼저 사람을 이해하는 기존의 방식과는 완전히 다른 그의 접근방식을 이해해야 한다. 데카르트가 보는 인간의 가치는 오로지 이성적인 정신에 근거한다. 이성만이 기계적인 인간(human mechanical apparatus)을 다른 생명체와 분리시킨다. 이러한 혁신적인 사고의 심오함을 이해하는 방법 중 하나는 데카르트의 관점에서 고통을 고찰해보는 것이다. 그가 직접 제시한 예를 활용하기 위해 뜨거운 불 가까이 위태롭게 발을 대고 있는 사람을 상상해보자.

> 예를 들어 불 A가 발 B 가까이 있을 때, 작은 불꽃 하나만 닿아도 그 부위의 피부가 움찔하며 움직인다-모두 알다시피, 순간적으로. 그렇게 되면 그 부분에 연결된 미세한 섬유관 cc가 잡아당겨지고, 동시에 섬유관 반대편 끝에 있는 모공 de가 열린다. 줄의 한쪽 끝을 당김과 동시에 반대편 끝에 달려 있는 종이 울리는 것처럼.
>
> 이렇게 해서 모공 입구 또는 작은 관 de가 열렸고, F에 있던 동물적 정기가

들어와 관을 통해 일부는 불에서 발을 떼게 하는 근육에 전달되고, 일부는 손을 움직여 몸 전체를 돌려 보호하게 한다.[26]

간단히 말해서 불에서 발을 떼는 동작은 도르래 장치와 같은 신체의 기계적인 현상에 의한 것일 뿐이다. 그러한 기계적 역학에 의거해서 본다면, 쾌락과 고통은 작동 가능한 부위의 동일한 체계에 의해 생성된다. 따듯함을 느끼는 것과 데이는 것은 1도의 차이 때문이며, 각각에 대한 신체의 반응은 자율적이다. 그러나 이러한 기계학적 설명은 이미 전 시대적 이론이다. 왜냐하면 쾌락도 고통도 없이 오직 신체의 움직임만 있기 때문이다. 동물의 몸도 거의 같은 방식으로 반응한다. 로프로 발을 잡아당기면 자동적으로 움츠리는 것처럼. 신체의 움직임에 정서적으로 반응하기 위해서는 부가적인 물질이 필요하다. 동물적 정기만으로는 충분하지 않다.

데카르트는 그의 저서 《방법서설(Discourse on Method)》(1637)에 이에 대한 모든 설명을 담았다. 한편으로는 인간은 생각할 수 있는 유일한 존재(그래서 느낄 수 있다)라는 인류 예외론을 주장하면서, 다른 한편으로는 충격적인 방식으로 인간을 동물, 무기 물질과 연결시켰다. 데카르트는 '생각하지 않으면서 존재할 수 있는 모든 것'을 찾아냈으며, '이러한 기능들은 이성적 사고를 하지 않는 동물도 유사하게 할 수 있다'고 주장했다.

이러한 주장에 이어서 데카르트는 인간과 동물의 몸에서 일어나는 혈액 이동에 관한 현대 의학적 연구를 보여주었다. 그는 해부학에 익숙하지 않은 독자들에게 직접 '큰 동물의 몸을 갈라 심장을 가져오라'고 제안하면서, '동물의 폐와 심장은 사람의 것과 매우 흡사하기 때문'이라고 한다. 그런 다음 독자가 동물의 심장을 가져왔다고 가정하고, 심장의 움직임과 지속적인 박동에 대해 설명하면서 '그것을 이루고 있는 부위들의 특성 때문일 뿐'이라고 한다.[27] 심장은 박동을 할 수밖에 없도록 생겨 있어서 뛰는 것이다. 데카르트는 이를 시계에 비유한다. 시계의 움직임은 평형추와 바퀴의 무게와 위치, 배열에 의해 일어난다. 1628년 윌리엄 하비(William Harvey)가 발견한 혈액순환의 원리에 감명을 받은 데카르트는 이 순환운동과 '동물적 정기'에 의한 신경 및 근육의 특성을 기계, 자동화와 비교하는 연구를 했다. 불에 닿은 발은 고통 때문이 아니라 불의 움직임에 의해 촉발된 일련의 자율적 움직임 때문이라는 것이다.

> 얼마나 많은 자동화 장치와 기계들이 인간의 산업에 의해 만들어지는지 알고 있는 사람들에게는 이상하게 들릴지 모르겠다. 비록 동물들이 움직이는 데 필요한 수많은 뼈와 근육, 신경, 동맥, 정맥, 그 밖의 다른 부위들에 비해 자동화 장치들은 아주 적은 부품들을 사용할 뿐이기는 하지만. 그런 면에서 이러한 동물의 몸은 신이 만든 기계이기 때문이라고 생각할 수 있다. 따라서 인간이 발명한 그 어떤 기계와도 비교할 수 없는 훌륭한 디자인과 놀라운 작동 기능을 가지고 있다고 말이다.[28]

이 순차적인 전개의 요점은 뭘까? 동물의 심장, 시계, 혈액순환, 자동화. 이를 통해 자연은 기계학으로, 동물은 기계로, 신체는 기계적 장치로 격하된

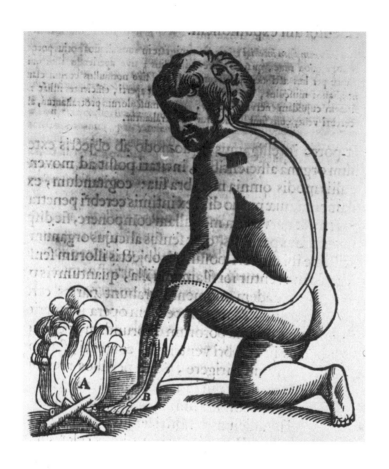

고통의 경로를 묘사한 목판화. 르네 데카르트(René Descartes)의 《인간, 태아발생론 (L'Homme… Et Un Traitte De La Formation Du Foetus)》(1664) 라틴어 번역본.

다. 영혼이 없는 사람은 기계에 지나지 않는다. 모든 움직임은 심장의 불과 '동물적 정기'의 움직임에 의해 가열되는 부품의 기능과 특성에 의해 간단하게 설명될 수 있다.

비록 신체는 기계적이지만, 총체적인 인간이 기계로 전락하는 것은 아니다. 데카르트가 말하듯이 인간에게는 이성적인 영혼이 있으며, 그로 말미암아 다른 기계, 또는 자동화 장치와 구분되기 때문이다. 그럼에도 본질적으로 인간의 기능은 기계적이다. 데카르트는 cogito를 강조함으로써 인간은 기계보다 낫다고 주장하는데, 이는 일반적으로 '나는 생각한다'로 번역된다. 데카르트는 물질적이지 않은 이 사고의 존재를 신이 장착시킨 이성적인 영혼이라고 믿었다. 즉 신이 근원이었던 것이다.

> 나는 곧 알아차렸다. 모든 것이 거짓이라고 생각하고 싶었지만, 그렇게 생각했던 내게 오류가 있었다는 것이 필연적으로 사실이었다. '나는 생각한다, 고로 존재한다'는 명제가 너무나 굳건했으며, 아무리 대단한 회의론자의 가정도 이를 흔들 수 없다고 확신했기 때문에 이를 내가 추구하던 철학의 첫 번째 원칙으로 삼아도 문제가 없겠다고 판단했다.
>
> 그런 다음 내가 어떤 존재인가에 대해 세밀하게 고찰하면서, 내게 신체가 없다고 상상해볼 수 있었다. 그러자 어떠한 세계나 장소에도 구속되지 않았다는 사실, 그렇지만 어느 한 순간도 내가 존재하지 않았던 순간은 생각할 수 없다는 사실을 깨달았다…… 그러고 보니 내가 나일 수 있게 하는 자아와 영혼은 신체와 완전히 별개의 것이며, 신체보다 더 이해하기가 쉽다는 사실, 그

리고 신체가 없어도 영혼은 지금 그대로 존재할 것임을 알 수 있었다.[29]

이야기를 더 이어가기 전에 잠시 멈추어서 '나는 생각한다, 고로 존재한다 (cogito ergo sum)'에 대해 좀 더 생각해보기로 하자. 영어의 'cogitate(숙고하다)' 와 'cognition(인지)' 같은 단어를 보면 라틴어의 형태가 남아 있음을 알 수 있다. 그러나 cogito를 '나는 생각한다'로 간단히 번역할 경우 단어에 들어 있는 중요한 요소 하나를 가리게 된다. cogito라는 단어는 con agito의 축약형인데, 여기서 agito는 동작을 수행한다는 뜻을 가지고 있다. 그러므로 '나는 생각한다'를 원래 단어의 뜻대로 번역하면 '나는 동작을 수행한다'가 된다. 이것이 데카르트가 이해하는 영혼의 움직임을 좀 더 정확하게 표현 하는 말이다. 데카르트가 주장하는 res cogitans는 일반적으로 '생각하는 존재'로 번역되는데, 인류 예외론의 경계를 구분하는 말이기도 하다. 직설 적이고 우리에게 좀 더 유용한 번역은 '움직이는 존재'라고 해석하는 것이 다. 움직임은 인간을 구분시키는 모든 것의 핵심이다. 인간의 열정뿐 아니라 사고도 실제로 영혼의 움직임과 관련이 있으며, 이러한 형태의 움직임은 기계적인 작동으로 간주될 수 있는 다른 모든 형태의 움직임과 상반된다.

이 때문에 데카르트는 아리스토텔레스와 플라톤, 그리고 그 뒤로 수세대에 걸쳐 이어졌던 신학 이론, 즉 영혼을 세 부분으로 나누는 이론을 거부할 수 있었다. 기계적인 기능을 설명하는 데 '식물적 생장과 관련되거 나 감각적인 영혼' 또는 기타 움직임이나 생명의 원칙을 생각할 필요는 없 었기 때문이다. 무생물체에서 일어나는 불과 똑같은 성질을 가지며, 심장에서 계속 타오르는 불의 열기에 촉발되는 혈액과 정기 외에는 말이다.[30] 이러한 동물의 움직임은 단순한 동작에 불과하다.

데카르트는 인간 내면에서 일어나는 영혼의 움직임에 대해 깊이 있는 연구를 했는데 그 대부분이 우리에게 도움이 된다. 그의 사후인 1664년에 출간된 《인간 조약(Treaties of Man)》에서는 인간의 기계적인 면과 영혼에 대해 매우 자세한 설명을 했다. 데카르트는 우리 내면 어디에 영혼이 위치해 있는지, 그리고 신체 다른 부분들과 어떻게 연관되어 있으며, 소통하는지를 잘 이해하고 있었다. 데카르트는 영혼이 송과선(뇌 후부에 있는 내분비 기관-옮긴이)에 있다고 했다. 송과선은 솔방울 모양처럼 생겼기 때문에 그렇게 부른다. 동물적 정기가 송과선을 따라 전달되어 신체의 움직임을 일으킨다는 것이다. 이때 일어나는 움직임은 자율적인 의지에 의해서일 수도 있고, 외부의 자극에 대한 반응일 수도 있다. 뇌의 피질 아래 있는 '작은 관들'이 송과선과 신체 각 부분을 연결한다. 영혼이 송과선에 붙어 있기 때문에 영혼은 이 움직임들의 중대성을 자각하고 이해한다. 하지만 영혼은 신체의 움직임이 없어도 이해를 유추할 수 있다. 데카르트는 인간의 움직임과 이해(영혼의 움직임)를 이렇게 설명했다. 다음 그림과 설명을 살펴보자.

예를 들어 다음과 같은 상황을 생각해볼 수 있다. 8번 관이 다른 점들이 아닌 b점을 향하는 이유는 이 점에서 방출되는 정기가 다른 점들보다 큰 힘으로 8번 관을 향해 흐르려는 경향이 있기 때문이다. 이 기계에 영혼이 있다면, 나중에 그런 가정을 하겠지만, 똑같은 작용으로 인하여 팔이 물체 B를 향하고 있다는 사실을 감지할 것이다. 여기서 우리는 8번 관이 향할 수 있는 송과선의 모든 점들과 7이라고 표시된 팔이 향할 수 있는 모든 지점이 1 대 1로 대응한다고 봐야 한다. 그래야만 팔이 물체 B로 향하는 이유는 단지 8번 관이 송과선의 b점을 향했기 때문이라고 생각할 수 있기 때문이다. 그러나 정기가 경로를 바꿔서 관들이 송과선의 다른 점, 말하자면 c점을 향하게 한다면, 근방에서 나와 팔의 근육으로 향하는 작은 섬유질 8번과 7번은 같은 방법으로 위치를 바꿔서 D 주변에 있는 모공들을 닫고 다른 모공들을 확장시킬 것이다. 그러면 지금과는 다른 방법으로 이 근육들에 전달될 정기가 즉시 팔을 물체 C로 향하게 할 것이다. 역으로, 8번 관을 통해 전달되는 정기의 다른 작용이 일어나 팔을 B나 C로 향하게 한다면, 8번 관은 송과선의 b점이나 c점을 향하게 될 것이다. 따라서 이 움직임의 의도와 그에 따르는 움직임은 동시적으로 일어난다. …… 그러므로 뇌 내면에 붙어 있는 작은 관들은 각기 신체의 다른 부위에 1 대 1 대응하며, 송과선 H의 표면에 있는 점들도 각각 이들 신체 부위가 향할 수 있는 방향에 1 대 1 대응한다고 봐야 한다. 그래야만 이 신체 부위들의 움직임과 그 의도가 상호 연계적으로 서로를 촉발시킨다는 가정이 성립된다.[31]

기계와 그 작동에 대한 내용으로는 너무 장황하다. 기계의 작동이라는 것이 간단히 줄을 잡아당겨 종을 치는 일보다는 복잡하겠지만 본질적으로는 같다. 영혼이라고 무엇이 다르겠는가? 다음에 나오는 그림은 영혼의 교감운동을 나타내며, 그에 대한 설명은 아래와 같다.

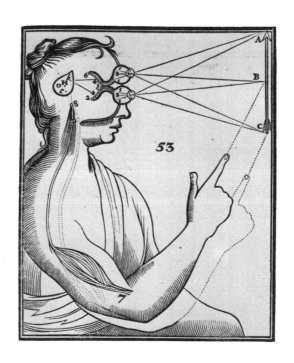

영혼의 움직임을 묘사한 목판화.
르네 데카르트의 《인간, 태아발생론》(1664) 라틴어 번역본.

이 기계에 영혼을 집어넣는다면, 같은 기관을 이용해서 같은 방법으로 다양

한 대상을 감지할 수 있을 것이다. 송과선 H의 위치가 바뀌는 것 말고는 다른

어떤 변화도 초래하지 않으면서. 예를 들어 두 손이 막대 NL과 OL을 들고 있

음으로 해서 영혼은 L점에 있는 것을 감지할 수 있다. 왜냐하면 7번과 8번 관

으로 들어가는 정기는 송과선 H에 있는 L점에서 발현되었기 때문이다. 이제

송과선 H가 조금 앞으로 기울어서 그 표면에 있는 n점과 o점이 i와 k로 표시

된 지점으로 움직였다고 가정하자. 그 결과 7번과 8번 관으로 들어가는 정기가 i점과 k점에서 발현되었다고 하자. 그래도 영혼은 여전히 같은 손을 통해 N과 O를 감지할 것이고 아무것도 변한 것은 없을 것이다.[32]

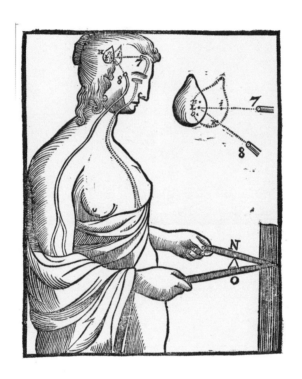

영혼의 움직임을 묘사한 목판화.
르네 데카르트의 《인간, 태아발생론》(1664) 라틴어 번역본.

영혼의 추론과 기능은 신체적인 동작과는 별개로 송과선의 움직임과 연관되어 있다. 모든 이해와 열정, 감성을 포함하여 외부로 향하는 모든 움직임이 여기, 신체와 별개로 움직이고, 움직일 수 있는 영혼에서 비롯된다. 영혼이 없으면 이 모든 것들이 불가능하다.

다시 불에 데는 발의 이야기로 돌아가서, 고통은 영혼이 있는 존재에게만 의미가 있다. 영혼이 없다면 고통을 나타내는 신체의 움직임도 입에서 나오는 비명도 단지 기계적인 반응에 불과할 것이기 때문이다. 고통과 그로 인한 움직임, 쾌락적 자극과 그로 인한 움직임은 한 끗 차이다. 다시 말해서, 즐겁거나 불쾌한 느낌은 영혼에 의해서 기쁨이나 슬픔으로 각각 번역된다는 뜻이다. 쾌락과 고통은 영혼의 움직임에 의해서 정서적 특성을 부여받는다. 영혼은 각각의 자극에 대해 인간의 주관적인 의미를 부여한다. 신체는 움직임을 통해 영혼을 대변하고, 영혼은 스스로의 움직임을 통해 그것들을 이해한다. 영혼이 없는 상태에서 생기는 폐해는 단지 기계가 망가지는 현상일 뿐이다. 열정은 오직 인간만이 가지며, 그 자체로 불멸의 영혼이 지니는 신성함과 본질적 특성을 증명한다.

데카르트의 지대한 영향은 아무리 강조해도 지나치지 않을 것이다. 특히 인류 예외론과 관련해서 미친 영향력에 대해서는 더욱 그렇다. 영혼의 본질에 대해서는 신학적, 철학적 전통을 과감하게 거슬렀지만, 자연에 대한 인간 우월성의 전통은 전적으로 지지했으며 그와 관련된 윤리적 우려를 불식시켰다. 데카르트는 '신을 부정하는 일을 제외하고, 동물의 영혼이 인간의 영혼과 본질적으로 같으며, 따라서 파리나 개미들이 이 다음 생에 대한 두려움이나 희망을 가지지 않는 것과 같이 우리도 그럴 필요가 없다고 생각하는 것보다 더 큰 오류는 없으며, 약해지기 쉬운 자가 미덕의 길을 벗어나게 되는 이유도 없다'고 했다.[33]

사실 미덕에 이르기 위해서는 자연을 완전히 이해하고 소유하는 과정을 지나야 한다. 데카르트의 동물-기계 개념에 근거해서 말브랑슈(Malebranche)는 베르나르 르 보비에 드 퐁트넬(Bernard le Bovier de Fontenelle) 앞에서 임신한 암캐를 걷어차 놀라게 했다고 전해진다. 퐁트넬이 경멸조로 이렇게 말했기 때문이다. "그래서? 저것은 아무것도 느끼지 못한다는 것을 모르나?"[34] 이런 데카르트의 이론을 받아들인 얀센파 신학자인 앙투안 아르노(Antoine Arnauld)는 포르루아얄 수도원의 독거자들에게 개들을 때릴 때 그들이 울부짖는 것은 '단지 '기계적인 장치'에 의한 소리일 뿐'이기 때문에 아무런 감정도 가질 필요가 없다고 설득했다.[35] 목격자들이 수도원의 실험 일지에 기록한 바에 의하면, 독거자들은 혈액순환 과정을 지켜보기 위해 '가여운 동물의 네 발을 판자에 못으로 고정시키고, 산 채로 해부했다'고 되어 있는데, 이는 중대한 논란의 주제가 되었다.[36] 이러한 행위는 심각한 잔인성으로 보일 수도 있고, 문명에 내포된 끔찍한 측면을 암시하는 냉혹함으로 보일 수도 있다.

그럼에도 우리는 그러한 행위가 선의의 믿음에서 발로했다는 점을 깊이 생각해보아야 한다. 그들은 데카르트가 옳다고 생각했고, 따라서 양심의 가책 없이 행동으로 옮겼던 것이다. 데카르트가 옳았다면, 그들은 가책을 느낄 필요가 없었다. 생각하고 느끼는 것은 모두 영혼의 존재와 움직일 수 있는 역량에 달려 있으니까.

| 사랑의 지도

초기 계몽주의 파리의 살롱가에서도 이성적 대화에 정념이 작용하기 시작했으며, 계층 이동을 향한 미묘한 움직임과 불가분의 관계에 놓이게 되었다. 랑부예 호텔에 있는 마들렌 드 스퀴데리(Madelein de Scudéry, 1607~1701)의 주변에 모여든 엘리트 프레시외즈(précieuses)들은 낭만적인 이야기와 재치 넘치는 대화, 예의 바른 교제를 즐기는 것으로 유명했다. 프랑스 지식층의 삶에서 여성의 중요성이 부각된 것이 살롱을 통해서였기도 하지만, 여기서 우리가 관심을 가질 내용은 사랑의 가변성을 여성의 신체 지형도와 연관 지어 설명한 부분이다. 스퀴데리의 소설 《클레리(Clélie)》(1654~60)에 지형도의 판화가 실려 있다. 이 지형도는 원래 살롱에서 즐길 게임으로 고안되었는데, 각기 다른 형태의 사랑에 이르는 길이 그려져 있으며, 그 길에는 여러 가지 위험이 도사리고 있다.[37] 우리에게 알려진 사랑의 지도(Carte de Tendre)의 내용은 그렇다. 하지만 Tendre를 '사랑'으로 번역한 것은 상당한 의역이며, 이 매력적인 지도의 내용을 다시 살펴볼 필요가 있다.

Tendre를 좀 더 직역에 가깝게 번역하면 '부드러움'이 된다. 그러나 가까운 친구와의 관계에서 지형도가 설명하는 부드러움에 이르는 다양한 길을 이해하고자 할 때, 제대로 이해하지 않으면 안 되는 몇 가지 중요한 요소가 있다. 지형도 해설자들이 부드러운 느낌 또는 부드러운 감성에 대해 말하기를 꺼리는 것은 그러한 감정이 무엇을 의미하는지를 충분히 이해하지 못하고, 따라서 비유로서의 사랑을 제대로 활용하지 못하기 때문이다. 하지만 영어로도 20세기 초까지는 '부드러운 감성'에 대한 상식과 경험이 인지되고 있었으며 비교심리학의 초기 연구에서 개별적이고 특별한 관심을 받았다. 이것에 대해서는 적절한 때에 다시 살펴보기로 하자. 동정과 사랑, 그 밖의 정서가 혼합된 '부드러움'은 다른 어떤 감성 단어로도 요약하기가 힘들다. 이는 신중히 재구성해야 할 일종의 상실된 감성이다.

사전적 정의는 별로 도움이 되지 않을 것이다. 《옥스포드 영어 사전》(1989)에서 'tender'를 찾아보면 여덟 번째 항목에 형용사 또는 부사로 쓰일 때의 뜻이 나오는데, 감정이 'tender'한 사람은 '마음이 여리고, 작은 감성적 자극에도 민감하게 반응한다. 즉 친절함, 자애, 순함, 온화함의 감성적 특징을 지닌다'라고 되어 있다. 이는 어떻게 보면 'tender'가 의미하는 감성 자체를 설명하는 말이기도 하지만, 이것으로 그 단어에 담긴 복합적인 의미를 요약할 수 있는 것은 아니다. 사실 사전에서 설명하는 내용은 '부드러운 정념' 또는 '부드러운 기분'에 관한 부분이며, '성적인 사랑'과 거의 같은 의미라고 볼 수 있다. 현대의 참고 자료에는 '부드러운 감성'이라고 불리는 개별적이고 관찰 가능한 현상은 빠져 있다. 20세기까지의 예절이나 문명에 관한 이론에서 이 단어가 가지는 핵심적 중요성을 생각해본다면 더욱 놀라운 일이다.

17세기 프랑스 사교계를 풍미했던 부드러운 감성

여기서 다시 사랑의 지도로 돌아가자. 이 지형도는 사회적 관습의 지형도, 플라토닉한 관계에 대한 이상 그리고 해부학적으로 표현된 위험천만한 여성의 신체 내부의 구조가 통합적으로 구성되어 있다. 기계라기보다는 야생의 풍경처럼. 이 땅은 새로운 우정의 고비에서 시작되어, 곡저 평야 사이를 흘러 위험한 바다로 향하는 강을 따라 펼쳐져 있다. 범람원에는 마을이 점점이 표시되어 있는데 발전 단계별로 정서적 관계의 특성이 긍정적인 방향과 부정적인 방향으로 각기 요약되어 있으며, 두 친구 사이에 감성적 역학을 나타내는 사회적 관행이 표시되어 있다. 또한 '텐더'의 주요 도시 세 개와 그 도시로 향하는 세 갈래 길이 그려져 있다.

'이끌림의 강' 서쪽 땅으로 나 있는 길은 '감사의 사랑'으로 이어져 있는데, '위험한 바다'로 흘러드는 두 개의 샛강 중 하나 때문에 그렇게 이름이 붙여졌다. '이끌림의 강' 동쪽 땅에 나 있는 길은 '존중의 사랑'으로 이어진다. 무엇보다 분명한 것은, '이끌림의 강' 자체는 '이끌림의 사랑'을 향해 흐르는데, 엄청난 넓이와 강의 속도로 보아 각별한 주의를 요한다. 자칫 잘못하면 위험한 바다에 바로 휩쓸려 들어갈 수 있다. 양쪽으로 나 있는 길의 끝에도 낭패를 볼 수 있는 위험은 도사리고 있다. 서쪽 끝으로 가면 원한의 바다에 빠질 수 있고, 동쪽 끝으로 가면 무관심의 호수에 빠질 수 있기 때문이다.

모든 것이 적나라하게 묘사된 여성의 생식기관을 중심으로 자연스러운 구성을 이루고 있다. '이끌림의 강'은 질을 묘사하며 자궁이라는 '위험한 바다'

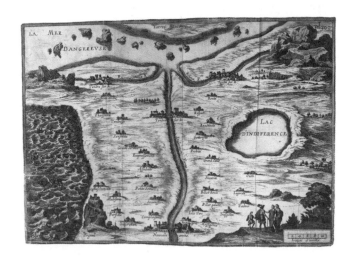

마들렌 드 스퀴데리(프랑수아 쇼보(François Chauveau)의 판화)의
《클레리(Clélie)》(1654~60)에 삽입된 사랑의 지도.

로 흐른다. 그 너머에는 '미지의 땅'이 있다. 두 개의 샛강은 나팔관을 닮았
고, 역시 '위험한 바다'로 흘러들어가지만 주요 도시들이 비교적 안전하게
접근할 수 있게 해준다. 해부학적인 지형도가 의미하는 바는 명확하다. 이
끌림에 의해 사랑에 도달하려는 시도, 즉 욕망을 충족시키기 위해 감정만
으로 우정을 굳히려는 시도는 격렬하고 신경증적인 대응에 부딪힐 것임을
암시한다. 욕망을 충족시키기 위해 그러한 욕망을 자제하고 선도하기 위해
존재하는 사회적인 예의범절을 거스르는 여성은 원하는 바를 성취할 가능
성도 있지만, 위험한 결과를 초래할 수 있다는 것이다. 자신의 '이끌림'에
승복할 때의 위험을 강조함으로써, 사랑의 지도는 여성 생식기관의 신비스

러운 해부학적 구조로 말미암아 내재할 수밖에 없는 정념의 불안정성에 대한 익숙한 경고를 하고 있다.

히스테리아(hysteria)를 글자 그대로 직역한 '방황하는 자궁'이란 말은 단순히 떠도는 이야깃거리나 일상적인 우월주의로 치부할 수 있는 문제가 아니었다. 적어도 갈렌(Galen) 이후로는 의학적 지식의 한 부분이었다. 의료기관이나 정치기관, 교육기관들은 19세기 말까지도 '취약한 성(性)', 즉 여성의 자궁 및 전반적인 생식기관의 불안정성을 언급하면서 정기적으로 여성의 열등함을 '사실화'해서 다루었다. 주로 구어체에 국한되어 있기는 하지만, 이러한 지식은 그 시대를 넘어 지금까지도 여전히 관용적으로 사용되고 있다. 남자나 여자가 '히스테리 상태'라고 하면, 우리는 그것이 어떤 의미를 내포하는지 알 수 있다. '논리적이지 못하며' 감정 통제가 안 된다는 뜻이다. 그리고 수세기 동안 그러한 행동은 '여자 같다'는 비난을 면치 못했다.[38]

만약 여성이 이렇게 쉽게 전복될 수 있는 불안정한 사람들이라면, 파리의 살롱에 모여드는 사교계 여성들이 욕망을 추구하려는 사람들을 그렇게 경계하고 조심했던 것은 당연한 일이었다. 결국 지적인 생활 자체가 일반적으로 여성의 불안정성에 위험을 부과하는 일이었다. 수용할 수도 감당할 수도 없는 정념에 스스로를 노출시키는 일이었을 테니까 말이다. 그러니 이 지적인 환경에 속한 여성이 오로지 자신의 감성적인 이끌림에 따른다는 것은 얼마나 더 굉장한 위험부담을 감수하는 일이었겠는가. 그 위험부담이라는 것은 아마도 '우정의 한계를 넘어서는' 욕망과 성행위의 부도

덕함까지 포함하는 일이었을 것이다.[39]

사랑의 지도에 표시된 육로는 이러한 맥락에서 볼 때 그 의미를 이해할 수 있다. 그러나 어떤 문서도 정념에 대해 근본적으로 이론적 이해를 위한 단서를 제공하거나, 정념을 통제할 수 있도록 고안되고 실행되었던 도덕 경제(moral economy)를 명확하게 정리해주지 않는다.[40] 흥미를 더하기 위해 이 지도는 또한 그 도덕 경제가 깨지거나 위배되었을 때 어떤 결과가 초래되는지도 보여준다. 감정과 관행, 정서적 표현과 사회적 처방, 그리고 개인의 감정과 감정 공동체 사이에 탯줄이 뚜렷하게 연결되어 있다. 여기서 개인은 감정 공동체에 속해 있으며, 그 안에서 존재로서 정의되며, 그로부터 형식과 정보를 제공받는다.

《클레리》의 여주인공은 청혼자들의 정념을 확인하기 위해 이 지도를 그린다. 한 비평가에 따르면, '사회적인 체면 아래 숨겨진 정념의 들끓음이 너무나 뚜렷하게 감지되었기 때문'이다.[41] 여기서 단어의 선택을 놓치지 않아야 한다. 정념은 자극적인 방식으로 접촉을 주고받게 하고, 느낌을 주고받게 한다. 특히 복잡한 사교의 역학 안에 정념이 내재하는 경우, 이는 엄격한 관습과 관찰체계를 필요로 한다. 이성의 시대를 지나면서 프레시외즈(précieuses)가 이해받을 수 없는 존재로 평가되고, 사랑의 지도가 '살롱의 사교계에서 조롱거리로 전락했지만', 다른 한편으로는 현대적인 어법으로 정서적인 느낌과 행동, 감정, 그리고 감정에 따르는 행위를 솔직하게 표현하는 것이 모든 사회관계를 이루는 방식으로 정립되었다.[42] 우리가 항상 지도를 가지고 다니는 것은 아니다. 사실을 말하자면 대부분의 경우 지도가 없다. 그렇다고 지도를 상상하거나 이해하지 못하는 것은 아니다.

'감사의 사랑'으로 가는 길은 봉사의 길로 정의되는데, 이는 플라톤적 우정이 자라는 것은 개인 간의 힘의 역학에 달려 있음을 보여준다. 이때 힘의 역학이란 열등한 쪽에서 묵시적으로 수용하고, 우세한 쪽에서 남용하지 않는 것이다. '새로운 우정'에서 출발해서 오는 길에 있는 작은 마을로는 방어(Complaisance), 굴복(Soumission), 풍성한 관심(Petits Soins), 지속적인 관심(Assiduité), 기꺼이 하는 마음(Empressement), 지대한 봉사(Grand Services)와 같은 작은 것들이 있다. 이 마을을 모두 지나야 감수성(Sensibilité), 호감(Tendresse)과 같은 좀 더 정서적인 기착지가 나온다. 그 다음에 나오는 마을은 복종(Obeissance)과 지속적인 우정(Constante amitié)인데, 이 지점에 이르면 비로소 그동안 바친 봉사와 기회 포착의 대가로 감사(Reconnoissance)의 역학 위에 세워진 부드러운 감성에 이를 수 있다.

한편으로 부드러움은 겸손함이나 선의의 우월성에서 발로된 이타적 감정인데, 기쁨과 같은 긍정적인 감정과 동정심과 같은 부정적인 감정이 혼합되어 부드러운 느낌을 갖게 한다. 감사의 느낌은 봉사를 실천하거나 노력을 기울이는 행위 자체뿐 아니라 그것들이 우월한 상대를 위해 행해진다는 사실을 강조한다. 감사의 느낌과 표현은 계급적 서열을 내포하는데 이러한 사실은 우정이 시작될 때부터 너무 자명하지만, 차츰 개인화된다. 다른 한편으로 부드러움은 굴복 또는 상대적으로 낮다는 느낌과 이러한 열등한 위치를 암묵적으로 수용하는 데서 발로된 또 다른 감정이다. 이런 의미에서의 감사는 목적을 가지고 분배된 은혜를 정중하게 인정하는 것이다.

　이끌림의 다른 편에 있는 존중의 사랑으로 가는 길은 정형적인 구애의 분위기와 좋은 인성을 보여주는 길로 정의할 수 있다. 여기서도 중요한 것은 관례에 따라 규정된 관행이다. 새로운 우정이라는 출발점에서 시작해서 여행자는 재치(Grand esprit), 아름다운 운문(Tolis Vers), 성(性)적인 쪽지(Billet galant), 연애편지(Billet Doux)를 지나고, 그 다음에는 진실성(Sincerité), 친절한 마음씨(Grand Coeur), 정직(Probité), 너그러움(Generosité), 정확함(Exactitude)을 지나면서 성격이 드러난다. 그러한 성격을 알아가면서 서로의 부드러운 감정이 쌓일 수 있는 일종의 정서적 역학에 도달하게 된다. 바로 존중(Respect)과 선의(Bronté)다. 존중감은 감사에 비해 좀 더 평등한 관계처럼 들릴 수도 있다. 그러나 여기서 우정(교제라고 할 수도 있다)은 방향성을 갖고 흐르는데, 좀 더 쉽게 말해서 사랑하는 사람과 사랑받는 사람이 구별된다는 뜻이다.

　부드러운 감성이 발전하는 데 있어 유일한 변수는 시간이다. 여정의 어느 한 시점을 지나면, 목적지가 정해진다. 언제든 바꿀 수 있는 길을 가는 것은 여정을 시작할 때, 즉 우정이 비교적 초기 단계일 때에나 가능하다. 미덕의 길과 마찬가지로 부드러운 감성도 감상적인 표현을 어떻게 하는가에 달려 있는데, 전반적으로 부정적인 의미에서 그렇다. 한쪽 가능성을 살펴보면 방황하듯 길을 가는 여행자는 우선 무분별(indiscretion)을 만나게 되고, 그 다음에는 배신(Perfidie), 부도덕한 소문(Medisance), 사악함(meschanceté), 그리고 허영심 또는 자만심의 죄(Orgueil)의 금지된 절정에 이르게 된다. 여기서부터는 곧장 증오의 바다로 빠지게 되는데, 의심과 걷잡을 수 없는 정념이 뒤섞인 관계의 역학에 휘말려든다는 뜻이다. 다른 한편으로는 새로운 관계의 기반이 흔들리면서 태만(Negligence), 불균형(Inesgalité), 냉랭함(Tiedeur), 무심함(Legereté), 소홀함(Oublî)에 이르게 된다. 그리고 여기서 무관심의 호수로 빠지게 되는데, 이는 이타적인 정서에 근거한 감정과 행동이 점차 부식해가는 과정을 한마디로 요약한 표현이다.

17세기 파리에서 부흥했던 부드러운 감성은 하나가 아니라 셋으로 나뉘어져 있었으며, 각각이 사회적 관행 또는 욕망의 추구라는 다른 기반 위에 세워져 있었다. 우리가 이 중 어느 하나라도 물려받았다면, 우리가 가지고 있는 끌어당기는 성향은 순수한 감정을 추구하는 것일 뿐이다. 하지만 우리는 사회성과 관습 위에 세워진 의미 있는 관계로 가는 길 위에 머물러야 한다. 그리고 정서적으로 어느 한 방향을 지향하고 있는 것으로 인식될 수 있는 행위의 중요성을 인정하면서 살아야 한다. 사회적인 관행과 그에 수반되는 감정은 구분할 수 없다. 사실 행위가 없으면 감정도 없으며, 감정 없이 행위가 일어날 수 없다. 그러나 부드러움에 있어서는, 특히 사랑에 관해서는, 사랑을 선택의 문제로 인정받고 추구할 수 없었던 수세기 동안 그러한 사회적 관행이 바로 정념을 다루는 방식이었다. 이끌림에서 발로된 부드러움, 이끌림에서 발로된 사랑(tendre d'inclination, amore d'inclination)은 개인적으로 위험하기도 하지만, 동시에 전체 사회구조의 위협이기도 했기 때문이다.

사실 친구나 연인 사이에 부드러운 감성을 자아내는 사회적 관행을 관찰하고 실천하는 것도 그것이 사랑의 문제일 때에는 결코 덜 복잡하지 않았다. 사랑에 관한 근대 초기 프랑스의 학문적 문헌을 읽어본 사람이라면 이러한 정념이 신분 관리, 상호주의, 결혼의 복잡성 아래 묻혀 있었다는 것을 알았을 것이다. 분명한 것은, 사랑 자체만을 목적으로 그것을 추구하는 것은 위험하고 불안정한 일이라고 생각하면서도 사랑 자체는 뜨거운 논쟁의 주제였다는 사실이다.

아무튼 지식층 사이에서 결혼은 엄격하게 통제하고 신중하게 협상해야 할 사회 역학적 과정이었다. 새로 결혼한 부부는 가문의 사회적 지위를 대변하면서 동시에 각자의 사회적 지위를 어떤 식으로든 나타내야 했다. 두 사람 사이의 정서적인 연대감은 생기더라도 시간이 지난 다음에야 가능한 일이었다. 그러한 연대감을 '사랑'이라고 부를 수 있을지 모르겠지만, 그렇더라도 우리가 생각하는 그런 사랑인 경우는 거의 없었다. 사랑에 '빠진다'기보다는 신중하게 계약을 맺는 편이었기 때문이다.[44] 그러한 관계가 성공을 보장받기는 어려웠다. 사랑이 없는 결혼을 하는 경우, 사회적, 정치적 힘의 배치와 역동성을 위한 겉치레로 끝날 위험을 감수해야 했지만, 사랑을 추구할 때 감수해야 하는 위험부담은 그보다 훨씬 더 크다고 생각하는 사람들도 있었다. 사랑을 추구해서 한 결혼이라고 해서 성공적인 결말을 보장받을 수 있는 것은 아니지만, 정념만으로 맺어진 관계는 사회구조를 무너뜨릴 수 있다.

사랑의 지도는 18세기 후기의 프로이센과 19세기 중기의 영국에까지 영향을 미쳤지만, 부드러운 감성은 서서히 잊혀져가면서 난항을 겪고 있었다. 임마누엘 칸트(Immanuel Kant, 1724~1804)는 《판단력비판(Critique of Judgement)》(1790)에서 부드러운 감정(zärtliche Rührungen)이 격앙되어 전혀 쓸모없는 감상주의(Empfindelei)로 표현되면 비난을 받는다고 했다.[45] 1850 년대부터 영국에서 가장 명망 있는 심리학자였던 알렉산더 베인(Alexander Bain, 1818~1903)은 일상 영어 용례와 '심리학' 분야의 학문 연구에서 '감성(emotion)'이라는 단어를 정립시킨 것으로 유명하다. 그의 저서 《감성과 의지(The Emotions and the Will)》(1859)는 부드러운 감성을 매우 깊이 있게 다루고 있다. 구조적으로 보면 부드러운 감성에 대한 설명이 17세기에 만들어진 사랑의 지도를 따르고 있다. 알렉산더 베인이 그 지도에 대해서 알고 있었는지는 확신할 수 없지만, 르네상스 후기의 프랑스 문학을 통해서라도 그 지도에 대해서 알고 있었으리라 생각된다. 부드러운 감성의 척도와 특성에 대해서는 당시의 넓은 사회 계층, 그중에도 특히 문화적이고 학식 있는 계층의 사람들이라면 모르지 않았을 것이기 때문이다.

베인은 특히 사회심리학적 입장에서 부드러운 감성이 정확히 어떻게 생겨나는지, 어떠한 영향력을 갖는지를 입증해 보이는 데 탁월한 기량을 보였다. 부드러운 감성의 특징을 두 가지 특별한 관점에서 보여주는데 우선 '밖으로 향하는' 감성이며 자극, 쾌락, 고통과 연결되어 있다고 했다. '밖으로 향하는' 면은 부드러운 감성의 근원을 자신 밖의 '대상', 특히 타인에게 둔다. 동물과 무생물에 대해서도 그러한 감성을 느낄 수 있지만, 베인은 그러한 발로에 대해서는 약간 폄하하는 태도를 취한다. 감성적 표현의 역사성에 대한 일반적인 관심과 같은 맥락에서, 베인은 타인의 감성 표현을 해석할 수 있을 만큼 충분한 경험이 있어야 부드러운 감성이 생겨날 수 있다고 했다. 다만 슬픔이나 고통으로 인한 '애처로운 통곡'과 '눈물 맺힌 눈동자'에 대한 보편적인 감성은 특별한 경우라고 했다. 눈물을 글썽거리는 것은 '원시적인 본능이지만 그에 따라오는 연결성에 의해 확장된다'.[46]

얼마 후 허버트 스펜서(Herbert Spencer, 1820~1903)의 연민(pity)에 대한 설명(이에 대해서는 제5장에서 좀 더 다루게 될 것이다)을 통해 부드러운 감성이 이와 유사한 감성의 모태라 할 수 있는 연민의 부수적인 현상, 또는 한 가닥으로 분류되었다. 부드러운 감성은 종종 그러한 감성적 관심을 필요로 하지 않는 대상을 향하여 잘못 발로되는 경우가 있기 때문에 진화론적으로 복귀돌연변이라는 비난을 받았다.

감성이 진화되고, 사람들의 믿음도 진화의 과정을 겪으면서 이런 유형의 감상주의는 시대의 흐름에 밀려가버렸다.[47] 곧 사람들은 부드러운 감성에 대해 말하지 않게 되었다. 사랑의 수고가 물거품이 되어버린 것이다.

감정의 역사

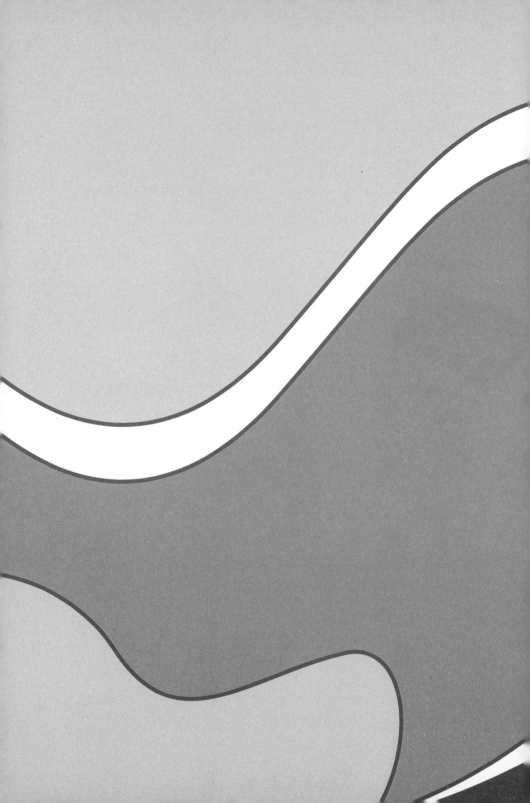

4장

-

비이성의 시대

A

HISTORY OF

FEELINGS

대략 1600년부터 1800년까지는 흔히 '이성의 시대'로 분류된다. 데카르트부터 18세기 말에 시작된 공리주의에 이르는 계몽주의 시대의 핵심을 요약하자면 자연을 이해하고 정복하려는 의지로 특징지을 수 있다. 인간 내면의 야성을 포함해서 야성적인 것은 길들여졌다. 영혼의 정념은 이성의 영역 밖에 틀이 정해졌고, 판단은 신중하고, 관조적이고, 통제된 사고에 기초를 두었다. 물론 이러한 특징은 시대를 대표하는 철학자와 경제학자, 정치가들에게 해당되는 것이고, 일반 대중의 삶은 이전과 다름없이 계속되고 있었다. 그런데 이성의 시대를 선도하던 유명 인사들 중에도 판단력을 좌우하는 정념이나 정서, 감수성과 감각에 대하여 이상한 견해를 가지고 있는 이들이 있었다.[1]

합리적인 사고에 초점을 맞추다 보면, 계몽주의 사상에 중점을 두느라 정념의 중요성을 간과하고 넘어갈 수 있다. 우리가 살펴본 바와 같이 데카르트는 움직임을 집약적으로 설명하는 이성적 사고를 강조하면서도 감각과 정념을 깊이 있고 체계적으로 이해하고 있었다. 그러나 또 다른 사람들은 이성을 따로 떼어 생각하기를 단호히 거부하고, 육체와 영혼은 하나며, 정념과 이성의 관계에 의해 이끌려간다고 주장했다. 예를 들어 스피노자(Spinoza)는 정념의 막대한 중요성을 인지하고 있었다. 18세기에 들어서면서 아담 스미스(Adam Smith, 1723~1790), 데이비드 흄(David Hume, 1711~1776), 에드먼드 버크(Edmund Burke, 1729~1797)를 비롯한 사상가들은 모두 현대 국가의 도덕적 기능에 대한 동조감의 중요성, 즉 감성적 동질감에 중점을 두었다. 계몽주의의 절정이 그 사상을 전국적으로 체계화한 혁명의 물결이었다면, 그러한 혁명 역시 감성적 분출에 의한 것이었다.[2] 결국 이 시대는 일종의 분노나 위협적 행위의 표출로 특징지어지는데, 이는 구시대 정권에 억눌렸던 감정의 대대적인 분출이었다. 새로운 혁명 국가의 기둥을 이루는 것은 자유, 평등, 형제애, 행복의 추구에 대한 지식적 이해가 아닌 쉽게 느낄 수 있는 이해, 즉 '상식'의 개념에서 출발한 정서 상태와 관행이었다.

이 장에 소개될 이야기는 이성의 시대에 감정에 초점을 맞추었던 예를 보여주는 것으로, 스피노자의 《윤리학(Ethics)》 그리고 이성과 열정이 공존할 수 없다는 논쟁으로 시작할 것이다. 정념을 경험하고 있다면 아직 진정한 의미에서 세상에 대한 이해를 얻지는 못한 것이며, 그러한 이해를 얻었다면 슬픔의 목적(telos)과 슬픔의 종말을 모두 알 수 있을 것이다.

혁명 시대의 특성은 자유와 평등의 한계를 제대로 보여주었던 역사가들에 의해 수정되고 재탐구되었다. 하지만 최소한 형제애가 암묵적으로

감정의 역사

인구의 절반을 제외시켰기 때문은 아니었다. 그들은 여성의 사회적 소외를 비난하면서 성공적으로 여성을 다시 정당한 이성의 혁명적 승리라는 그림에 포함시켰다.[3] 그러나 여기에는 역전의 가능성이 있다. 혁명의 남자 주인 공들은 성공을 위해 종종 암묵적이긴 하지만 정서적 관행과 논쟁에 의존했다는 사실을 알 수 있다. 여성의 열정은 도리를 벗어난 것으로 간주되었던 이 시대에, 남성의 열정은 어떻게 베일에 싸이고 은폐될 수 있었으며 혁명의 대의에 적용될 수 있었을까? 정서가 인지의 일부이며, 인지는 감성의 일부라고 주장한다면, 분명 무미건조한 혁명적 수사조차 정서적인 부분이 담겨 있었을 것이다. 그런데 그에 대해 어떻게 성(性)적인 차별을 할 수 있었으며, 그렇게 함으로써 달라진 것은 무엇이었을까?

이 장은 실패와 개인적 비극으로 끝난 돌파구를 향한 감정과 암중모색에 대한 주목할 만한 귀납적인 의학적 추론으로 마무리하려고 한다. 역사상 가장 명망 높은 의사 에드워드 제너의 삶을 짧게 요약해서 소개할 것인데, 그는 천연두 백신을 발명해서 유명해졌으며, 그 백신을 널리 전파한 공을 인정받고 있다. 나는 제너의 삶을 재구성하면서, 추정, 그리고 제약 받지 않았던 실험 및 발병, 질병에 대한 추상적 이해와 경험의 얽힘, 이성의 승리 덕분에 잊혀졌던, 연구와 백신 개발 과정을 보여주고자 한다.

| 슬픔의 끝

바뤼흐 스피노자(Baruch Spinoza, 1632~1677)의 가장 대표적인 저서인 《윤리학》은 그의 사후인 1677년에 출간되었다. 이 책에서는 데카르트의 철학이 숨 막히는 명제와 증명의 회오리에 휘말린다. 특히 육체와 정신(영혼)이 별개의 것으로 분리되어(또는 연결되어) 있는 독립체라는 개념이 무시된다.

> 사람들은 신체의 이런저런 행동이 신체에 명령을 내리는 정신에서 발로된다고 하는데, 이는 자기들이 무슨 말을 하고 있는지도 모르고 하는 소리다. 그러면서 행동의 원인은 모른다는 공허한 고백만 하며, 그 속에서 무엇을 탐구해야 하는지 파악하지 못한다.[4]

스피노자는 신체와 구분되는 나라는 개념을 강력하게 거부하면서 다음과 같이 주장했다.

> 정신의 본질을 구성하는 첫 번째 요소는 신체가 실제로 존재한다는 개념이며, 우리의 정신이 하는 일 중에서 가장 우선적이고 중요한 것은 신체의 존재를 긍정하는 것이다. 그러므로 신체의 존재를 부정하는 개념은 정신의 본질과 상충된다.[5]

데카르트에 대해서 스피노자는 "영혼의 앉을 자리와 머물 곳을 만들어주고자 하는 자는 우리에게 웃음거리를 제공한다"고 썼다.[6] 더구나 "짐승들도 느낄 수 있다"는 사실은 의심할 여지가 없다고 했다. 인간과 유사한 몸과 정신을 가졌기 때문이다.[7] 데카르트의 그 대단했던 업적이 무슨 쓸모가 있다는 말인가.

인간의 본질에 대한 스피노자의 재평가는 정서(affectuum)의 근원과 본질을 주제로 한 긴 논고에 그 핵심적 내용이 담겨 있다. 대부분의 현대 번역은 이를 '감성'으로 풀이하는데 이는 몹시 부적절하다.[8] 스피노자는 감성에 대해 이야기하지 않는다. 스피노자가 말하는 affectuum(정서)란 이전의 그 어떤 것과도 다르며, 상당한 영향력을 지니지만(특히 사회학 분야와 관련하여 영향을 미쳤지만), 그 역시 이전에 경험하지 못했던 것이다.[9] 나는 《감성의 역사》에서, 만일 우리가 스피노자를 감성의 해설가인 양 취급한다면 크게 잘못하는 것이라는 주장을 했다.[10] 나는 여기서 스피노자의 관점에서 정서(affectuum)와 정(passionum)을 탐구해봄으로써 다시 한 번 그 주장을 펼쳐보고자 한다.

일부에서는 '정서(affectus)'를 'affect'라고 지칭하기도 하는데, 여기서는 현대 심리학자들에게 익숙한 'affect(영향을 미치다, 유발하다의 뜻으로 사용-옮긴이)'의 의미와 혼동되는 것을 피하기 위해 이를 지양하기로 하자. 스피노자가 말하는 정서(affection), 즉 영혼의 정념(animi pathema)은 '혼동된 관념인데 마음은 이를 통해 신체, 또는 그 일부의 실존하는 기운이 전보다 더 강해지거나 약해졌음을 긍정한다. 이 기운이 강해지면 마음은 다른 생각보다 어느 특정 생각에 기울어진다.'[11] '혼동된 관념'이라는 말을 잘못 해석해서 스피노자가 정서에 대한 확실한 이해를 하지 못했다고 생각해선 안 된다. 스피노자는 '마음은 불합리하고 혼동된 관념을 가질 때 고통을 받는다'는 점을 명백히 밝혔다.[12] 정서는 전적으로 이성적이지 못했을 때에만 가능하다. 이해와는 정반대다. 더구나 정념은 영혼에 내재하는 것이 아니다. 영혼의 본질에는 정념이 들어설 곳이 없다. 정념과 정서는 우리의 신체에 영향을 미치는 외적인 대상에 대한 혼동된 관념이다.

우리가 '감성'이라고 일컬을 수 있는 모든 것은, 스피노자의 관점에서 보면, 일차적인 행동과 두 가지 핵심 정서에 따르는 현상이다. 일차적인 행동은 cupiditas로 스스로 인식하는 욕구(appetitum)로 정의되며 일반적으로 '욕망'으로 번역된다. 스피노자는 이 욕구가 '스스로를 보존하는 행위라는 면에서 인간의 본성이다'라고 했으며, 욕망도 이와 유사하게 정의한다. 욕망은 '정서에 의해 어떠한 행위를 하기로 결정된다는 점에서 인간의 본성이다'.[13] 두 가지 정서는 laetitia와 tristitia다. 이들을 현대 번역은 현대 철학의 고정관념에 따라 '쾌락'과 '고통'으로 각각 번역하는데, 이렇게 단도직입적이고 단순한 풀이는 원래 어휘군인 '정서적인(affective)'에 해당하는 의미를 포착하지 못한다. '기쁨'과 '슬픔'으로 보는 것이 좀 더 본뜻에 가까우며, 사랑(amor), 증오(odium), 희망(spes), 두려움(metus) 등과 같은 그 밖의 감성 단어들이 특정 대상을 향한 기쁨 또는 슬픔 중 하나의 정서에서 생겨났거나, 특정 맥락에 따라 일어나는 관념이라는 사실을 이해하는 데 도움이 된다. 그러므로 두려움(metus)은 '우리가 때때로 의심하기도 하는 미래나 과거의 그 무엇에 대한 관념에서 일어나는 지속적이지 않은 슬픔이다'.[14]

기쁨과 슬픔을 일으키는 이렇게 혼동된 관념은 '외부 물체'의 범주에 속한다. 개인이 외부 물체를 만났을 때 가지게 되는 관념은 외부 물체의 본질에 대해 말해주는 것이 아니라 개인이라는 개체에 대하여 말해주는 것이 분명하다. 풀어서 이야기하자면 다음과 같다. 내가 막대로 내 눈을 찌르면 눈에 번쩍하는 섬광이 비칠 것이다. 그 빛은 막대와는 아무런 상관이 없으며 전적으로 눈의 작용과 관련이 있다. 스피노자가 궁극적으로 의도하는 것은 합리적인 사람이 막대 자체에 대해 합당한 사고를 할 수 있게 하는 것이었지만, 우선은 신체에 대해 막대가 가지는 정서의 본질과 그에 수반되는 정념을 설명했다. 우리가 살아가면서 직면하는 것들은 각자에게 고유하다. 외부 물체와 접촉하면서 일어나는 정념에 따라, 그리고 그 대상에 대해 가지는 관념의 혼동된 정도에 따라 욕망 또한 다양하다.

앞에서 지적한 바와 같이, 스피노자는 결국 우리가 외부 사물의 본질을 진정으로 이해할 수 있게 하는 합당한 관념을 가지고 있었다. 이 완벽한 상태, 사물에 대한 이성적인 이해는 어떠한 형태의 정념도 포함하지 않는다. 스피노자는 모든 형태의 기쁨은 선하고 모든 형태의 슬픔은 악하며, 기쁨은 이성을 향하고 있다고 가정한다. 그러나 우리가 선이라고 부르는 것에 대한 욕망도 잘못 이해되었을 수 있으며, 그렇다면 기쁨이 우리를 슬픔으로 이끌 수도 있다. 사실 '우리는 무엇인가가 선하다고 믿기 때문에 그것을 얻으려고 노력하거나, 소망하거나, 찾거나, 욕망하는 것이 아니다. 오히려 반대로 얻으려고 노력하고, 소망하고, 찾고, 욕망하기 때문에 그것이 선하다고 판단한다.'[15] 정념을 비롯해서 선함과 악함은 세상에 대한 불완전하고 혼동된 관념의 증거다.

그러므로 스피노자의 체계에서 이성과 (모든 정념을 포함하는) 정서는 상호 배타적일 정도로 상반되지는 않는다. 정념이 일어난다는 것은 이성이 부족하다는 징표이며, 자연에 대한 관념이 합당하지 않다고 말할 수 있다. 여기서 스피노자가 말하는 '자연'의 의미, 그리고 자연과 신의 관계에 대해 좀 더 살펴보기로 하자. 스피노자는 신과 자연을 하나의 범주에 넣어 생각한 것으로 잘 알려져 있는데, '신 또는 자연'이라는 구절이 스피노자 사상의 특징으로 알려져 있을 정도다. 신의 내재성이 스피노자로 하여금 자연과 구분할 수 없게 했는데, 그 역의 논리도 마찬가지다. 객관적인 세계인 자연은 신과 불가분의 관계에 있다. 결국 존재의 이상적 종말은 모든 정념, 기쁨과 슬픔이라는 주된 정서, 그리고 선과 악에 대한 모든 관념이 사라지는 것이다. 욕망과 정서에 이끌리는 한, 스스로 자유롭다고 생각하고 있어도 우리는 노예의 신세다. 진정한 자유는 우리의 육체와 대상에 대하여 (그리하여 신에 대하여) 합당한(진실된) 관념을 가질 때 얻어진다. 이러한 관념은 우리를 이성에 근거한 행동으로 이끈다. 욕망이 이성에 따르는 한 우리는 자유롭다. 그러나 그러한 자유의 본질은 무엇일까? 오직 이성만을 따르는 자유로운 사람은 슬픔이나 기쁨을 모른다. 그러므로 선과 악도 모른다. 합당한 사람은 무도덕한데, 왜냐하면 신이나 자연이 무도덕하기 때문이다. 신은 슬픔을 비롯해서 그로 인한 다른 어떤 것도 창조하지 않았다(비록 슬픔의 원인을 제공했을 수는 있지만). 왜냐하면 슬픔의 이유를 이해하고 나면 그것은 '더 이상 정념이 아니기(ipsa desinit esse passio)' 때문이다.[16] 이해를 얻으면 외부 물체에 대한 혼동된 관념으로 인한 육체의 정서가 사라진다. 이해는 그 어떤 정념의 범주에 속하는 것과도 공존할 수 없다. 자유, 진정한 자유는 그러므로 초월적인 상태, 감정과 도덕을 넘어선 상태다. 이를 위해서는 자신과 인간을 넘어서 사물의 본질을 이해해야 한다. 자연은 오직 한 가지 특성(신)만을 지니며, 인간이(자신을 아는 한) 이미 신의 존재를 알고 있다는 것은 슬픔과 기쁨의 종말이 가능함을 의미한다.

　　스피노자의 《윤리학》에 나오는 내용을 짧게 요약한 이 부분은 아마도 많은 사람들이 읽기도 힘들고, 이해하기도 어렵다고 느낄 것이다. 나에게도 그렇다. 그러나 그의 사상체계를 본질적인 요소까지 파고들어갔을 때의 파장을 생각해보자. 그리고 17세기 후반 유럽에서 활발하게 진행되었을 담론의 엄청나게 충격적인 효과를 되짚어보자. 신의 신비로움은 사라지고 인식 가능한 존재가 되었으며, 모든 것에 존재하지는 않지만, 그가 곧 모든 것이다. 이는 많은 사람들에게 신 자체를 부정하는 것처럼 들릴 수 있다. 이성적 사고와 합리적인 행동에 대한 모든 주장은, 바로 이 이성의 시대에 하나의 가식처럼 들릴 수 있었다. 사람들이 생각하는 이성이란 사실 정서였으며, 그만큼 이해가 부족했다. 사람들이 욕망에 끌리고 기쁨과 슬픔의 그늘에 영향을 받으며 선과 악을 추구하느라 시달리는 모습이, 스피노자의 관점에서는 이성을 성취하는 데 실패했다는 뜻이었다. 따라서 주요 기성 종교들의 도덕 경제가 무너졌을 뿐 아니라, 정치적 담론과 제도의 기반도 붕괴되고 있었다. 모든 것은 이성이 아니라 정서였다. 스피노자의 견해에서 볼 때 극소수의 사람들만이 그가 설명하는 지혜의 상태에 이를 수 있었다.

| 페인(Paine)과 행복

스피노자의 사후 1세기 동안 대중 정치의 모든 이해는 감정에 기반을 두었다. 니콜 유스터스(Nicole Eustace)가 기발하게 보여주었듯이, 아메리카 식민지에서도 무엇을 어떻게 느낄 것인가에 대한 사상과 자아(현대의 개인적 자아와 이전의 사회구성원으로서의 자아)에 대한 사상이 경쟁적으로 쏟아져 나와, 전쟁과 정치, 종교적 격변으로 불안정하고 불확실한 시대를 정의하는 변화와 의혹의 중심에 흐르고 있었다.[17] 유스터스에 따르면, 아메리카 식민지에 살고 있던 사람들은 자기들이 누구인지에 대해 생각해보아야 했고, 무엇을 어떻게 느낄 것이며 부상하는 국가와 국민에 대해 어떻게 느끼는 것이 최선인가를 충성이라는 관점에서 또는 자유의 정신에 입각해서 생각해보아야 했다. 감성 규칙이(감성적인 문장은 어느 영향력 있는 학자에 의해 '쓰였'는데) 감성의 경계에 유입되었으며, 사람들을 동시에 각기 다른 방향으로 끌어당기며 감정을 과장되게 드러내도록 압력을 넣었다.[18]

유스터스는 현대적 자아와 문명사회 간의 자연적인 친밀감이나 감성적 상호의존성에 대한 모든 가정을 불식시키는 불안감의 그림을 그린다. 사실 미국 혁명 이전의 사회는 사랑과 화를 집단적이고 계약적으로 관리하는, 다시 말해서 오랫동안 사회의 안정성을 보장했던 정동 정치에 치중해왔던 것으로 보인다. 개인주의, 즉 '인간'의 권리는 정념이 폭주할 수 있는 위험부담을 안겨주었다. 토머스 페인(Thomas Paine, 1737~1809)이 1776년 초 익명으로 《상식(Common Sense)》을 출간하면서, 문명사회와 정부의 형태에 대한 현대적 개념으로 아메리카 식민지의 개개인을 결집시킬 수 있는 새로운 각본을 마련했다. 하지만 이 각본이 권리와 이성이라는 이름으로 실현시키고자 했던 모든 것들이 사실은 정서적인 내용이었으며 명백하게 감각 또는 일종의 감정 같은 것에 호소했다는 사실이 중요하다.

《상식》이 미친 영향력은 상상할 수 없을 정도로 막대했다. 다양한 경로로 유통되는 페인의 소책자는 그 물량이 경이로울 정도였는데, 한 전기 작가가 계산해본 바에 의하면 당시의 인구에 비례해서 볼 때 '사상 최고의 베스트셀러'였다고 한다. 1776년 한 해에만 10만 부 정도가 판매되었으며, 이보다 훨씬 더 널리 유통되었다. 이 책자에 대해 모르고 지나기가 어려울 정도였는데, 중요한 것은 영국과 프랑스에서도 번역본이 엄청나게 판매되었다는 사실이다.[19] 이 책자는 공화주의의 약속에 대해 공개적으로 진실성 있게 다룬 첫 출판물이었으며, 그만큼 그 영향력은 대단했다.

우선 페인이 서론에서 밝힌 그의 취지부터 살펴보자. 페인은 《상식》에 담긴 자신의 연구를 통해 '관습'에 역행하는 '감성'에 대하여 직설적으로 전하고 있다. 감성이 옳다는 것은 '이성보다 더 많은 개종자를 만드는 시간'에 의해 인정될 것이라는 이야기를 하고 있는 것이다.[20] 그렇다면 여기서 무엇이 옳은가에 대한 느낌은 궁극적으로 무엇이 옳은가보다는 어떤 것이 설득력을 가지는가의 문제라는 주장을 할 수 있다. 그리고 무엇이 옳은가를 느끼는 데는 시간이 필요하다. 페인의 소책자가 쓰인 이유도 '인류를 사랑하는' 모든 이의 '정서'가 아메리카라는 명분에 흥미를 가졌기 때문인데 이는 또한, 페인의 주장에 따르면, 보편적인 명분이기도 하다. 페인의 소책자는 또한 독재에 항거했는데, 여기서 페인은 '독재는 자연의 섭리에 의해 감정의 힘을 부여받은 모든 이가 우려하는 바다'라고 했다.[21] 《상식》을 그 발단 단계에서부터 이해하자면, 감정을 가진 청중을 향하여 감성의 언어로 보내는 정서적 호소였다. 독자의 감각에 이성과 권리에 대한 생각을 불어 넣기 위한 것으로, 이해보다는 직관을 통해 옳음에 대한 감각을 일깨운다. 소책자의 첫 장도 그러한 논조로 시작해서, 어떻게 하면 긍정적인 면과 부정적인 면에서 각각 행복을 수호할 수 있는가에 중점을 두어 정부와 사회의 본질을 규정하고 있다.

페인은 정부의 존재 이유는 '자유와 안보'를 보장하는 것이며, 이는 곧 '본성과 이성의 정직한 소리'이기도 하다는 사실을 상기시키면서, 식민지 왕권의 충격적인 실태로부터 우리 자신을 보호하려면 눈을 돌리고 귀를 막으라고 한다.[22] 이성의 소리에는 많은 무게가 실릴 수 있겠으나, '정직한 본성의 소리'라고 할 때는, 정서, 감각, 양심, 감정 이외에 또 무엇이 있겠는가? 이는 페인의 후기 작품의 원천이 되었는데, 바로 신에 대한 순수한 믿음에 관한 내용으로, 매우 타당한 제목이 붙여진 《이성의 시대(The Age of Reason)》(1974)를 쓴 데에는 그만한 이유가 있었다(페인은 스피노자의 작품을 읽고 깊은 영향을 받았다). 자신의 신앙고백과 함께 유력 종교에 대한 지속적인 공격을 하기 위해서였다. 또한 자유사상가들이 국가 교회를 버리고 '도덕, 인류애, 그리고 진정한 신학'을 추구하게 함으로써 파괴를 야기함과 동시에 파괴를 제한하기 위해서였다. '사람들의 마음'에 스스로 그러한 사고가 일어나 불붙게 한 것이다.[23]

감정의 역사

페인은 자신의 신앙고백에서 '이 세상에서의 삶이 끝난 후의 행복'을 언급하면서, 평등에 대한 믿음, 그리고 종교적인 의무에 대한 믿음을 표명했는데, 여기서 종교적인 의무란 '정의를 실천하고, 자비를 사랑하며, 동포를 행복하게 해주기 위해 노력하는 일'이다.[24] '본성'에서 발로된 권리에 근거한 페인의 총체적인 관점은 이생에도, 다음 생에도 정서적인 목적을 위한 정서적인 관행에 초점이 맞추어져 있었다. 정치적 책략으로 성서와 교회를 파괴하는 데 이유가 있다면, 그 이유는 궁극적으로 믿음, 특히 설득하기 위해서 예상되고 짜인 개인적인 믿음에 근거할 것이며, 행복을 성취하고 전파하려는 욕망과 예상되는 수단에 근거할 것이다. 후에 《상식》에서는 영국과 식민지의 계속되는 관계로 말미암아 '본성의 소리'가 '울고 있다'고 했다.[25] 좀 더 명확하게 설명하자면, 이 본성에는 신의 존재가 함축되어 있는데 페인은 실제로 아메리카 대륙의 발견은 개혁을 위한 적절한 시점에 신이 부여한 선물이며, 그러므로 박해받던 사람들은 그들이 안전하게 탈출할 수 있는 피난처를 마련해야 한다고 주장했다.[26]

눈과 귀를 가리라고 하면서도, 페인은 인간의 신경중추에 호소하기를 그치지 않았다. '상식'은 오늘날 우리가 생각하는 식의 일반적인 지식이 아니며, 행해져야 하는 그 무엇도 아니고, 관습도 아니다. 그것은 공유하는 느낌이다. 그러한 상식에 누가 동참하는가? 처음에는 아무도 동참하지 않았다. 그러다가 지침이 주어지자 모두가 참여했다. 이것이 바로 페인의 업적이 지니는 훌륭한 역설이다. 대중의 감정을 드러내 보여준다고 주장하면서 실제로 대중의 감정을 만들어내는 것. 그것은 그의 각본을 읽은 후

대중이 일반적으로 갖게 되는 의식이다. 이성적인 내용 때문에 옳다는 느낌으로 채택되는 것이라고 주장한다면, 그 효과는 그 내용을 싸고 있는 정서적인 포장 때문일 것이다. 페인은 아메리카 식민지의 사람들에게 어떻게 느낄 것인가를 보여주는 방식으로 호소했던 것이다.

이 글의 첫 부분에서는 그들에게 영국의 왕권에 대한 어떤 지배적인 애착도 이성에서 발로된 것이 아니라, '국가적인 자존심'의 측면이었음을 보여준다. 그러나 그 자존심은 '양태와 형식, 즉 명백한 진실'을 위해 옆으로 내려놓아야 했다. '정부의 부패한 헌법을 지지하는 선입관은 우리로 하여금 선을 분별하지 못하게 할 것이기 때문이다.'[27] 공화당원임을 느낄 수 있는 방법의 첫 번째는, 그러므로, 군주에 대한 군주를 위한 자부심을 통제하거나 버리는 것이며, 이어지는 페인의 설명에 의하면, 그러한 자부심은 '행복을 얻기 위한 수단'이 아니라, '인류의 불행'을 가져오는 수단이기 때문이다.[28] 따라서 이 문제에 대한 사고의 방향은 분명 정서적이다. 자존심을 버리고 나면, 그 자리는 어떠한 가치로 대체할 것인가?

당시 아메리카의 시사적 상황을 설명하면서, 페인은 '단순한 사실, 명백한 논쟁, 그리고 상식'을 언급한다. 그러나 독자들에게 혁명에 대한 자존심과 편견을 버리라고 당부하면서는 독자들의 이성에 호소하는 것이 아니라 '그 자신의 이성과 그 자신의 감정'에 호소한다.[29] 그 감정에는 기독교적 형제애와 '감상의 너그러움에 내재하는 승리'에 대한 보편적인 신념이 요약되어 있다. 페인의 논점에 담겨진 진실을 간파하지 못하는 사람은 눈이 있으나 보지 못하는 맹인과 같다고 했다. '진실을 보지 못하는 나약한 사람들, 즉 편견에 싸여 있고, 보려는 의지가 없는 사람들이다.[30] 보고, 느끼고, 이성적 사고를 하는 것은, 페인이 생각하는 상식의 관점에서는, 모두 하나다. 그러므로 페인은 독자들에게 '인류의 정념과 감정을 점검해보라'고 당부하며, 독재자에 의해 핍박을 받아온 사람이 앞으로 그 정권에 어떻게 '사랑과 공경하는 마음으로 충실하게 봉사할 수 있는지' 묻는다.[31] 영국의 권력에 의해 상실감을 맛보았음에도 그 정권과 화해한 사람이 있다면 그는 '남편이나 아버지, 친구, 연인의 이름으로 불릴 자격이 없으며…… 겁쟁이의 마음과 아첨꾼의 기운을 가졌다고 봐야 한다.'[32] 올바르게 느낄 수 있는 사람은 올바른 길을 피할 수 없으며, 정념에 사로잡힌 자는 잘못된 길로 들어설 수밖에 없다는 명백한 주장이다. 페인은 주어진 상황을 '시험'해보라고 하는데, 그 수단으로 '자연에 의해 정당화될 수 있는 감정과 정서'를 얘기한다. '그 감정과 정서가 없이는 삶에서 감당해야 하는 사회적 의무를 이행할 수도 없으며, 그로 인한 행복을 느낄 수도 없다.'

페인은 이에 이어서 아메리카의 종속은 '이성을 불쾌하게 만드는 일'이라고 했다.[33] 아마도 여기에 단서가 있을 것이다. 왜냐하면 페인이 암시하는 경험은 합리적인 것이 아닌 혐오스러움 중 하나이기 때문이다. 합리성은 배경으로 물러나 있다. 그 경험의 위약성은 반동의 느낌에 의해 강조된다. 아메리카인은 더 이상 영국을 용서할 수 없다. 사랑에 빠진 남자가 '연인을 강간한 자를 용서할 수 없는 것처럼'. 그러한 공포감에 의해 일어난 '꺼질 수 없는 감정'은 '전능하신 분'이 '선하고 현명한 목적'을 위해 '우리 안에 심어놓으셨다.'

그러한 감정은 우리 가슴에 있는 그분의 모습이다. 그리고 우리가 다른 동물들과 차별화되는 이유다. 우리가 정서적인 감흥에 냉담해진다면 사회계약은 해지되고 정의는 이 땅에서 사라지거나 유명무실해질 것이다. 감정을 들끓게 하는 상처를 안고도 우리가 정의를 부르짖지 않는다면, 강도나 살인자가 아무런 처벌도 받지 않고 빠져나올 것이다.

인간을 다른 동물과 구별되게 하고 정의를 실현하도록 고무한 것은 이성이 아니라 감정이었으며, 그중에서도 특히 상처 받은 감정이었다. 이 모든 것을 위해 '국가적 손실을 최소화하면서 개인의 행복을 극대화할 수 있는' 제도를 보장하는 새로운 미국의 헌법이 '냉철하고 신중하게' 만들어져야 했다(여기서 페인은 급진적인 이탈리아의 법학자 지아친토 드라고네티(Giacinto Dragonetti)의 말을 인용하면서, 그의 생각을 강력하게 지지한다).[35] 지금까지 국가의 건설을 앞둔 예비적인 정서 함양 과정을 살펴보았다. 치욕에 대한 원한과 상처 입은 정서로 단조된 새로운 정치체제는 순수한 이성을 통해서가 아니라 통제된 감성을 통해 확립될 것이다. 독재자가 타도되는 것도 오직 상식적인 감각에 의해서다.

| 그 어느 때보다 침착한 이성적 행위

페인은 '남성과 여성은 자연에 의해 구별된다'고 했다.[36] 이는 가치 정도의 차이가 아니라 종류의 차이다. 그런데 새로운 정치체제를 구상함에 있어서, 사회적으로나 정치적으로 그 점을 제대로 실현하지 못했던 것 같다. 따라서 페인이 1791년에 발간한 《인간의 권리(The Rights of Man)》는 그야말로 자연이 부여한 남성의 권리에 관한 내용이었다. 여성은 이성이 부족하고 정념에 이끌린다고 가정하고, 1789년에 프랑스혁명을 통해 쟁취한 자유의 수혜자에서는 제외시켰다. 방황하는 자궁과 신경적 나약함에 시달리는 여성의 심리는 교육을 받는 일에도 맞지 않는다고 간주되었다. 그러므로 《상식》에서도 암시되었던 것처럼, 혁명의 시대에 여성의 존재는 독립된 한 사람으로서가 아니라 아내와 딸이었을 뿐이다. 혁명의 열기가 유럽에서 뿌리를 내리면서, 미국에 이어 프랑스에서도 이성을 소유하고 그것에 근거하여 판단할 수 있는 유일한 존재인 인간에게 자연이 부여한 권리에 기반을 둔 새로운 공화정이 세워졌다. 이에 앞서 프랑스를 휩쓸었던 자코뱅파와 마찬가지로, 오직 남성의 즐거움을 위해서만 여성을 교육한다는 루소의 관념이 지배적이었다.[37]

그러나 새 정권을 지지하는 혁명적 문헌들을 다시 읽어보면, 감정적인 탄원을 피할 수 없다. 이성은 늘 그렇듯이 '자연'에 호소하는 정념과 감정에 어쩔 수 없이 얽혀 있다. 이성에 담겨 있는 논리의 허점 역시 피해갈 수 없다. 메리 울스턴크래프트(Mary Wollstonecraft)는 탈레랑(Talleyrand)에게 헌정한 저서 《여성의 권리 옹호(The Vindication of the Rights of Woman)》(1792)에서 여성이 이성적으로 결핍되어 있다는 사실을 증명할 수 없는 한, '이성에 기반을 둔' 첫 헌법은 탄압이라고 했다. 정의롭지 못하고 모순이라는 뜻이다.[38] 하지만 울스턴크래프트가 제안하고 스스로도 받아들였던 도전은 사실상 그녀 자신을 곤경에 빠뜨리게 되었다. 왜냐하면 당시 여성들이 정신적으로 건강하지 못해서 실제로 이성이 부족한 것처럼 보였기 때문이다. 1790년대에 여성 교육의 필요성을 보여주는 일은 결코 쉽지 않았다. 울스턴크래프트의 주장에 따르면 여성은 '인간'으로 대접받지 못하고 '여성'으로 대우를 받는데, '여성'이라는 말 자체가 그들을 폄하하여 차별한다고 했다. 남성들은 여성을 '이성적인 아내'보다는 '매혹적인 연인'으로 만들고 싶어 하는데, 그러한 노력 덕분에 여성 자신도 '오직 남성에게 사랑의 감정을 촉발시키는 일에 전전긍긍하는 것'이 정상인 듯 여겨지게 되었다.[39] 이렇게 미숙한 여성의 마음은 교육이 필요했다. 이성을 중시하는 남성들의 마음도 좀 더 넓어질 필요가 있었다.

이 시기에 존 오피(John Opie)가 그린 울스턴크래프트의 초상화를 보면 당시로서는 좀처럼 지지를 받기 어려운 모습이다. 집중하는 표정으로 공부를 하고 있는 것이다. 집중을 흐트러뜨린 데 대해 약간 못마땅한 듯 차가운 눈빛으로 응시하고 있어서, 곧 다시 고개를 돌리고 하던 일을 계속할 것 같은 느낌이 들게 한다. 자세는 앞으로 약간 기울어져 있어서 조금 전까지도 온 정신을 손에 들고 있는 책에 쏟고 있었음을 알 수 있다. 책에는 아무것도 적혀 있지 않은 듯이 보이는데, 어쩌면 정치에 관련된 내용일지도 모른다. 책상 위에는 잉크병과 울스턴크래프트가 만든 깃털 펜이 놓여 있다. 빈 페이지는 어쩌면 그녀가 채워 넣을 이야기를 기다리고 있는지도 모른다. 그러므로 이 초상화는 뭔가 적극적이고 지적인 활동 중에 짧은

감정의 역사

정지의 순간을 보여준다. 감성적인 설정이나 자세, 낭만주의적 요소를 완전히 배제한 분위기로 볼 때, 울스턴크래프트에게 논쟁의 화두였던 여성의 이성을 완벽하게 투영하고자 했음을 알 수 있다. 초상화 속 그녀의 얼굴에는 마음에 품고 있는 생각이나 감정의 동요 때문에 긴장한 모습이 어떤 형태로도 보이지 않는다. 합리적인 시대를 사는 여성의 이성적 잠재력을 시사하는 모습이다.

존 오피 그림, 메리 울스턴크래프트(윌리엄 고드윈의 부인),
1790~91년, 캔버스에 유화.

이성과 감성이 조화를 이루는 두 통의 편지

울스턴크래프트의 개인적인 삶을 보면, 자신의 희망을 실현할 기회를 얻거나, 오피가 표현한 대로의 삶을 살아갈 형편이 못되었다. 울스턴크래프트를 모범적인 예로 하여, 여성의 마음에 이성이 싹트게 하는 일의 중요성을 주장하는 견해는, 정념을 따르는 실제 생활의 경험들로 인하여 지지를 얻지 못했다. 울스턴크래프트 자신이 사랑을 얻고자 전전긍긍하게 되었으며, 빈번한 지탄의 대상이 되었다. 공포정치 중에 그녀는 파리에 있으면서 편을 '잘못' 들었다가 정치사상의 시비를 단두대에서 가리고자 혈안이 되어 있는 자들에게 목숨을 잃을 뻔했다. 파리에 머무는 동안 미국인 길버트 임레이(Gilbert Imlay)와 사랑에 빠져 아이를 가지게 되었다. 임레이는 어려운 상황임에도 거짓으로 두 사람의 결혼을 발표함으로써 울스턴크래프트를 미국 시민권으로 보호하고자 했다. 하지만 임레이는 울스턴크래프트를 기만하고, 여성의 권리에 대해서 그렇게 진보적인 정치적 견해를 가진 그녀를 자신의 욕망을 충족시키는 데 이용했다. 울스턴크래프트가 보여주었던 정절과 헌신은 그에게 없었던 것이다. 임레이는 반복적으로 바람을 피웠고, 희망을 잃고 또다시 잃은 울스턴크래프트는 두 번이나 자살을 시도했다.

그녀의 삶과 글은 너무 유명해서 여기서 자세히 다루지는 않으려고 한다. 그녀의 독특하고 특별한 삶에 대해 알아보고 싶은 독자들을 위한 읽을거리들은 많다.[40] 여기서는 그보다 울스턴크래프트가 자기 곁을 떠난 연인 임레이에게 보낸 편지들 중 두 편을 소개하고자 한다.

첫 번째 편지는 자살을 앞두고 쓴 유서고, 두 번째 편지는 위급한 상태에서 소생한 후에 쓴 편지다. 이 편지들은 당시의 극적이고 비애에 찬 상황 때문에도 가치가 있지만, 감상이나 감성이 이성과 조화를 이루는 울스턴크래프트의 독특한 정서를 엿볼 수 있다는 점에서도 읽어볼 만한 가치가 있다. 이성적 사고와 행동의 수단으로서의 합리성을 보여준다는 점에서 현실적으로 구현된 계몽주의의 단면이라고도 할 수 있다. 그럼에도 아무리 애를 써도 헤어날 수 없는 울스턴크래프트의 깊은 슬픔이 가득 담겨 있다. 앞의 편지에서 그녀는 임레이에게 '흘러넘치는 슬픔 때문에 다른 어떤 감정도 느낄 수 없습니다' 라고 쓰고 있다. 애정의 물결에 익사 직전의 심정이었던 것이다. '내 삶에 고통을 안겨주었던 정서적 성향의 뿌리를 끊어버릴 수 없습니다.' 1795년 10월의 편지다. 그리고 불길한 경고를 한다. '삶의 끝을 맞이할 것입니다!'[41]

자살 편지는 다음과 같이 계속된다. 우선 전문을 읽고 나서 세밀하게 살펴보기로 하자.

> 무릎을 꿇고 당신에게 편지를 씁니다. 내 아이와 하녀가 ___부인의 보살핌을 받을 수 있도록 ___와 함께 파리의 다음 주소(rue___, section de ___)로 보내주십사 애원합니다. 그들이 가야 한다면, ___가 길을 알려줄 것입니다.
> 하녀가 제 옷을 모두 가지도록 해주십시오. 가려내지 말고 모두.
> 요리사에게 임금을 지불해주시고, 내가 강력하게 요구한 자백은 언급하지 마세요. 조만간 아무것도 아닌 일이 될 테니까. 그렇게 오랫동안 아무것도 보지 못하고 있었던 것에 대해서는 제 자신의 지독한 어리석음밖에는 탓할 것이

없습니다. 당신이 내게 더 이상 애정을 느끼지 못한다고 말하는 동안에도 나는 우리가 여전히 함께라는 생각을 했습니다.

당신이 한 일에 대해서는 제 의견을 말하지 않을 것이며, 세상에 호소하지도 않을 것입니다. 저의 과오는 제가 안고 가지요! 곧, 아주 빠른 시일 내에 저는 평화를 얻게 될 것입니다. 이 편지를 읽으실 즈음에는 저의 뜨거운 머리도 식어 있겠지요.

이렇게 괴로운 하룻밤보다는 수천 번을 죽는 것이 나을 것 같습니다. 저를 대하는 당신의 모습에 제 마음은 대혼란의 상태에 빠졌습니다. 그러나 저는 지금 고요합니다. 안식을 찾으러 떠날 것입니다. 제가 두려워하는 단 한 가지는 저를 증오 받는 이 삶으로 되돌려놓으려는 손길에 의해 제 가련한 몸이 구해지는 일입니다. 그러나 저는 행여 죽음의 순간에 발각되어 건져지지 않도록, 그럴 위험이 가장 적은 템스 강에 뛰어들 것입니다.

당신에게 신의 축복이 내리기를 빕니다! 당신으로 인하여 내가 겪은 아픔을 당신은 겪지 않기를 바랍니다. 당신이 언젠가 정신을 차리게 되면, 가슴속에 후회가 밀려들 것입니다. 업무를 보거나 성적인 쾌락을 맛보는 순간에도, 당신 일탈의 피해자인 저의 모습이 나타날 것입니다.[42]

처음 읽을 때는 당연히 정서적인 내용을 찾고자 할 것이다. 자기 파괴적인 선택을 할 정도로 감당할 수 없는 감성적 북받침이 있을 것이라는 기대와 함께. 그리고 그러한 감정을 찾을 것이다. 울스턴크래프트의 마음은 '대혼란의 상태'에 놓여 있으니까. 그녀의 존재는 '미움'을 받았다. 울스턴크래프트는 강물에 빠져 죽으려는 시도를 할 때 몸이 구조될 것을 염려하여 암시적으로 마음과 몸을 분리시킨다. 그녀의 몸은 이미 희망이 없을 만큼 상한 마음을 싣고 갈 무고한 선박 같은 것이다. 울스턴크래프트는 자신이 '견뎌야 했던' 경험을 임레이에게 이해시키고 싶어 한다. 시련에 대한 이러한 암시는 만성적인 정념에 시달렸던 오랜 인고의 시간을 떠오르게 한다. 그녀는 자신을 임레이의 부당한 처사에 의해 정신과 가슴에 상처를 입은 '피해자'로 묘사한다.

울스턴크래프트의 편지를 그렇게 해석할 수도 있다. 하지만 아마도 그건 할리우드 버전의 편지가 될 것이다. 그리고 훨씬 더 복잡한 이야기의 절반밖에 보여주지 못할 것이다. 글의 서두를 살펴보자. 간청하는 형태로 시작하기는 하지만, 아니 그보다 '무릎을 꿇고' 패배를 시인하는 어조로 시작되기는 하지만 매우 현실적이다. 마음이 대혼란 상태에 빠져 있다고 하면서도 딸의 일을 처리하지 못할 정도로 정신이 없는 것은 아니었다. 자신의 소지품을 나눠주도록 주선하고, (임레이의 새 연인에 대해 알고 있다고 고백했던) 요리사의 마음도 헤아린다. 여기서 우리는 그녀가 떠나고자 마음먹었던 세상에 대한 애착, 그리고 자신의 행위로 깨지게 될 사회적인 계약에 대해 합당한 감사의 표시를 하려는 책임감을 엿볼 수 있다. 그러한 준비들이 일상적인 일이었을 수도 있지만, 이렇게 시작한 편지가 뒤로 가면서 앞부분과 일치하지 않는 어조를 띠게 되는데, 이는 울스턴크래프트가 자신의 정념을 전달하는 방식 때문인 것으로 보인다.

임레이가 또다시 자신의 사랑을 배반하는 것을 알아채지 못한 것에 대해 울스턴크래프트는 '지독한 어리석음'이었다고 스스로를 비난한다. 그러나 1795년의 '어리석은(stupid)'이라는 말은 오늘날 우리가 사용하는 의미와 달리 사람의 재치나 지식수준을 평가하는 말이 아니었다. 1792년에 출간된 존슨의 《사전(Dictionary)》을 보면 '어리석은' 사람은 '둔하고, 감수성이 부족하며, 걱정이 많고, 침체되어 있으며 이해가 느리다'라고 되어 있다.[43] 라틴어 stupere(멍하거나 감각이 마비된)에서 파생된 'stupid'는 지적인 결핍보다는 행동, 판단 등이 둔하고 서툴다는 의미를 더 많이 내포하고 있다. 이해력을 저해시킨다는 점에서 감수성이 둔하다는 쪽에 가깝다. 울스턴크래프트는 또한 자신이 '눈이 멀었다'고 표현했는데, 감각이 둔해진 것을 이렇게 비유했다고 본다면 그녀가 말하는 '어리석음'과 정확하게 일치한다. 그러나 이러한 표현은 울스턴크래프트가 이해가 느리고 둔한 자신을 자책하는 것이라기보다는 감성적으로 오랜 시간 고통을 받아온 것에 대한 낭패감을 표출하는 것으로 보아야 한다.

울스턴크래프트는 정념에 시달려 끓어오르는 신열이 템스 강물에 의해 식혀질 것임을 암시한다. 평화를 소망하면서, 모순되게도 이미 '고요함' 속에 있다고 주장한다. 이는 그녀가 죽음을 통해 얻게 될 '안식'에 대한 예지일 수도 있지만, 존슨의 사전적 정의에 근거해서 풀이해볼 때, '대혼란의 상태'에 있으면서 어떻게 동시에 '평온하고, 차분하고, 조용한' 또는 '흔들리지 않고, 방해받지 않고, 고요한' 상태에 이를 수 있는지 이해하기가 어렵다. 이 부분에서 울스턴크래프트는 자신의 행동이 비례의 원칙에 의거해서 볼 때 합당하다는 주장을 하는 것으로 보인다. 강물에 몸을 던지려는 계획이 정신이 온전치 못하거나 절망적이어서가 아니라는 뜻이다. 살려달라는 외침이 아니라 주어진 상황, 즉 마음의 배신 앞에서 어쩔 수 없이 그러한 결정을 선택할 수밖에 없었다는 뜻이다. 울스턴크래프트는 괴로움이 극에 달한 상태에서 선택하는 행위조차 그것이 올바른 행동이라는 확신을 가지고 임한다.

울스턴크래프트는 자신이 곧 택하게 될 죽음에 대한 정당한 이유를 제시하며 편지를 맺는다. 바로 '정도를 벗어난' 임레이의 행위다. 그녀는 자신의 지적인 삶 전체를 통해 거부하고자 했던 바로 그런 상태에 봉착하는 굴욕을 당했다. 버림받은 여인이 된 것이다. 사랑에 속았다. 탄원하고 있다. 그리고 임레이는 냉담하고 비열하다. 그런데 이성의 가치에 대한 그녀의 모든 호소는 결국 감수성을 향하고 있다. 그녀는 임레이가 자신의 행동을 추상적이고 이성적인 방법으로 돌아보기를 바라지 않는다. 그보다는 그의 '감수성이 깨어나서' '가슴'으로 '후회'하기를 바란다. 울스턴크래프트가 생각해낸 후회는 뭔가 실질적인 내용을 갖는다. 임레이가 가슴으로 후회를 하면서 그의 사업적 업무 수행은 물론 감각적인 만족, 즉 새로운 연인과 사랑의 행위를 하는 즐거움까지도 방해받기를 바라기 때문이다. 임레이에게 부족한 것은 겉으로 드러나는 능력이 아니라 감정의 충실한 내용이다. 이 편지가 울스턴크래프트가 마지막으로 남기는 말이라면 우리는 남성의 이성적 사고가 여성에게까지 확장되어야 한다는 그녀의 단호한 옹호가 지니는 중요성을 간파해야 한다. 왜냐하면 그녀는 동시에 남성들에게 느끼는 방법을 배우라고 묘한 호소를 하고 있기 때문이다.

그러나 이 편지는 울스턴크래프트의 마지막 말이 아니었다. 그녀는 강에서 구조되었고, 소생했다. 그리고 임레이에게 다시 한 번 다음과 같은 편지를 썼다.

죽음의 쓴맛이 지난 뒤에 비인간적으로 구조되어 이렇게 비참하게 소생했다는 사실이 비통할 뿐입니다. 그러나 마음을 굳혔기에 실망하여 당황하지 않겠습니다. 또한 저의 행동을 광적인 시도로 인정하지 않으렵니다. 그 어느 때보다 이성적으로 침착하게 임했었기 때문입니다. 이런 점에서 저는 제 자신의 생각에만 집중할 것입니다. 제가 평판이라는 것에 신경을 쓴다면, 그건 다른 상황에서 저의 체면이 손상되는 때일 것입니다.

당신은 저에게 '당신은 우리가 스스로 뛰어든 이 비참한 상태에서 우리를 해방시킬 수 있는 방법을 몰라'라고 했습니다. 그 후로 오랫동안 당신은 해방되어 있었어요. 그러나 그에 대해서는 말하지 않겠습니다. 제가 더 오래 살아야 한다면, 그건 살아도 죽은 것과 마찬가지입니다. 제가 보기에 당신은 원칙보다는 섬세한 배려들을 중시하는 것 같습니다. 그런데 이렇게 비참한 상황에 있는 친구를 찾아와주는 것이 어떤 섬세함의 법칙에 어긋나는 일인지 모르겠군요. 저에 대한 우정이라는 것이 남아 있는지 모르겠지만 말이지요. 그러나 당신이 염려하는 것은 오직 새 연인뿐일 테니 저는 그냥 조용히 있겠습니다. 행복하십시오! 저의 불평으로 당신의 즐거움이 잦아드는 것은 아니겠지요. 제가 죽었다고 해도 당신이 찰나의 순간 이상 마음을 써줄 것이라 생각한다면 착각일 테니까요. 이것이 당신이 말하는 관용이겠지요. 그렇게 최고

감정의 역사

의 경지에 이른 관용을 가지셔서 행복하시겠습니다. 당신은 제가 편안히 지낼 수 있도록 하기 위해 당신이 할 수 있는 모든 것을 하겠다고 계속 말하는데(물론 금전상의 지원을 말하는 것이지만), 제가 보기에 그것은 당신이 중시하는 세심한 배려의 법칙에 명백히 어긋나는 처사입니다. 저는 그렇게 저속한 위안은 원하지 않으며 받아들이지도 않을 것입니다. 제가 원했던 것은 당신의 마음뿐이었으나 마음은 이미 제 곁을 떠났으니 당신은 이제 제게 줄 것이 없습니다. 제가 두려워할 것이 가난뿐이라면 저는 삶으로부터 움츠러들지 않을 것입니다. 당신이 제게 필요한 것들을 직접적으로든 간접적으로든 제공해준다면, 그것은 제가 감당할 수 없는 모욕입니다. 그리고 저는 모욕은 받아들일 수 없습니다. 그리고 그것은 저를 위해서라기보다는 당신 자신을 위하는 마음이 더 클 것이라고 생각할 것입니다. 이렇게 말하는 저를 용서해주세요. 저를 오해하지 마세요. 당신이 돈을 중요하게 생각하는 사람이라고 생각하지 않습니다(그래서 당신이 소중하게 생각하지 않는 돈을 저도 받지 않겠다는 것입니다). 저도 당신과 많이 다르지 않습니다. 어떠한 결핍은 저에게 하나도 고통스럽지 않아요. 제가 죽더라도 당신 스스로를 존중하는 마음으로 아이를 돌보리라 생각합니다.

몹시 힘들게 이 글을 씁니다. 아마 앞으로 또다시 당신에게 편지를 쓰는 일은 없을 것입니다. 안녕히!

신의 축복이 함께하기를 기원합니다![44]

이 편지의 첫 머리에 자신을 구한 행위를 '비인간적'이라고 표현한 것은 충격적이다. 그 표현을 이해하려면 울스턴크래프트가 얼마나 확고하게 자신이 죽어야 한다고 믿었는가를 이해해야 한다. 자신의 죽음이 지나간 후 그것을 돌아보는 그 특이한 순간에 사람들은 울스턴크래프트가 후회를 하거나 마음이 더욱 혼란스러워진 모습을 보이리라 기대할지 모른다. 그러나 그녀는 흔들리지 않는다. 감정적으로도 그렇고, 자신의 행동이 합당했다는 점을 의심하지 않는다. 울스턴크래프트는 그것이 자신의 '확고한 판단'이었을 뿐 아니라 감정적인 행위로 치부되지 말아야 함을 명백히 밝힌다. '광적인 시도'가 아니었다는 말이다(존슨의 사전에 보면 광적인(frantick)이라는 말은 '정신 이상인: 격정적인 광기로 말미암아 이해력이 결핍된, 정신 이상으로 난폭하고 사나운' 또는 '정념의 폭주로 말미암아 정신이 나간'의 뜻으로 나와 있다). 오히려 그것은 '그 어느 때보다 차분한 이성적 행동'이었다. 그녀의 첫 번째 편지에 보면 '평온한(serene)' 상태가 어떤 것인지 풀이되어 있다. 이 단어는 자살의 결단이 신열과 무너진 가슴을 안고 내린 결정이기는 하지만 합리적이고 적절한 행동이라는 생각을 한마디로 요약한다. 자살을 시도했다는 불명예는 그녀에게 아무런 의미도 없다. 임레이로 인하여 이미 삶 속에서 최악의 불명예를 떠안았기 때문이다.

울스턴크래프트의 편지에는 임레이가 그녀를 방문하지 않은 것이 '세심한 배려'인 것으로 암시되어 있다. 이 부분에서 울스턴크래프트는 어휘의 이중성을 유용하고 있다. 임레이가 보여주는 세심함이란 '공손하고 예의 바른 배려'인데, 울스턴크래프트가 자신의 처지를 '비참한' 상태로 비유하면서 원하는 것은 '부드러움, 신중함, 자비로움'(존슨의 1792년도 《사전》에 나오는 여섯 번째와 여덟 번째 정의)이 담긴 배려이기 때문이다. 울스턴크래프트는 다시 한 번 임레이의 무정함, 인간관계보다는 사회적 형식을 중시하는 경향을 비난한다. 그를 책망하고 그의 새 연인을 들먹이면서 울스턴크래프트는 '나는 침묵을 지키겠다'고 단언한다. 이미 많은 말을 했음에도. 그녀가 명령조로 말하는 '행복하세요!'를 잘못 해석하지 말자. 맥락으로 볼 때 울스턴크래프트가 임레이에게 새 연인과의 삶은 물론 전반적인 삶에서 만족스럽고 즐겁게 지내기를 바란다고 한 것은 분명 냉소적인 의미. 어휘의 뜻은 우리가 이해하는 '행복하세요'일지 모르나 그녀가 의미하는 바는 다르다. 존슨의 《사전》을 보면 행복이란 'felicity(더할 나위 없는 복을 누리는)' 상태, 즉 'blissfulness(기쁨에 겨운)' 상태를 의미한다. 존슨의 정의에 따르면 '행복'의 정의가 내포하는 중요한 특성이 있는데 바로 'felicity, 즉 욕망이 충족된 상태'다. 이것이 바로 울스턴크래프트가 꾸짖는 듯한 어조로 임레이에게 명령하는 것이다. 또한 임레이의 새로 타오르는 연정에 대하여, 그가 '염려하는' 일이라고 표현한다. 그러니 염려하지 말고 마음껏 즐기시라! 그 다음에 이어지는 문장에서 증명되듯이 이는 단지 '즐기기 위한' 것일 뿐, 표면적이며 진심이 담겨 있지 않은 일이다.

그 다음에 울스턴크래프트는 자신의 '관대함'에 대해 언급한다. 여기서 또 한 번 우리는 울스턴크래프트가 용서의 관대함을 보이는 것으로 잘못 해석할 수 있다. 하지만 1790년대에는 이 단어가 보다 직설적으로 '영혼이 고양된 상태'를 의미했다. 마치 '용감함'과 비슷한 의미에서 '정신의 위대함'이라는 의미를 가진다. 감수성이 고양되었다는 뜻이기도 했다. 역시 이성과 감성, 그리고 마음과 영혼이 혼합된 상태를 말한다. 울스턴크래프트는 임레이에게 이렇게 높은 경지의 관대함을 가져서 '행복'하겠다고 말한다. 이 역시 냉소적인 표현임이 분명하다. 그녀가 보기에 임레이는 이러한 기질을 전혀 가지지 못했기 때문이다. 임레이가 자기가 느끼는 '행복감'을 스스로의 너그러움으로 잘못 해석하고 있음을 지적하기 위한 표현이다. 임레이는 욕망의 충족을 용기 있는 행동으로 착각했던 것처럼, 너그러움에 대해서도 잘못 생각하고 있다.

끝에서 두 번째 단락은 양육을 받는 여자, 즉 이미 마음이 떠난 남자의 돈으로 살아가는 매춘부 같은 여자가 되기를 단호히 거부하는 울스턴크래프트의 결심을 보여준다. 그렇게 살아가는 것을 '감당할 수 없는 모욕'이라고 표현하면서 두 사람의 관계에 대한 서로의 견해가 너무나 다르다는 사실을 강조한다. 그녀는 임레이를 사랑했고 그의 마음을 얻고자 했다. 그러나 임레이는 변하기 쉽고 단기적인 욕망의 충족만을 생각했다. 그러므로 울스턴크래프트는 이제 임레이가 돈을 보내주겠다는 것은 그녀를 위해서가 아니라 임레이가 '자신의 평판을 생각하는 약한 마음' 때문이라고 주장한다. 이 역시 정서적인 역설이다. 임레이의 잘못된 감수성에 대해 또 한 번 가시 돋친 말을 던지는 것이다. 우리가 보았다시피 부드러운 감정(tenderness)은 항상 다른 사람에 초점을 맞춘다. 그러한 부드러운 감정이 개인의 내면으로 향하게 되면 자신의 안녕에 대한 잘못된 불안감이 된다. 결국 자기중심적이고 피상적인 감정이다. 울스턴크래프트는 여기서 중요한 것은 결국 임레이 자신의 양심이 아니라 평판, 즉 밖으로 향한 자신의 체면이라는 사실을 명백히 알고 있다. 오직 그것 때문에 임레이는 아버지로서의 의무를 이행하려는 것일 뿐, 진정한 부모의 정 때문이 아닌 것이다.

이 편지에서 울스턴크래프트는 육체와 영혼, 이성과 감성, 사고와 감정의 관계에 대한 급진적인 계몽주의적 이해의 예를 보여준다. 사랑은 여전히 마음의 지배를 받지만, 그래도 사랑하는 가슴이 없으면 마음도 떠난 것이라는 믿음을 강조하면서 이성과 감각만으로 살아가는 냉담함을 보여준다. 울스턴크래프트가 겪는 삶의 굴곡은 어쩔 수 없이 감성적이지만, 이성적인 면도 그에 못지않아 보인다. 신디 맥밀렌(Syndy McMillen)의 말처럼 그녀는 철저하게 감수성을 따르는 '감수성의 사도'지만, 그렇다고 전적으로 감수성에만 빠져드는 것은 아니다. 감수성은 이성을 위한 수단이며, 육체로부터 영혼을 분리시킬 수 없는 것처럼 감수성도 마음의 작용으로부터 분리시킬 수 없을 뿐이다.[45]

| 분해되어가는 슬프디 슬픈 과정

유럽의 거대 도시에서 특별한 정치 환경 속에 살았던 울스턴크래프트에게는 1790년대가 격동의 시간이었던 반면, 다른 사람들은 그중에도 나름대로 개인적인 차이는 있었겠지만 대부분 목가적인 생활을 영위하고 있었다. 이즈음에 세계적인 의학자로 역사에 이름을 남긴 에드워드 제너(Edward Jenner, 1749~1823)가 있다.[46] 스코틀랜드 태생의 유명한 외과 의사 존 헌터

(John Hunter, 1728~1793)의 제자였던 제너는 천연두 백신의 선구자로 이름을 알렸으며, 결과적으로 천연두를 지구상에서 퇴치하는(실제 퇴치된 것은 1980년 이지만) 과정과 연구기관의 설립 등에 동력을 제공했다. 프랑스혁명이 일어났던 1789년에 첫 아들을 얻었고, 1796년에 처음으로 사람에게 우두(첫 백신)를 접종했다. 그리고 1798년에는 그의 연구가 세상에 알려졌다. 이 모든 일들이 시골 마을인 글로스터셔에서 일어났다.

여기까지만 보면 의학적 진보의 예를 홍보하는 전형적인 이야기의 구성이다. 제너의 백신 실험은 약리학 연구 분야에서 '통제실험'의 시초가 되었다. 예방접종의 시행을 성공적으로 체제화하고 의회와 의학 연구기관의 지지를 얻어낸 제너의 성취는 금전적 이익을 위해 천연두를 방치하고자 했던 양심 없는 의사들의 만연한 속임수를 물리친 이성의 승리로 찬사를 받았다. 그러나 나는 이러한 내용들에 대해 커다란 의문이 있다. 제너는 물론 어느 누구도 실제로 백신이 왜, 어떻게 작용하는지 이해하지 못하고 있었기 때문이다. 의학 연구의 성공 이야기는 결과의 시점에서 이야기하기는 쉽다. 시간이 말해주니까. 그러나 백신의 작용이 알려진 것처럼 합리적으로 연구되고 효과를 발휘하진 않았는데, 내가 여기서 다루고 싶은 것은 그에 관한 이야기가 아니다.[47]

촉망받는 시골 의사의 특별한 감수성

제너의 삶은 우리에게 귀납적 추론, 희망, 실패, 절망, 고통과 슬픔에 관한 또 다른 이야기를 전해준다. 노년에는 감각의 교란 증세로 고통받다가 초라한 죽음을 맞이했다. 이성의 시대에 명성을 떨쳤던 진정한 의학자의 개인적인 삶은 깊은 불안과 우울, 고통으로 점철되어 있었던 것이다. 삶의 어두운 순간들과 마음의 상처에 관한 그의 증언은 의학 전문가다운 지식으로 걸러져 우리에게 전해진다. 그 이야기들을 살펴보면 1800년대를 전후하여 각각 십여 년 씩을 교외에서 의사로 활동했던 제너의 정서를 알 수 있다. 마음과 자신에 대한 제너의 지식과 세상에 대한 이해는 울스턴크래프트의 경우와 완전히 다르다. 그에게 열려 있는 감수성의 세계는 울스턴크래프트와 페인이 살았던 시대의 정치, 문학계의 것과 같지 않았다. 제너에게 있어 지식이란 의료 행위의 전제 조건이자 결과물이었다. 이해는 실천적 경험과 당시 의료계의 지배적인 관습이 복잡하게 어우러져 만들어내는 결과였다.

제너의 삶에서 최대의 실패는 결핵 연구였다. 연구와 실험에 바친 시간으로 보면 앞서 했던 백신 연구보다 훨씬 길었다. 1790년에 글로스터셔의 동료들 앞에서 결핵의 원인에 대한 이론을 발표했지만, 별로 호응을 얻지는 못했다. 환자들을 방문 진료하지 않는 여가 시간이면 제너는 사람과 동물의 사체를 들여다보며 종의 경계를 망라하여 결핵의 단서를 찾는 일에 몰두했다. 돼지와 양, 젖소, 사람의 폐에서 발견한 낭종이 일종의 벌레 같은 활물 기생균, 즉 포충이라고 확신하고 이것이 병인이며 여기서부터 치료 방법을 연구할 수 있다는 근거를 제공하기 위해 온 힘을 기울였다. 물론 그의 생각은 완전히 빗나갔다. 의료계 동료들도 그의 생각이 터무니없다고 생각했으며, 백신으로 명성을 얻었어도 그의 발견은 아무런 성과도, 영향력도 내지 못했다.

그러나 이러한 실패가 개인의 삶에 영향을 미치지 않았다면 궁극적으로는 큰 문제가 되지는 않았을 것이다. 세상의 평판에 대해서도 제너는 사실상 백신으로 인하여 충분한 명성을 얻었기 때문에 다른 실수들을 한다고 해도 크게 우려할 상황은 아니었다. 하지만 결핵 연구는 제너의 삶과 심신의 건강에 깊은 상흔을 남겼다. 그의 아내는 결혼 당시 이미 결핵에 걸려 있었던 것으로 알려져 있다. 첫 아들인 에드워드는 어린 소년이었을 때 그 병에 걸렸으며, 한 집에 살던 에드워드의 가정교사도 결핵에 걸려 죽었다. 제너가 자신의 연구실에서 결핵의 원인을 찾아내고 퇴치하기 위해 고심하면서 특별한 성과를 얻어내지 못하고 있는 동안 이 불치의 병마는 그의 가정을 휩쓸고 지나갔다. 그의 아내와 아들, 그리고 아들의 가정교사까지 결핵으로 제너에 앞서 세상을 떠난 것이다. 처음으로 우두 접종을 받은 사람도 결국 결핵으로 죽었다. 이렇게 제너는 천연두로부터 많은 생명을 구해냈지만, 정작 자신은 또 다른 모진 병마에 의해 훨씬 더 큰 상실의 아픔을 겪어야 했다. 내가 여기서 관심을 갖는 것은 결핵과 죽음을 둘러싸고 제너의 가족이 겪었던 감성적 경험, 그리고 제너 자신의 건강이 치명적으로 악화되면서 겪어야 했던 감성적 경험이다. 이것은 지극히 개인적인 경험이지만 그것을 통해 의학계의 좌절한 영웅의 정서를 엿볼 수 있다.

제너가 결핵 연구에서 세웠던 가정은 천연두 연구에 적용했던 것과 유사했는데, 바로 '자연이 인간으로부터 분리시키고자 했던 동물에 대한 우리의 친숙함'이었다.[48] 신성한 자연의 법칙을 어기는 것과 병의 원인

사이의 연관성, 말하자면 병을 인간의 도덕적 오류에 의한 것으로 보는 것은 18세기 후반의 관념에 비추어볼 때 당연한 결과였다. 질병에 죄와 연관된 정서적 가치를 부여하는 것이다. 병에 걸리는 것은 환자 개인이 죄를 지어서라기보다는 인류가 유죄하다는 사실을 확인시켜주는 것이라고 생각했다. 대부분의 사람들은 질병을 예방하려는 시도가 신의 의도를 거스르는 신성 모독이라고 생각했다. 그러나 제너는 이러한 생각을 받아들이기에는 너무 실용주의적이었다. 인간과 동물의 교감은 이미 일어나고 있었으며 되돌릴 수 없는 현상이었고 의사로서 그는 당연히 그러한 현상의 인과관계를 연구해야 한다고 믿었다.

제너의 아들 에드워드의 가정교사였던 워건(Worgan)은 1809년에 사망했는데, 그 당시 에드워드도 이미 병을 앓고 있었다. 런던에 출장 중이었던 제너는 워건의 사망 소식을 듣고 '무거운 마음'을 안고 귀가한다.[49] 그리고 5월부터 다음 해 2월까지 제너는 규칙적으로 자신의 마음을 기록했다. 아들이 반복적으로 출혈을 하기 시작하자 '희망을 가질 만한 근거가 거의 없다'는 한탄을 쏟아놓기도 했는데 이는 병의 종말이 어떠하리라는 것을 경험을 통해 잘 알고 있기 때문이었을 것이다. 제너는 두려움과 운명적 체념을 모두 가지고 있었다. '죽음은 어떤 형태로 찾아오든 (가장 무섭고) 끔찍한 방문자다. 정말 두렵다.' 그리고 이렇게 덧붙인다. '그러나 신의 뜻대로 이루어질 것이다!'[50] 상황에 대처하는 제너의 마음을 보면 그의 세속적인 슬픔을 완화시켜주는 신성한 존재의 중재를 받아들인다는 것을 알 수 있다. 당시로서는 이러한 정서적 표현이 일반적인 수사적 장치였으며, 신의 뜻을 묵묵히 받아들이는 것이 고통스러운 마음을 달래는 방식이기도 했다.

하지만 제너의 전문적 배경을 고려해볼 때 그가 이러한 종교적 운명론을 받아들였다는 것은 의외다. 제너는 평생토록 천연두와 관련해서 그가 '신의 의지'를 거역했다고 비난하는 사람들과 맞서야 했다. 많은 사람들이 생각하기에 백신은 정확히 신의 의지를 뒤엎는 일이었다. 제너 자신도 백신 연구의 성공과 결핵 연구의 실패 또한 신의 의지라고 생각했으리라고 짐작한다. 그가 아들을 구하는 것이 신의 뜻이었다면 그렇게 되었을 것이다. 그러므로 에드워드의 건강이 악화되는 동안 제너는 자신이 막지 못한 아들의 병을 합리화하고 설명해줄 수 있는 종교적인 감정에 승복하고자 애썼다. 신의 의지에 승복은 하지만, 정신적 사고는 현실적이고 그의 감성은 19세기 초 가족을 잃고 비통해하는 남자의 정서답다.

제너는 친구에게 아들의 '깊은 기침 소리'가 귓전에 들릴 때마다 '가장 비참하고 우울하다'고 털어놓았다.[51] 물론 의학적으로 우울증이라는 진단은 당시에 없었으므로, 이는 제너가 자신의 심정을 묘사하는 것으로 이해해야 한다.[52] 무력감 때문에 의기소침하고, 실의에 빠져 비참한 느낌이 들었던 감성적 상태를 표현한 것이다. 제너가 아들의 병증을 실제로 무겁게 느끼는 모습을 상상해야 한다. 또 다른 지인에게 쓴 편지에는 '우울한 전망'이라고 표현하기도 했다. 이는 흑담즙과 관련된 기질이라기보다는 '어떻게 대처해야 할지' 모르는 암울한 느낌을 말한다. 무거움에 대한 또 다른 암시다. 그 다음에는 이렇게 전한다. '천국의 법령은 냉혹해 보일지 모르지만 지당함이 분명하다. 그리고 우리가 배워야 하는 커다란 교훈은 겸손이다.[53] 한 동료 의사에게 쓴 편지에서는 '가엾은 아들'이 '조금씩 야위어가는' 동안 자신은 '올빼미처럼 맥없이 집 안을 배회하고, 하루 종일 우울함에 대해 생각한다'고 썼다. 그러고는 세상사를 위에서 내려다보듯 이렇게 털어놓았다. '희망의 빛이 오직 한 사람만 외면하고 있어. 아들이 폐결핵으로 죽어가는 모습을 지켜봐야 하는 이 의사라는 사람만. 다른 사람들은 모두 그 빛을 즐기고 있는데 말이지.'[54] 경험은 모든 감성적 환상을 깨뜨렸다. 병으로 쇠약해진 아들의 모습을 보면서 그 병의 진행과정을 너무도 잘 알고 있는 제너는 희망을 가질 수 없었다.

　　마침내 에드워드가 사망하자 제너의 내적 괴로움은 극에 달했다. '우울한 사건'인 죽음은 제너가 '세상에서 누릴 수 있는 안락함'의 대부분을 앗아가버렸다. 다가오는 것을 명확히 알고 있었던 사건이지만, 막상 당하고 보니 '너무 두려워서(실제로 아들의 죽음은 그를 두려움에 휩싸이게 했다) 거의 이성을 잃을 지경'이었다. 제너는 언제 죽음이 '그렇게 소리 없이 다가왔는지', 그리고 왜 자기 마음이 그 죽음을 받아들이지 못하는지 이해할 수 없었다. 그러나 제너는 이성과 이해를 감정으로부터 분리시켜서 이렇게 말한다. '그러므로 감수성의 예리한 촉을 무디게 하지 말아야 한다.'[55] 제너는 슬픔으로 인하여 이성을 잃지 않았고, 슬픔이 가라앉자 이성이 되살아났다. 그의 마음을 정리해준 감성적 치료약은 신앙이었다. 에드워드의 죽음은 '내 눈을 그 어느 때보다도 더 굳건히 전능한 손길을 가진 그분께 향하게 했으며, 그분의 무한한 지혜가 모든 것을 가장 좋은 목적을 위해 쓰이도록 이끌 것이다.' 제너는 다시 한 번 '당신의 뜻대로 이루어지소서!'를 외치며 '주의 손에 경건한 복종의 입맞춤'을 할 마음의 준비가 되어 있었다.[56] 결국 그는 복종적이고 무지하나, 믿음을 가진 하느님의 피조물이었다. 이렇게 해서 제너는 자기가 알고 있으나 설명할 수도 치료할 수도 없는 병으로 아들을 잃은 무거운 고통을 내려놓을 수 있었다.

제너의 아내도 오랫동안 폐질환으로 고생하다가 5년 후에 세상을 떠났다. 결혼생활 전반에 걸쳐 조금씩 쇠약해졌지만 그녀의 죽음은 제너에게 '심각한 충격'으로 다가왔고 그 탓에 제너 자신의 건강도 치명적으로 악화되었다. 비록 그녀의 임종이 고통이 멈추는 '축복'을 받는 평온한 순간이었기는 하지만 제너는 '돌이킬 수 없는 상실감'과 말로 형언할 수 없는 '박탈감'을 느꼈다.[57]

두 달 후에야 제너는 자신의 심정을 정리하고 그에게 어떤 일이 일어났는지 이해하려는 노력을 보인다. 그의 친구가 찾아오겠다고 했을 때였다. 제너는 친구에게 '여기 오더라도 자네가 찾는 사람은 없을 것이네. 혹시 있더라도 일부분에 불과할 거야. 그 일부분조차 분해되어가는 슬프디 슬픈 과정을 지나고 있을 것일세'[58]라고 말했다. '슬픈'을 두 번이나 사용한 점에 대해 잠시 생각해보자. 최근 들어 이 단어만큼 크게 의미가 상실된 어휘가 많지 않을 것이다. 현대적 의미의 '슬픈(sad)'에는 연민이 거의 담겨 있지 않으며 비탄이나 신체의 물리적인 야윔을 떠오르게 하는 의미는 찾아보기 힘들다. 그러나 제너가 전하고자 하는 의미는 바로 그런 것이다. 18세기 말에 사용된 'sad'의 정의를 보면 특별히 불쾌한 느낌과 신체적인 상태가 장황하게 설명되어 있다. 존슨의 《사전》을 보면 'sad'가 다음과 같이 정의되어 있다. '비애에 젖은, 비통함이 가득한' '습관적으로 우울한, 무겁고 어둡고, 즐겁지 않은' '심각한, 밝지 않은, 활기가 없는, 암울한, 무게감 있는' '고통을 주는, 재앙을 초래하는' '나쁜, 불편한, 성가신' '어두운 색' '무거운, 중대한, 육중한' '응집된, 밝지 않은, 단단한, 가까운'. 제너의 응답에 나타난 맥락과 내용으로 볼 때 그가 말하는 'sad'는 이 모든 의미를 지니고 있으며, 그 강도는 두 배 정도 된다. 제너를 뒤덮은 어둠과 무거움은 그가 정신을 놓아버릴 정도였다. 왜 그랬을까?

'몸과 마음은 상호 보완적으로 작용하는 것 같아. 나는 이 둘의 심각한 변화를 겪고 있네. 그래서 동물을 이루는 그 둘의 합이 자네가 알던 그때, 말하자면 통합된 하나가 제대로 된 상태였을 때와 본질적으로 달라졌어.'[59] 다소 서정적인 표현 양식이 그저 전반적으로 의기소침한 것처럼 느껴지게 하지만 사실은 그가 체념 상태라는 것을 알 수 있다. 동료 의사에게 보내는 편지에서 '애절한 사건'이라고 표현한 아내의 죽음 이후로 제너는 집 안에 칩거한다. '공공장소는 지금의 내 마음 상태와 어울리지 않아'라고 하면서. 제너는 자신의 '고난'을 외과수술에 비유하는 습관이 있었는데 그의 직업을 생각하면 전혀 의외가 아니다. 하지만 그가 '고난이 나를 깊게 베었다'고 할 때는 그의 말을 직설적으로 이해해야 한다. '감수성은 마음에 달려 있는데 마음이 가장 고통스러운 자극을 만들어내기 때문이다.'[60] 제너는 슬픔으로 인하여 물리적인 상처를 입었다. 그 역시 감성만큼이나 자극을 초래하고, 그가 느낀 고통은 그만큼 실제적이다.

시간이 지나면서 제너의 슬픔도 완화되고 고통도 조금씩 무뎌지면서 그의 '처절하게 가라앉은' 영혼도 그를 '안개와 구름'으로 감싼 채 견디고 있었다. 제너는 고독 속에 '땅 속으로' 가라앉고 있었다.[61] 그러나 그렇게 끝까지 가라앉기 전에 뇌졸중으로 인한 뇌 지각 과민증이라는 증상이 나타나서 접시나 유리잔이 딸각거리는 소리조차 견딜 수 없게 되었다. 그러자 그의 십자가이기도 했던 집에 칩거하는 것조차 고문이 되었다. 요약하자면 제너는 특별한 슬픔을 겪으면서 신앙으로 일부분 위로를 받았으나 인간적 지식의 부족으로 그만큼 절망하기도 했다. 그의 이러한 정서는 그가 사용했던 감성 언어, 비유와 의학적 상상력을 통해 나타난다.

이 촉망받던 시골 의사는 자신의 감성적 고통의 본질을 이야기하는 데 주저하지 않았으며 태연하게 이겨내는 척 가장하지 않았다. 의학적 사유와 새로운 지식의 가치를 인정받아 역사의 한 획을 그은 제너라는 사람을 끝까지 지탱해주었던 것은 결국 그의 '감수성'이었으나, 그의 삶은 그 특정 시대의 중심에서 멀리 떠나 있었다.

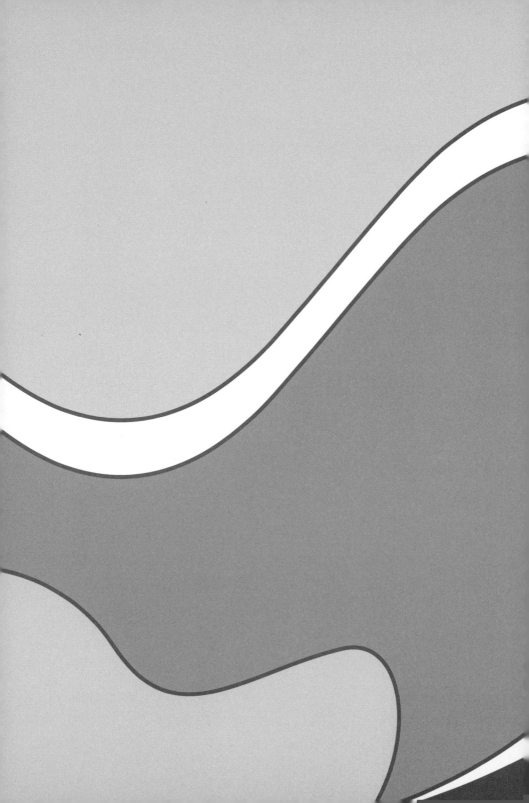

5장

-

무분별과 무감각

A

HISTORY OF

FEELINGS

제인 오스틴(Jane Austen)의 《이성과 감성(Sense and sensibility)》은 1811년에 출간되었다. 역사가들 사이에서는 이 해를 '감성 시대'의 정점으로 본다. 특히 영국의 지식층에 속하는 남성과 여성은 각기 다른 방식으로 신경이 예민하고 정교하게 조율되어 있는 것으로 유명했다. 또한 눈물과 우울함에 민감한 성향을 보였다. 특히 지식층의 여성들은 히스테리와 '눈물', 우울증에 취약한 것으로 알려져 있었다.[1] 18세기 문학 혁명의 기수였던 이 감성 소설은 신경과민의 시대에 찬사와 비판의 최전선에 서 있었다. 정념은 허황된 말에 쉽게 흔들렸고, 영국의 보수층은 낭만적인 사랑의 이야기를 못마땅해했다. 이 '감성적인' 시대를 이해하는 열쇠는 신경성, 분별력, 정념의 융합이다. 말 그대로 감각에 의해 감지되는 감정은 아픔과 질병에 관한 대화에서부터 구혼과 결혼의 정략까지, 그리고 정치체제의 정체성에 이르기까지 공적인 생활과 사생활을 모두 정의하는 관행으로 해석되었다. 이 모든 것들은 역사가들 사이에 익숙해지다 못해 진부할 정도가 되었다. 시간이 지남에 따라 변화되는 감성을 살펴보고자 한다면 감성의 시대인 18세기를 출발점으로 잡아야 하는데, 여기서부터 흔히 19세기를 특징짓는 낭만주의와 감상주의로 꾸준히 걸러져 들어간다.

　이 장에서는 이것들은 모두 넘어가고, 장기 18세기에서 장기 19세기로 넘어가는 경로를 새롭게 살펴볼 것이다. 그렇게 하는 이유는 감성에 관한 방대한 문학의 대부분이 지극히 소수 층의 사람들에게 초점이 맞추어져 있는 데 대한 의구심 때문이다. 귀족 지식층은 자기들의 가장 좋은 면들을 흔적으로 남겨놓았기 때문에 뭔가 파헤칠 만한 것을 찾는 역사가들에게 매력적인 주제이기는 하다. 그런데 인구의 나머지는 삶의 경험이 그렇게 잘 기록되어 있지 않으며, 특히 감성의 역사를 연구하는 사람들에게는 더욱 그렇다. 또한 그들의 특성이 감성의 시대에 꼭 들어맞는 것도 아니다. 오히려 그 반대로 내가 찾아본 18세기는 냉담함, 잔인성, 무관심, 타락이 두드러지는 경향이 있었다. 감성의 시대가 신화 속 이야기라는 말은 아니다. 그런 시대가 분명히 존재했었다. 다만 감성적인 면이 폭넓은 의미에서 그 시대의 특성이라고 할 수 없다는 것이다. 제인 오스틴의《이성과 감성》을 봐도 냉정한 마음과 '무심한 행동'이 난무한다. 감성이 그 의미를 찾는 것은 오직 냉정함과 대조를 이룰 때이다. 그것은 감성의 또 다른 면이며, 그 예는 수도 없이 많다.[2]

　그러므로 내가 이 장에서 중점을 두려는 것은 감정의 부재이며, 이러한 결핍이 18세기의 사회적 관행을 어디까지 정의했는가 하는 것이다.

사실 무감각의 시대의 중심을 파헤쳐보는 일은 지식층이 남긴 자료에 상당 부분 의존하고 있지만, 시각의 초점은 지식층의 경험에 대한 내적 성찰보다는 그들이 사회의 다른 계층을 바라보는 시각에 맞추어져 있다. 그중에도 특히 무감각함이나 냉담함, 그리고 도덕적 부패의 연관성을 살펴보기로 하자.

이는 결과적으로 공공의 선, 특히 공중 보건을 위한 19세기 지식층의 특정 구성원 간의 포용 및 타산, 냉정함, 평정심에 대한 재평가로 이어질 것이다. 일종의 감성적 관행에 수반되는 냉담함을 이용하는 것은, 다시 한 번, '문명화된' 사람들이 저지르는 무심함은 정당화하고, 대중에 의해 표현될 때는 비난하는 계급주의적 시각에 의존하고 있는 것으로 보인다. 그러나 18세기의 무감각성 문화는 19세기의 무감각성 문화와 탯줄처럼 연결되어 있는데, 후자는 전적으로 감성의 시대에 언급되지 않은 어두운 측면에 의해 정당화된다. 이 장을 구성하는 내용들은 19세기 후반에 급성장하는 과학과 공익사업, 실험의 문화에 대한 설명을 위해 모은 것이다.

| 잔인성의 네 단계

윌리엄 호가스(William Hogarth, 1697~1764)의 잘 알려진 판화 시리즈 〈잔인함의 네 단계(The Four Stages of Cruelty)〉(1761)는 이유 없이 무자비한 일들을 저질렀던 톰 네로라는 주인공의 소년 시절부터 죽을 때까지의 행적을 보여준다. 이 작품의 중심에는 토마스 아퀴나스 시대부터 반복적으로 다루어온 논지가 들어 있다. 바로 어린 시절 동물에 대한 잔인성은 가슴을 굳어지게 하여 어른이 된 후 사람에 대한 잔인성으로 이어질 수 있다는 것이다. 임마누엘 칸트도 유사한 이야기를 한 것으로 유명하다. 그는 어린아이에게 동물은 관계의 개념을 형성하는 데 있어 사람의 유사체로 작용할 수 있으며, 마음이 굳어지는 과정은 어린 시절의 잔인성에서부터 시작된다고 했다. 그런데 칸트가 직접적으로 호가스의 판화에 대해 언급한 것이라는 사실은 잘 알려져 있지 않다.[3] 그렇지만 이러한 논지를 호가스의 판화에 묘사된 내용과 연결시키는 것은 문제가 있다. 왜냐하면 잔인성과 굳어진 마음은 융합될 수 없는 다른 특질이기 때문이다.[4]

　　18세기와 19세기 전반을 통해 일반적으로 받아들여졌던 잔인성에 대한 이해는 특별한 이유 없이 무자비하게 저질러지는 행위나 관행과 연결되어 있었다. 다시 말해서 어떤 행동을 잔인하다고 할 때는 그것이 잘못된 행동이라는 사실을 완전히 인지한 상태에서, 감정적 느낌이 있음에도 행해진 것이어야 한다. 정신병리학의 복합성에 대한 최근의 연구에서 사이코패스가 위험한 이유는 공감 능력이 없기 때문이라는 기존의 견해를 완전히 뒤엎는 결과가 나왔다. 일부 사이코패스의 경우에는 타인의 감성적 고통에 쉽게 공감할 수 있다는 것이다. 다만 그러한 공감이 고통을 주는 행위를 멈추게 하지 못할 뿐이다. 타인에게 고통과 괴로움을 준다는 사실을 충분히 인지한 상태에서 행해진다고 하여 이러한 사이코패스적 행위를 '공감적 잔인성'이라고 한다.[5] 18세기와 19세기 초에 캠페인을 통해 근절시키고자 했던 것도 바로 이런 형태의 잔인성이었다. 사회의 빈곤층과 부유층의 일부 나태한 사람들이 타인에게 가해지는 고통보다 자신의 욕구 충족을 더 중요하게 생각한 나머지 재미 삼아 잔인한 장난을 했던 것이다. 이러한 잔인성은 부도덕하기 때문에 잘못된 것이다. 부도덕성은 그러한 행위를 하는 사람이 감성적으로 뭔가 이상하다는 느낌을 감지한다는 사실을 전제로 한다. 도덕적 감각은 사람이 문명적인 삶을 살아가는 데 길잡이의 역할을 하기 때문이다. 잔인성은 도덕적 감각이 죽어서가 아니라 그것을 의도적으로 무시하기 때문에 표출되는 것이다.

잔인한 행동과 구분되는 것으로 냉담함이 있다. 냉담함이란 감정의 부재, 즉 도덕 감각의 결핍이다. 우리가 일반적으로 사이코패스를 이해하는 방식이기도 하다. 타인의 감성 상태를 공감할 수 없기 때문에 타인의 괴로움이나 고통을 고려해서 행동할 수 없는 것으로 말이다. 호가스의 연작은 '잔인성'의 네 단계를 보여주는데, 그 안에 담겨 있는 마음의 굳어짐이란 냉담함에 가깝다. 실제로 잔인성의 첫 단계에서 표현된 톰 네로의 행위만이 잔인하다고 볼 수 있다. 이 판화에 묘사된 다른 모든 행위들, 그리고 이후에 묘사되는 모든 행위들은 냉담함으로 보인다.

여기서 한 가지 의문점은 잔인성이나 냉담함 중 어느 것이 문명사회에 더 큰 위협으로 여겨지는가 하는 것이다. 나는 예전에 동물 학대에 대한 우려는 사실 사람들 사이에서 벌어지는 문명화된 잔인성에 초점을 맞춘 것이라는 주장을 한 적이 있는데 이는 개혁가들이 도덕적 감각에 의거해서 행동하지 못하는 사람들을 처벌하고자 한 것에 대해 말하고자 했던 것이다.[6] 도덕에 위배되는 잔인성을 범죄로 간주한다면, 잠재적으로 그러한 행위를 저지를 수 있는 사람은 도덕적 우려를 과감하게 내려놓을 수 있는 여유에 대해 좀 더 신중히 생각해봐야 할 것이다.

정부가 잔인성을 법적으로 통제해야 하는가에 대한 논쟁은 도덕적 문제에 관여하고, 인간의 양심에 형법을 적용시키는 것이 의회의 역할 범주에 속하는가 하는 문제에 달려 있다. 동물에 대한 잔인성을 규제하는 법을 만드는 데 반대하는 사람들은 교단과 사회 지도자들이 보여주는 예를 문명화된 양심의 본보기로 지목했다. 마음의 움직임과 문명의 진보에 대한 신념은 이들과는 반대의 입장에 선 것처럼 보였는데, 이는 정부가 동물 학대를 법으로 금지한다는 것이 사회의 자연적 향상 가능성에 대한 희망을 포기했음을 시사하는 운명론적 입법으로 여겨졌기 때문이다. 입법을 지지하는 사람들과 이를 지원하기 위해 자선단체를 구성하려는 사람들은 위법이 발견되었을 시에는 이를 처벌하되, 제도화된 기능을 통해 교육시키는 방법으로 두 입장 사이의 중도를 찾고자 했다. 처벌받은 사람은 양심에 따르지 않은 결과를 보여주는 좋은 본보기가 될 것이며 지속적으로 캠페인을 통해 기억될 것이라는 사실을 상기시키면서.

당시의 사람들이 도덕적 감각과 그 타락의 중요성에 대해 이렇게 잘 이해하고 있었다는 것은 잔인성의 정도가 감성 시대에 가장 주된 우려였다는 사실을 가리키며, 그 뒤에 이어질 실용성의 시대를 위한 새로운 지평을 여는 징후로 보인다. 그러나 나는 냉담함이 개선하기 힘든 것은 차치하고라도, 훨씬 더 사악하고 해로운 문제였다고 믿는다. 냉담한 사람들은 사회의 최하위층이나 최상위층, 그 어느 곳에도 있었다. 그들에게 잠재된 위협은 이중적이었다. 첫 번째 위협은 한 번 마음을 떠나버린 감정은 교육을 통해 다시 찾아 장착할 수 없다는 점이었다. 결국 냉담한 사람들이 다시 사회로 환원되었다. 양심이 돌처럼 단단하게 굳어진 채로. 두 번째 위협은 냉담한 사람들이 자신의 굳어진 마음을 다른 사람들에게 전염시킬 수 있다는 점이었다. 그들 나름대로의 교육 방식을 통해 굳어진 마음을 퍼뜨리는 것이다.

'잔인성의 첫 단계'를 보면 아이들이 동물을 상대로 여러 가지 장난을 하는 장면이 묘사되어 있다. 호기심에서 발로된 해코지가 동기로 작용하고 있음에도 전반적인 분위기는 놀이를 하는 듯 보인다. 명랑한 표정으로 새의 눈을 태운다. 고양이 두 마리는 거꾸로 들린 채 벗어나려고 안간힘을 쓰고 있는데 사람들은 신이 나서 구경을 하고 있다. 남자아이 하나는 막대기로 수탉을 겨냥하고 있다. 기술과 전통적인 남성적 기량을 잔뜩 뽐내는 자세로(수탉을 향해 막대기를 던지는 놀이는 영국에서 오랜 전통을 가진 오락인데 특히 참회절에 행해졌다). 오른쪽 앞에 있는 남자아이는 개의 꼬리에 뼈다귀를 묶어 끝없이 돌게 하려는 중이다. 호가스는 충직한 개가 주인의 손을 핥아주는 모습을 그려 연민을 자아낸다. 그중에 가장 중점을 두어야 할 그룹은 톰 네로를 포함한 남자아이들인데 톰 네로는 두 공범자들의 도움을 받아 개의 항문으로 화살을 집어넣고 있다. 그들의 얼굴은 보이지 않는다. 그 행동을 반대하는 아이의 표정에 초점을 맞추기 위해서인 듯하다. 그는 톰 네로를 제지하려는 동시에 먹을 것을 주어 톰의 장난기를 다른 방향으로 유

윌리엄 호가스의 판화,
〈잔인성의 네 단계〉 중에서 '잔인성의 첫 단계', 1751.

도하고자 한다. 판화 밑에 쓰인 문구를 보면 이 아이가 '연민'을 느낀다고 설명하면서 '장면에 매력을 더해준다'라고 쓰여 있다.

이 연작 판화가 공통적으로 암시하는 바는 다른 인물들은 연민을 느낄 줄 모르고 인간미가 결여되어 있다는 것이다. 이 아이들의 동물적인 행위는 왼쪽 아래 고양이를 먹어치우는 개의 모습에 투영되어 있다. 개의 행위를 잔인성이라고 생각하는 사람은 아무도 없었을 것이다. 무자비하다고 보았을 수는 있지만. 그러한 이성과 감정의 결핍이 그들의 행위를 동물적 욕구와 본능에 근거한 것으로 정의한다. 호가스는 이 장면에서 잔인성을 강조하고 있기는 하지만, 실제로 장면의 초점은 톰 네로의 유희적 잔혹함에 맞추어져 있다. 유독 그의 행위만이 옆에 있는 벽에 복선처럼 그려진 교수대의 올가미에 연관되어 보인다. 이 장면에 감정이라고는 없다. 쾌락과 이에 반대하는 단 한 명의 연민 외에는.

두 번째 단계는 이유 없는 잔혹함과 무심함 사이의 긴장감을 주제로 하고 있다. 이번에도 톰 네로가 동물에게 잔인한 행동을 하고 있다. 이번에는 '분노'가 원인인데 장면에 묘사된 다른 사람들은 관심이나 감정이 결여되어 있는 듯 보인다. 판화 밑에 쓰인 문구에는 오른쪽 아래에 있는 목동을 '비인간적인 악마 같은 자'로 지칭하며 동물적인 성격이라고 강조한 다음, '비열한 행위'라고 다시 한 번 강조한다. 호가스는 이러한 '비겁한 잔인성'이 어떠한 결과를 초래할 것인가를 물은 다음, 가장 부정적인 어조로 답을 한다. 하지만 이것을 잔인성으로 보고 질문을 한다는 것은 문제를 낙관적인 관점에서 보는 것이다. 잔인성이라는 꼬리표는 인간의 의도가 담겨 있음을 전제로 하기 때문이다. 하지만 장면에서 표출되는 모든 징후는 사회의 야만성, 즉 말 그대로 사람들이 야만적인 동물이 되어가고 있음을 보여준다. 권투 경기나 닭싸움을 알리는 벽보가 붙어 있고, 뒤로 좀 떨어진 곳에서는 소와 함께 달리기 경기가 끝났는지 스포츠라기에는 너무 끔찍한 장면이 벌어져 있다. 톰 네로는 마차꾼으로 나오는데, 한 무리의 법관들이 그를 고용할 의사를 보이는 모습이 그들의 감정적 결핍과 법의 무자비함을 엿보게 한다. 짐이 너무 무거워 주저앉은 노새를 마구잡이로 몰아세우고, 술 취한 수레꾼은 놀고 있던 아이를 치고도 알아채지 못한다. 이 장면에 대한 최종 결론도 감정, 연민, 인간성의 상실이다. 동물들이 등장하는 이 장면 어디에 잔인성이 있단 말인가?

위 질문에 대한 해답은 이번에도 전적으로 톰 네로라는 인물에 있다. 그는 말의 고통을 이해하면서도, 분노에 의해 말을 때린다. 톰 네로의 걸러지지 않은 화의 표출을 보면 그가 최소한 인간의 정념을 느낄 줄 안다는 사실이 인정되고, 따라서 그는 잔인성을 가지고 있다고 볼 수 있다. 다음 장면인 '완전한 잔인성'은 톰 네로의 동물에 대한 이유 없는 잔인성이 살인으로 발전하는 모습에 초점이 맞춰져 있다. 피해자는 그의 연인으로 톰의 지시로 도둑질까지 했던 여인이다. 여기서도 톰의 인간성이 집중적으로 묘사되었는데, 살해된 여인의 목과 손목이 잘려서 벌어져 있는 것을 보고 최소한 '정신적으로 동요되고' 충격을 받은 모습이다. 지난 세월 표출되었던 이유 없는 잔혹함이 오늘 그를 이 상황에 이르게 한 것이다. 그런데 그 안에 내재되어 있던 도덕성이 마지막으로 표출되는 순간 그의 인간성

윌리엄 호가스의 판화,
〈잔인성의 네 단계〉 중에서 '잔인성의 두 번째 단계', 1751.

윌리엄 호가스의 판화,

〈잔인성의 네 단계〉 중에서 '완전한 잔인성', 1751.

이 엿보인다. 하지만 만회하기에는 너무 늦었으며 교수형의 올가미를 면할 수 없다. 호가스의 연작 판화의 해설만 대충 읽으면 이런 이야기가 된다. 그러나 톰 네로는 여러 등장인물들 중 하나일 뿐이다. 그렇다면 물어보자. 톰 네로 같은 사람이 생겨나게 된 사회의 나머지 구성원들은 어떻게 봐야 하나?

결국 호가스가 우리에게 경고하고자 했던 것은 냉담함이 사회에 만연했을 때 닥칠 수 있는 위협에 대해서였다. 마지막 단계인 '잔인성의 보상'은 겉으로 보기에는 그의 신체가 불명예스럽게 훼손되는 모습이다. 과학을 위해 바쳐진 네로의 심장은 개의 먹이가 된다. 잔인성의 대가로 그는 죽임을 당하고, 해부되고, 물건으로 전락했다.

그러나 이 연작 판화의 다른 장면들처럼, 여기서도 호가스는 톰 네로만 묘사하지 않는다. 더구나 이 장면에서 네로는 죽어 있으며, 앞으로 진행될 백골화를 암시하는 것밖에는 아무것도 하지 않는다. 모든 행위는 방안에 있는 다른 인물들을 통해서 이루어진다. 그리고 잔인성의 보상을 거두어들이는 그들의 행위는 단언하건대, 냉담함이다. 톰 네로는 극단적인 예이기는 하지만 결국 사회의 한 구성원이다. 그는 지속적으로 부패해간 문명의 일부며, 그 과정에 참여하는 모든 이는 감성의 마비 상태에 다가가고 있다. 이 장면에서 이루어지는 해부학 분야는 지식을 얻기 위한 과학적 관행의 중요한 구성 요소인데, 그 일에 참여하는 사람들의 냉담함 덕분에 진보를 위한 결과를 얻어낼 수 있다. 그런 의미에서 보면 비인간적인 진보다. 지식을 위해 양심과 가슴을 희생하는 것이다. 그러므로 이는 인간의 영혼에 대한 희망을 포기하는 것이다.

　　여기서 호가스는 살인자의 사체를 외과 의사들이 해부할 수 있도록 하는 관행을 판화로 나타낸 것이다. 그로부터 1년 후인 1752년, 이러한 관행은 살인자법이라는 이름으로 합법화되었다. 권좌에 자리 잡은 사람은 존 프레케(John Freke)로 성 바르톨로메오 병원의 원장이었으며, 수술 전문화 과정을 시작하는 데 중요한 역할을 했다. 호가스는 프레케를 친구로 신뢰하는 사이였으나 프레케가 주도하는 장면은 비판적으로 구성되었다. 사실 '잔인성의 보상'은 사회의 도덕성이 부패한 모습을 보여주기 위한 작품이다. 방 안에 있는 사람은 한 사람을 제외하고 모두 냉담하고 무심하다. 병리적인 호기심에 모든 감각이 마비되어 있다. 톰 네로의 동료 범죄자의 해골이 벽을 장식하고 있다. 권투선수이자 강도였던 제임스 필드(James Field)도 폭력적인 범죄를 저지르고 잡혀서 1751년 헨리 필딩(Henry Fielding)에 의해 사형선고를 받고 죽어서 왼쪽에 걸려 있다. 1750년에 교수형에 처해진 유명한 노상강도 제임스 맥레인(James MacLaine)은 오른쪽에 걸려 있다. 맥레인을 장면에 포함시킨 것이 흥미롭다. 그는 강도로 범법행위를 저지르며 살았지만 항상 정중한 태도로 일관했기 때문인데 나중에는 예의바른 강도로 명성을 얻었을 정도였다. 사회의 많은 사람들이 이 악당을 낭만적으로 미화했다는 사실도 대중의 감성이 점차 냉담해지고 있는 것을 간접적으로 보여준다. 올바른 감정을 가지고 있는 사람이 어떻게 그런 범죄자를 칭송할 수 있겠는가? 유일하게 선한 영혼을 가진 사람은 필드의 해골 아래 서 있는 한 명뿐이다. 그는 해골을 가리키며 불안한 얼굴로 방 안을 돌아본

윌리엄 호가스의 판화,
〈잔인성의 네 단계〉 중에서 '잔인성의 보상', 1751.

다. 마치 '우리 모두 이 방향으로 늙어가는 거 아닌가요?'라고 말하는듯이.

하지만 이 장면에서 가장 주의를 끄는 것은 범죄자의 운명이 아니라 의료 전문 분야에 대한 암시적인 비난이다. 판화에 덧붙여진 문구의 끝머리에는 톰 네로의 심장을 가리키는 구절이 적혀 있는데 '연민을 느낄 이유가 없다'라고 쓰여 있다. 가발을 쓰고 있는 외과 전문의들과 사각모를 쓴 내과 의사들 모두 해부 과정에 열중하면서, 물체를 다루는 데 집중하고 있다. 모두 냉정한 표정으로 엄숙함도 없고, 이따금 의식적으로 집중하려는 모습만 보인다. 이들에게 연민을 보이지 않는다고 말한다면 그것은 중대한 혐의를 받을 만한 일이다. 18세기에 'pity'는 연민을 받는 사람이 처한 곤경보다는 연민하는 사람의 분별력 있는 자질을 강조하는 면이 더 컸기 때문이다. 연민은 타인의 괴로움에 마음을 여는 것이며, 긍휼(compassion)과 같은 의미, 더 중요하게는 인간애(humanity)와 같은 의미를 갖는다. 단어가 가지는 조금씩 다른 어감과 그것을 정의하는 정서적 특징, 즉 이타적인 사회성이 하나의 단어에 융합되어 있다. 연민을 느끼는 사람은 타인의 고통을 헤아릴 뿐 아니라 그것을 자기 마음 안으로 가지고 들어와 자선적이거나 그와 유사한 행위를 하고자 하는 자극제로 변화시킨다. 또한 쾌락이나 숭고함, 사치라는 조금 다른 형태의 연민으로 변화시키기도 하는데, 이때 타인의 고통은 인정하지만 절대적으로 자기 세계 밖에 있는 것으로 거리를 둔다. 연민은 기분 좋은 고통이자 가슴앓이며, 동시에 복잡한 감성이 융합된 정서다. 연민하는 사람은 이를 통해 자신의 인간성을 확인함과 동시에 타인의 고통이 완화될 것이라는 믿음을 갖는다. 연민은 인간성 그 자체다.

감정의 역사

여기 모여 있는 내과 및 외과 의사들에게는 연민이 없다. 유독 톰 네로에 대해서 그런 게 아니라 일반적으로 연민을 느낄 줄 모른다. 이 작품은 일상적으로 피와 끔찍한 장면들을 대해야 하는 사람들은 피에 대해 무감해진다는 우리의 오랜 관념에 근거하고 있다. 1714년에 버나드 맨더빌(Bernard Mandeville)이 펴낸 《꿀벌의 우화(The Fable of the Bees)》에는 영국에서 외과 의사와 도살업자, 즉 언제나 냉담하다는 평판이 따라다니는 사람들은 배심원이 될 수 없다는 신화적 관념이 담겨 있다. 그는 '모두가 알고 있는 사실이다'라는 전제하에 다음과 같이 썼다.

위험한 상처나 골절의 치료 또는 사지 절단이나 그 밖에 위험한 수술을 해야 하는 외과 의사는 종종 환자를 극심한 고통 속에 몰아넣어야 한다. 상황이 위급하고 재앙적일수록 환자의 격렬한 반응과 육체적 고통을 마주해야 한다. 이러한 이유 때문에 영국 법은 피해자의 생명을 귀중히 여기는 의미에서 이런 외과 의사들은 생사를 결정하는 사건의 배심원의 자격에서 제외시킨다. 왜냐하면 직무상의 경험들을 통해서 부드러운 심성이 충분히 소멸되었을 수 있으며, 그러한 부드러움이 없이는 인류로서 한 형제인 타인의 생명이 가지는 진정한 가치를 가늠할 수 없기 때문이다. 하지만 우리가 금수들을 함부로 대하는 것에 대해 반성하지 않고 그들을 죽이는 것을 잔인하다고 생각지 않는다면, 왜 다른 모든 직업들 중에서 도살업자와 외과 의사들에게만 배심원의 자격을 주지 말아야 한다는 말인가?[7]

맨더빌이 이 글을 쓴 후로 수십 년 동안 수술과 해부학적 착취에 금전적 동기가 부여되면서 상황이 얼마나 더 나빠졌는가? 죽은 사람을 해부하는 것은 그 자체로 고통을 유발하는 것은 아니지만, 정상적인 사람의 가장 주된 감각 기관인 눈은 죽은 사람의 해체되고 적출된 신체 부위와 내장들을 보면서 살아있는 사람에게 가해진 것과 같은 정도의 충격을 받는다. 그러한 광경을 목격하고도 감각이 고통스럽지 않다면 가히 냉담함에 이르렀다고 할 수 있다.

호가스가 '잔인성의 두 번째 단계'에서 고기를 얻는 방식을 명백하게 보여주었지만, 사회적인 위협으로 치자면 도살업자는 내과 및 외과 의사들의 수준에 훨씬 못 미쳤다. 외과 의사들은 사회의 지도자이자 영향력 있는 인사들이 아닌가. 사람들은 이들이 이끄는 대로 따라갔다. 수술과 해부, 생리학에 관한 지식을 연민이나 인간성 또는 혐오감에 대한 반응보다 앞세운다면 그러한 스승을 따르는 젊은이들은 얼마나 야수 같은 존재로 변해가겠는가?

이러한 우려는 18세기를 지나면서 반복적으로 언급되었으며 호가스의 〈잔인성의 네 단계〉 후반 작품에도 나타난다. 여기서 설득력 있는 논쟁의 여지를 발견할 수 있는데, 바로 소위 '감성의 시대'라고 불리는 시대와 그 후속인 '감수성의 시대'의 끝에는 항상 그 반대의 정서로 인한 위협이 존재했었다는 사실이다. 따라서 타인에 대한 감정을 강조하는 것은 그러한 감정을 잃어버릴까 봐 우려하는 것으로 나타나며, 그러한 우려가 겉으로 드러나지 않을 때에도 감수성에 관한 메시지는 언어 외적으로 충분히 내포되어 있었다. 여기서 이성과 감성에 대한 역사기록학적 초점을 전적으로 번복하려는 것은 아니다. 다만 18세기와 19세기에 감정을 중시했다는 것은 그만큼 반대의 정서가 표출되고 있었기 때문이라고 봐야 한다는 주장을 하는 것뿐이다.

물론 18세기 말에서부터 19세기 말까지를 또 다른 말로 정의하라면 '공리주의 시대'라고 해야 할 것이다. 언뜻 생각하기에는 가장 이상적인 감정 철학 같기도 하다. 물론 관심의 초점은 쾌락과 고통이며, 목표는 쾌락을 극대화하고 고통을 최소화하는 것이다. 그런데 감성적 고통에 의해 정의되는 현상인 시련과 시련의 계산, 즉 연구소나 실험실 또는 단순히 개인의 머릿속에서 이루어지는 과정과는 상당한 거리가 있다. 공리주의자들은 개인의 경험으로서의 고통보다는 좀 더 추상적이고 집단적 경험으로서의 고통에 관심을 가졌다. 공리주의의 아버지 제러미 벤담(Jeremy Bentham)은 20세기 후반부터 오늘날까지 이어지는 동물보호 운동을 위한 구호들을 써준 것으로 유명하다. 그는 자신의 윤리에서 로고스(이성)의 중요성을 배제시킴으로써 철학적 전통을 완전히 뒤집어 생각해보게 했다. "중요한 것은 그들이 이성적 사고를 하는가 또는 그들이 말을 할 수 있는가 하는 문제가 아니라, 그들이 고통을 느끼는가 하는 것이다"라고 했던 것이다. 여기서 '그들'은 물론 동물이다.[8] 나는 여러 다른 기회를 통해 벤담이 그의 주장에서 사용한 '괴로움을 느낀다'는 단어에 대한 예리한 분석과 함께, 그를 동물보호 운동의 선각자로 보기가 어렵다는 점을 지적한 적이 있다.[9] 그러나 여기서 다시 벤담을 거론하는 이유는 그가 앞에서 말한 공리를 명백하게 하기 위해 사용한 논증이 최소한 과학자와 의학 연구자들에게 있어서는 다음 세기를 확정짓는 명제가 되었기 때문이다.

우리가 공리주의를 생각할 때 종종 간과하는 측면은 유용성의 요소다. 특히 고통의 경우, 원인의 잔악성을 가늠하기 위해서는 그 목적을 고려해야 한다. '유용한 목적'을 위해 초래된 고통은 잔인하다고 보지 않는다. 동물을 '온순하게' 길들이기 위해 훈련시키는 것처럼 명확한 목적이 있는 경우를 예로 들 수 있다. 아니면 음식, 약품, 옷, 교통수단 및 제품 조립 등을 위해 '동물을 인간의 필요와 편리에 맞게 복종적으로 만든다'는 이유도 목적으로 정당화될 수 있다. 다른 인간을 보호한다는 명목으로 동물을 해칠 수도 있다. 어떠한 경우에도 인간은 만물의 영장이기 때문이다. 그리고 인간을 귀찮게 하는 동물은 평화라는 명목으로 고통을 당할 수 있다. 결정적으로 벤담은 '의학 및 기타 유용한 지식'을 발전시킨다는 전제하에 생체 해부를 용납했다.[10] 벤담 이후로 공리주의자들은 냉정한 이성주의를 실천했는데 그로 인하여 그들이 때때로 묘사했던 시련의 맥락에서 멀어질 수 있게 되었다.

어떤 학자에게는 중요한 문제였던 다른 동물들의 고통이 우리에게 중요하지 않다면, 대체 무엇이 중요하다는 말인가? 벤담은 이 부분에 있어서 명백하다. '잔인함이나 무감각의 습성에 빠지면 가장 극악한 범죄를 저지를 수 있다.'[11] 여기서 벤담은 호가스의 〈잔인성의 네 단계〉가 암시하는 내용을 생각한 것이 분명하다. 그러나 그의 결론은 무감각함이 정당한 목적을 가지고 유용하다면 인간성에 아무런 문제가 없는 것으로 봐도 좋다는 것이다. 약 1세기 정도 후에 찰스 다윈(Charles Darwin)의 《인간의 계보 (The Descent of man)》 제2판(1874)에서 벤담의 관점이 반영되어 있는 것을 볼 수 있다. 이는 첫판이 인용될 때는 종종 생략된다.

> 개는 죽음의 고통에 처해 있을 때 주인을 애무한다고 알려져 있다. 생체 해부를 할 때도 개는 고통스러워하면서 해부를 하는 사람의 손을 핥는다. 이때 그 사람은 *해부 작업이 우리의 지식을 향상시켜준다는 정당화를 할 수 있거나,* 심장이 완전히 돌로 만들어져 있지 않다면, 자신의 지난 몇 시간을 후회할 것이다(이탤릭체는 저자의 강조).[12]

목적이 감수성을 이겼다. 마취제가 등장하면서 다윈의 주장을 포함해서 고통을 유발하는 행동에 대해 가책을 느끼게 하는 이유들이 사라져버렸다.[13] 첫째는 지식을 탐구한다는 명목에 의해, 둘째는 화학적으로 감정을 제거함으로써 '돌덩이 같은 심장'을 가졌다는 비난도 피할 수 있었다. 생체 실험을 격렬하게 반대하던 프랜시스 파워 코브(Frances Power Cobbe)가 '세상의 지식을 다 얻는다고 해도 자신의 심장과 양심을 잃어버린다면 무슨 소용이 있는가?'라고 물을 즈음에는 이미 클로로포름이나 기타 마취제 덕분에 심장을 잃어버릴 걱정은 할 필요가 없게 되었다.[14] 연구 대상을 마취시킴으로써 정당하게 그 대상으로 하여금 아무것도 느끼지 않도록 해줄 수 있었기 때문이다.

| 무의미한 찡그림

동물 실험을 대대적으로 성행하게 한 생리학적 추진력의 일부는 새로운 연구에 대한 관심으로 이어졌다. 감성이라는 것이 실제로 무엇인가, 그리고 생리학적으로, 해부학적으로, 심리학적으로 어떻게 작용하는가에 대한 인간의 이해를 넓히려는 열의가 생기면서 감성 그 자체가 의학 및 과학 연구의 한 분야로 자리 잡게 된 것이다. 나를 포함해서 여러 학자들이 이러한 움직임에 대한 분석적 연구를 했는데, 여기서 그 내용을 전적으로 다루지는 않겠다. 다만 그중 한 부분에 대해 특별히 집중적으로 살펴보고자 한다.[15]

연구자들은 감성이 어떤 모습을 하고 있는지를 연구하고 기록하는 데 있어서 점점 더 인간과 동물의 얼굴 표정에 관심을 갖기 시작했다. 새로운 자극 기술, 예를 들면 전기를 이용해서 전류를 발생시킨다든가 하는 기술과 기록을 할 수 있는 새로운 기술(그중에도 가장 특기할 만한 것은 사진)을 통합해서 감정의 표정을 포착할 수 있게 되었다. 여기서 사용된 포착이라는 동사에 세심한 주의를 기울일 필요가 있다. 순간적으로 달아나버릴 수 있는 감정의 표정을 잡아서 보존하기 위해서는 그러한 감정들이 생겨나고, 지어지고, 포착되어야 한다. 19세기 연구 주제였던 찡그린 표정 연구는 오늘날의 감성 연구에도 깊은 영향을 미칠 정도로 정서의 표정이론 형성에 매우 중요한 한 부분이지만, 실제로는 아무런 의미도 부여할 수 없는 것으로 밝혀졌다.

감정의 역사

우선 죽은 사람의 몸을 감전시키는 실험부터 살펴보기로 하자. 1819년 앤드류 우어(Andrew Ure, 1778~1857)는 사형 당한 범죄자의 사체를 이용한 실험을 했다. 사체에 배터리를 연결하고 발꿈치와 눈썹에 각각 전도체 막대를 부착시킨 다음 전기 충격을 가했다. 그 결과 '얼굴에 있는 모든 근육이 동시에 움직이면서 분노, 공포, 절망, 극심한 고통, 섬뜩한 미소 같은 소름끼치는 표정들이 살인자의 얼굴에 나타났다. 해부실에 모여 있던 청중들 중 '여러 명은 그 끔찍한 모습을 차마 더 볼 수 없거나 구토증을 느껴서 자리를 떠야 했고, 어느 한 남성은 의식을 잃을 정도'였다고 한다. '검지 끝을 약간 절개해서 막대를 집어넣자 주먹을 쥐고 있던 손의 손가락이 순간적으로 펴지고 팔이 경련을 일으키듯 떨면서 청중들 중 한 사람을 가리키는 바람에 그가 다시 살아서 돌아온 줄 알았을 정도였다'고 하는 것을 보면 호가스의 톰 네로만 해부대 위에서 손가락질을 한 것은 아니었던가 보다.[16]

해부실 내에 감도는 분위기는 청중들의 감성에 의한 것이지만, 그 감성은 죽은 자의 몸이 보여주는 반사적 움직임이 무엇인가를 의미한다고 인지했기 때문에 촉발된 것이다. 실제 죽은 사람은 아무것도 느낄 수 없다는 사실을 잘 알고 있으면서도 찡그린 표정과 손가락의 가리킴, 분노와 고통의 눈빛 등 살인자의 얼굴에 나타날 법한 감성이 죽은 자의 신체에 나타나는 듯 느껴진 것이다. 어떠한 감성을 나타내는 표정만으로도 사람들은 상상을 통해 충분히 그러한 감성이 실제 있는 듯한 효과를 경험한다.

우어가 죽은 사람의 몸에 장치를 삽입하여 살아 움직이는 듯한 상황을 재현했을 때, 청중들 중에는 메리 셸리(Mary Shelley)의 《프랑켄슈타인(Frankenstein)》(1818)을 읽은 사람들도 있었을 것이다.[17] 그들의 마음속에는 생명이 없는 물체를 다시 느낄 수 있는 존재로 만든다는 발상이 생생하게 살아있었던 것이다. 우어가 전기적인 기술을 이용해서 사망 직후의 사체를 실제로 소생시킬 수 있다는 주장을 처음으로 제기한 몇 사람 중 하나이기는 하지만, 당시 대부분의 해부학이나 생리학적 연구의 초점은 근육의 반사운동을 죽은 사람의 몸에서도 재현해보임으로써 공포나 고통으로 일그러진 듯한 표정을 반드시 감성적인 경험의 징후로 볼 수는 없다는 가정을 증명하는 데 맞춰져 있었다. 19세기가 진보를 거듭하면서, 이 시기에는 '진보'라는 말이 모든 분야에서 좌우명으로 받들어지기는 했지만, 특히 의학 분야의 연구자들은 고통과 감성의 징후를 실제로 고통과 감성을 경험하는 현상과 분리시키는 데 열중하기 시작했다. 특히 생리학적 연구의 발전은 상당부분 생체 해부에 의존하고 있다. 따라서 이 분야의 연구자들은 동물에게 자극을 가할 때 그들이 울부짖고 찡그린 표정을 짓는다고 해도 실제로는 고통을 느끼지 않는다는 사실을 증명함으로써 연구의 윤리적 합당성을 찾고자 했으며, 자연히 피실험체의 표정이나 표현과는 무관하게 또는 상반되는 방향으로 실험을 진행해야 했다.

죽은 사람의 사체를 이용한 우어의 실험이 구경꾼들을 공포에 질려 달아나게 했던 1819년에 이미 급진적인 과학자들은 그러한 구시대적 감상으로 과학적 발전의 기회를 낭비하는 것을 안타까워했다. 1875년에 데이비드 페리어(David Ferrier, 1843~1928)가 '원숭이 뇌 실험'을 했을 때도 우어의 실험 때와 비슷한 상황이 벌어졌다.[18] 피실험 동물은 아무것도 느끼지 못하기 때문에 그것을 지켜보는 청중들의 공감적 반응은 피실험 동물이 표현하는 정서와 다를 것이라는 사실을 대부분의 청중이 인지하고 있었다. 그럼에도 실험 장면의 충격은 청중들이 견뎌낼 수 있는 한계를 넘었다. 1824년에 설립된 영국 왕립동물학대방지협회 위원 한 명은 '젊은 사람들이 웃는 모습을 목격하고는 마음이 아파서' 실험실에서 나가야 했다. 그 협회의 비서는 생체 해부에 동물 학대가 있었는지를 조사하는 의회 위원회에서 문제의 피실험 동물은 고통을 느낄 수 없다는 것이 명백하기 때문에 동물의 고통에 대해 문제점을 제기할 수는 없다고 했다. 그는 이어서 그 생체 해부는 '선의에서 출발된 것'이나, '경솔했고, 악영향을 미치게 될 것'이며, '예의'가 부족했던 사건이라고 말한 것으로 기록되어 있다. 원숭이의 얼굴 표정에 대한 장난기 어린 대응이 그의 마음을 아프게 했거나, 사회적으로 뭔가 어색하고 편치 않은 느낌을 갖게 했던 것이다.[19]

이러한 '가벼운 놀이의 느낌'은 1903년에 갈색 개 사건과 관련하여 제기되었던 생체 실험 중에 갖추어야 할 진지함의 결여에 대한 논란에도 유사하게 깔려 있었다.[20] 이 사건을 문제화했던 여성 반생체실험주의자 단체 대표의 말에 의하면 실험실에 '과학실험을 하는 곳에 합당한 차분함과 존중감이 전혀 없었으며 모두 마치 한 시간짜리 오락물을 대하는 태도였다'고 한다.[21]

과학 분야에서는 동물에 대한 실질적인 배려와는 거리가 먼 감상적인 입장에 거센 저항을 보이면서, 고통받은 얼굴을 보면서 웃을 수 있는 사회적 현상에 대한 우려를 나타냈다. 캠브리지 대학의 해부학 교수였던 G. M. 험프리(G. M. Humphry, 1820~1896)가 말했듯이 낚싯바늘에 걸린 '지렁이의 요란한 꿈틀거림'이 고통의 표현이 아닌 이유는 '꿈틀거림이 아무리 요란해도 지렁이는 아무것도 느끼지 못하기 때문'이라는 이성주의자들의 주장은 아무런 도움이 되지 못한다. 고통의 징후를 믿을 수 없다면 타인을 대할 때 완전히 냉담해지지 못하게 하는 사회적 예방 장치를 어떻게 마련할 수 있겠는가? 웨스트 라이딩 정신병원의 신경 학자였던 제임스 크라이튼-브라운(James Crichton-Browne, 1840~1938)은 '깊은 마취 상태' 또는 뇌가 없는 상태에서도 운동중추를 자극해서 고통의 징후를 재생 표출할 수 있는 동물의 능력에 대해 쓴 적이 있다. 어떠한 '강렬하고 지속적인 고통'의 징후가 나타난다 해도 사실은 '피아노 건반을 두드렸을 때 큰 소리가 나는 것 이상의 의미가 있는 것은 아니다.'[22] 수세기가 지난 후에 데카르트의 자동화 이론이 빅토리아 시대의 절정기에 다시 살아나 번성하게 된 것이다(아니면 죽었거나 좋지 않은 방향으로 흐르게 되었다고 할 수도 있겠다).

　　그런데 여기서 우리는 속임수적인 징후와 고통 없음이 명백한 고통의 서술을 어색하게 대면해야 하는 난관 또는 모순에 봉착하게 된다. 크라이튼-브라운은 찰스 다윈의 저서 《인간과 동물의 감정 표현(The Expression of the Emotions in Man and Animals)》(1872)이 출간되기 전 몇 해 동안 다윈의 특파원 역할을 했던 사람으로 다윈에게 감정 표현의 보편성 이론을 정립하는 데 사용된 많은 사진과 메모를 제공했다.[23] 크라이튼-브라운은 이 책의 저작권을 공유하는 데 대해 궁극적으로 이의를 제기했는데, 이는 아마도 크라이튼-브라운이 그러한 주장을 지지할 수 없었기 때문이었을 것이다. 사실 크라이튼-브라운은 페리어의 원숭이 실험에 대한 지식에 한해서는 다윈에게 지식을 공급해준 사람이었다. 하지만 다윈의 사고체계는 얼굴 표정의 자동화를 주장하는 계보를 직접적으로 따르지는 않는다. 다윈은 크라이튼-브라운에게 전기 자극이 고통을 표현하고자 하는 생각을 촉발시킨 것인지, 아니면 운동신경이 직접 움직인 것인지 물었다.[24] 다윈이 전자에 흥미를 가졌다는 것은 그가 연구에 사진을 이용했음을 말해준다. 과학 연구자들의 대부분이 감성과 표현의 연관성을 믿지 않는 분위기였으며 특히 인공 자극을 주는 경우에는 더욱 그랬음에도 다윈은 구시대적 이론으로 새로운 도전을 한 셈이었다.

다윈의 저서인 《인간과 동물의 감정 표현》은, 감정 표현은 소통의 방식이나 내면의 감정을 외부에 전달하기 위한 장치가 아니라 습관적으로 조건화된 행동이며 이것이 내면의 감정과 연관성을 갖게 된 것이라는 관념에 기반을 두고 있다. 학습된 습관이 유전된다는 전제에 근거한 이 주장은, 대부분의 동시대 다윈주의자들은 받아들이려 하지 않았는데, 자연선택설의 위상을 격하시켜서 진부한 이론으로 만든다. 다윈은 찰스 벨(Charles Bell, 1774~1842)의 이론, 즉 감성 소통은 신성한 창조주가 지적인 사고체계를 고안해주신 덕분이라는 주장을 뒤집기 위한 연구를 했지만, 결과적으로는 감성 표현은 얼굴의 물리적인 해부학적 구조에 의해 자연스럽고 절대적으로 제한되기 때문에 범인류적으로 보편적이라는 벨의 주장을 근본적으로 확증시켜주었다. 이는 감정 표현에 관한 연구에 중대한 영향력을 갖는 이론이다.

다윈이 크라이튼-브라운의 정신이상 환자들 사진에 관심을 가진 이유는 정신이상 환자들은 감성을 제지하지 못한다는 믿음에 근거해서였다. 사진에 담긴 모습이 그들 본연의 상태일 것이라 생각한 것이다. 다윈이 그동안 수집했던 연기되고, 걸러지고, 꾸며진 모습들과 달리 크라이튼-브라운의 사진은 진짜라고 믿었던 것이다.[25] 그러나 다윈의 연구를 지지했던 크라이튼-브라운이었지만, 다윈의 그러한 생각에는 동의할 수 없었다. 왜냐하면 밖으로 표출되는 징후가 가식적일 수 있음을 알고 있었기 때문이다. 그럼에도 두 사람은 과학적인 사진에 대한 다윈의 또 다른 영향력 있는 연구에 대해 열정적으로 의견을 교환했는데 이 연구는 역설적이게도 가식과 진정성의 두 영역을 더욱 깊이 있게 파고들었다.

1862년에 기욤-벤자민-아망 뒤샹 드 불로뉴(Guillaume-Genjamin-Amand Duchenne de Boulogne, 1806~1875)가 출간한 《사람의 골상학 메커니즘 또는 열정적 표정에 대한 전기생리학적 분석(Mecanisme de la physionomie humaine ou analyse electro-physiologique de l'expression des passions)》도 그 주된 내용은 1800년대 초에 우어를 비롯한 다른 학자들이 죽은 사람의 얼굴을 움직여서 했던 연구와 크게 다르지 않았다. 하지만 뒤샹의 출발점은 두 가지 면에서 특기할 만하다. 첫째, 그는 전류 발생 장치를 이용해서 피실험체의 얼굴에서 정념의 표정을 만들어내고 그것을 사진으로 담는 기술을 완벽하게 습득했다. 둘째, 그의 피실험체는 살아있는 사람이었다. 이러한 뒤샹의 실험은 몇 가지 심각한 난관을 내포하고 있었는데, 전류를 흘러보낼 때 의식이 있는 사람의 경우 몹시 괴로운 경험을 하게 될 것이기 때문이다. 하지만 뒤샹은 얼굴 감각이 둔화되는 '증상을 앓고 있는' 피실험자를 찾을 수 있었다. 정확하게 말하자면 안면마비 환자였다.

다윈과 그의 특파원이었던 크라이튼-브라운이 뒤샹의 연구 자료에서 찾아낸 일련의 독특한 사진들은 다윈의 주장을 입증해주는 듯했다. 자연 상태의 피실험자 얼굴에 해부학적 한계 내에서 가능한 모든 표정이 담겨 있었던 것이다. 자료를 사용할 때 편리함을 위해서 뒤샹은 피실험자가 전기 자극에 의해 표현하는 감정에 제목을 붙여두었다. 누가 고통(souffrance, 뒤샹의 사진 19번), 체념 섞인 깊은 고통(souffrance profonde, avec resignation, 뒤샹의 사진 20번) 또는 놀라움(surprise, 뒤샹의 사진 56번), 공포(effroi, 뒤샹의 사진 63번)를 보고 수긍하지 않을 수 있겠는가? 영상이 가지는 신기술의 매력은 막강한 설득력을 가진다. 단, 그 영상들을 인간의 감성 표현이라는 보편적인 주제에 적용하는 과정에서 모두가 간과하는 세 가지 중대한 오류가 있다.

첫째, 뒤샹이 피실험자의 얼굴에 나타나게 했던 모든 것이 감성으로 인식할 수 있는 것은 아니라는 점이다. 그런 경우에 뒤샹은 'expression incomplete, fausse(불완전한 표정, 오류)'라고 적어놓았다. 피실험자의 얼굴 표정이 뒤샹이 알아볼 수 없는 무엇인가를 표현하고 있었으리라 짐작된다. 그러나 불완전하거나 오류라는 꼬리표를 붙이면서 뒤샹은 미리 계획한 감성의 분류 기준에 맞지 않는 예제는 제외시켰다. 바로 여기에서 두 번째 오류가 초래된다. 바로 모든 감성(정념)의 분류 기준을 사전에 정해두었다는

점이다. 그런 다음 자신이 보고자 하는 표정이 나올 때까지 전극 실험을
계속했다. 세 번째 결함은, 가장 결정적인데, 얼굴 표정에 나타날 것이라
기대하는 감정은 차치하고, 피실험자가 아무것도 느끼지 않았기 때문에 인
간 정념의 보편적 징후를 증명하리라는 기대와는 거리가 먼 결과를 얻게
되었다. 뒤샹은 기술적 수단을 이용해서 감성을 얼굴에 지어냈던 것이다.
그런 면에서 보면 카메라는 처음부터 거짓을 보여주도록 고안되었다고 할
수 있다.

영상은 합성되었으며 다윈은 자기들에게 주어진 감정을 짐작해서
표현하려고 애쓰는 배우들을 활용하여 이에 일조했다. 그러한 노력이 쉽지
않았음을 언급한 다윈의 말은 유명하다. 때때로 배우들 중 반 정도만 얼굴
표정을 제대로 지어 보였으며, 나머지 반은 전혀 다른 감정을 표현하는 일
이 잦았다고 했다. 이런 경우 엉뚱한 표정을 지은 반 정도의 사진은 진열
하지 않고 제외시켰다. 미리 정해진 감성의 분류 기준에 맞지 않는 영상을
절대적으로 제외시킨 것은 비난받아 마땅한 일이다. 하지만 표현된 결과가
효과적이고 편리하게 가정을 확증해주었기 때문에 이러한 오류들은 별다
른 지적을 받지 않고 넘어갈 수 있었다.

결과적으로 다윈은 뒤샹의 사진에 상당히 의존하게 되었으며, 인위
적으로 표정을 지어 보인 것이 두드러지는 면들은 의도적으로 제거한 영상
으로 목판화를 제작했다. 비교해보면, 다윈은 크라이튼-브라운의 정신병원
사진들에 대해서는 전혀 크게 의존하지 않았다. 크라이튼-브라운의 사진
을 뒤샹의 것과 비교해보면 그 이유를 쉽게 알 수 있다. 뒤샹은 감성을 얼

굴 표정으로 나타내는 데 중점을 두고 그 후에 각각에 이름을 붙인 반면, 크라이튼-브라운은 자기 환자들의 인위적으로 지어진 표정을 사진에 담았다. 그들의 표정은 종종 처량해 보이기는 하지만, 실제로 그들이 어떤 느낌을 경험하는지 거의 알 수가 없다(그렇다고 해서 크라이튼-브라운이 그들이 지어 보여야할 감성을 지정해주는 일을 포기한 것은 아니었다. 여기 제시된 사진에서 사진 설명에 적힌 것처럼 약시나 놀란 표정을 알아볼 수 있는지 확인해보자). 미리 알려주지 않으면, 사진을 보고서는 뚜렷한 감정을 잡아내기가 몹시 힘들다.

제임스 크라이튼-브라운, '약시와 놀란 듯한 입 모양을 한' 여인의 사진, 1869년.

자료 사진 중 일부는 무표정이거나 감정이 없는 걸로 결론을 내려야 할까? 사람이 어느 한 순간이라도 아무것도 느끼지 않을 수 있을까? 이 두 질문에 대한 답은 '그렇지 않다'였으며 사진이 다윈과 그의 특파원인 크라이튼-브라운의 확신에 찬 편견을 뒷받침해주지 않으므로, 그들의 연구는 결국 호응을 얻지 못했다.

그러다 보니 우리는 과학적 발견의 역설에 봉착하게 되었다. 정서를 나타내는 얼굴 사진이 과학 및 의학적 관행의 측면에서는 믿을 수 없고, 실증적인 설명이 부여되지 않는 한 아무 의미 없는 결과인 반면, 과학 이론적 측면에서는 인류 전체가 공통으로 지니는 보편적 감성의 중요한 표징이 된다.

뒤샹 드 불로뉴, '공포'를 나타내는 표정 사진, 1862.

감정의 역사

표정에 관한 연구는 후기의 정서 이론가들, 특히 폴 에크만(Paul Ekman) 같은 학자들의 연구를 통해 면면히 이어졌음에도 결과적으로 다윈의 저서에는 정확히 실제 표정에 근거하고 있는 부분이 거의 없다.[26] 이는 목적을 가지고 촬영된 피실험자의 경우, 그들이 나타내 보이도록 정해져 있는 것을 표현하거나, 아무것도 표현하지 않거나 둘 중 하나이기 때문이다.

| 평정심인가 연민의 끝인가

토머스 에이킨스(Thomas Eakins, 1844~1916)의 유명한 두 개의 작품에는 마취 기술의 효과가 외과 수술의와 생리학자들의 정서적 관행에 미친 영향이 잘 묘사되어 있다. 첫 번째 작품은 〈그로스 박사의 임상 강의(The Gross Clinic)〉로 1875년에 제작되었으며, 두 번째 작품은 〈애그뉴 박사의 임상 강의(The Agnew Clinic)〉로 1889년에 제작되었다. 두 작품 모두 마취 상태에 있는 환자에게 외과 수술을 실시하는 장면을 묘사하고 있는데 실제의 모습을 상당부분 그대로 담아냈다.

현대 외과 수술을 경이롭게 바라보는 관점에서 묘사된 이 장면들에는 외과 의사가 마치 현대의 영웅처럼 돋보인다.[27] 현장에 모여 있는 수술팀의 복장을 비롯해서 외과 수술 관행의 중요한 변화를 보여주는 이 두 작품은 글이나 문서를 통해 많이 언급되어왔다. 먼저 제작한 작품은 현대 미술의 걸작으로 널리 알려진 반면, 다음 작품은 강의실에 가득 들어찬 남성들의 시선이 모여 있는 수술 장면의 중앙에 여성 환자의 나체가 그려져 있다는 점 때문에 대중의 심기를 불편하게 했다. 하지만 두 작품 사이의 14년이라는 시간적 간격은 에이킨스가 작품에 도입할 수 있는 시각적 긴장감에 극적인 영향을 미쳤는데, 이 두 작품의 정서적 맥락에 대해서 제대로 된 연구가 이루어지지는 않았다.

　　두 작품이 모두 연륜 있는 외과 의사가 마취되어 의식이 없는 환자에게 차분하고도 위엄 있는 자세로 수술을 시행하는 모습을 묘사하고 있기는 하지만, <그로스 박사의 임상 강의>에는 장면 전체에 동시대의 도덕적 의구심을 불러일으킬 만한 묘한 공포가 흐르고 있다. 반면에 <애그뉴 박사의 임상 강의>에는 이러한 긴장감이 전혀 없다. 두 작품 모두 교육 현장에서 수술을 집도하는 장면을 담았으며 공간과 등장인물, 수술 절차를 진정성 있게 묘사하고 있다. 소위 말하는 '현실주의' 또는 '객관성'에 입각한 작품 양식은 그럼에도 도덕적 우려를 드러내며, 특히 <그로스 박사의 임상 강의>는 그러한 문제를 생각해보게 하려는 의도를 담고 있다.

　　먼저 <그로스 박사의 임상 강의>에 담겨 있는 감성의 역동성을 살펴보기로 하자. 이 장의 앞부분에서 냉담해지기 쉬운 외과 의사의 인성을 이야기할 때 언급되었던 《꿀벌의 우화》를 떠올려보자. 좋든 나쁘든 외과 의사들은 어느 만큼의 무감각함을 지닐 수밖에 없다. 외과 의사에 대한 이러한 통념은 18세기 전반과 19세기 상당 기간에 걸쳐 이루어진 외과 수술에 대한 인식에서 연유한다. 그것은 특히 마이클 브라운(Michael Brown)이 보여준 것처럼, 신비로운 과정으로 여겨졌다.[28] 외과 의사들은 관행에 따라

토머스 에이킨스,
〈사무엘 그로스 박사의 초상(그로스 박사의 임상 강의)〉, 1875, 캔버스에 유화.

움직인다. 연민과 두려움을 느끼지만 수술에 임해서는 단호하다. 다른 사람들 같으면 환자가 느낄 고통과 자기들이 져야 할 위험부담 때문에 주저했을 일을, 필요에 따라 감행할 수 있는 역량을 지녔다는 점에서 스스로 다른 사람들과 다르다고 인식했을 것이다. 하지만 그들의 마음이 굳어져 있거나 냉정할 것이라는 평판은 실제보다 너무 앞서 있었다.

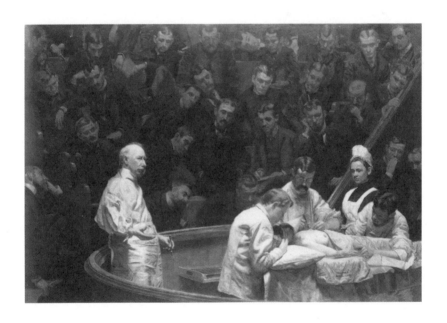

토머스 에이킨스,
〈애그뉴 박사의 임상 강의〉, 1889, 캔버스에 유화.

이번에는 수술 현장에 감도는 감성적 분위기를, 특히 고통의 예감이라는 측면에서 생각해보자. '분위기'라는 개념은 감성의 역사가 사회지리학과 만나는 부분에서 점점 더 중요해지고 있다. 게르노트 뵈메(Gernot Böhme)가 정리한 이론에는 '공간에 감돌아 그 속에 있는 사람의 감각을 통해 감지되는 정서적인 느낌'으로 정의되어 있다. 특히 변화하는 외과 병원이나 극장의 분위기를 말할 때 더욱 의미심장하다. 이 이론을 발전시킨 안드레아스 레크비츠(Andreas Reckwitz)에 의하면 감성적 분위기는 '어느 한 공간이 사용자에 의해 전용될 때' 형성되는데, '관행을 이행하는 자의 특정한 문화적 민감성과 집중도, 그리고 지각, 느낌, 정서에 대한 특정한 민감성에 항상 연결되어 있다'. 내가 여기서 입증하고자 하는 것은 문화적인 민감성이 유동적일 때 분위기의 혼란이 초래된다는 사실이다. 문화적 영역을 새롭게 지배하는 감성에 따라 분위기가 재형성되기까지 긴장과 역동적인 단계를 겪어야 하기 때문이다.[29] 환자의 고통은 관찰자의 마음에 어떻게 전달되는가? 스코틀랜드 출신의 계몽주의 철학자인 데이비드 흄(David Hume)은 타인의 정서 상태를 직접적으로 알기란 불가능하다는 것을 분명하게 알고 있었다. 에이킨스의 작품에 묘사된 장면은 곧 환자에게 가해질 엄청난 고통을 예감하게 하는 분위기로 가득했다.

이보다 더 끔찍한 수술 현장에 참석한 적이 있었던가. 수술이 시작되기 전부터 장비를 준비하는 모습, 가지런히 정리되어 있는 붕대, 달궈지고 있는 인두, 환자와 조수들의 불안하고 걱정스런 표정들을 보고 마음이 몹시 동요되면서 지금까지 느껴보지 못한 짙은 연민과 공포감이 일었다. 타인의 정념이 마음에 곧바로 와 닿지는 않는 법이다. 다만 그 원인과 결과만을 감지할 뿐. 그것들을 가지고 우리는 정념을 추론해내며, 우리의 마음에는 동정심이 일어난다.[30]

위에 인용된 단락에는 두 가지 전제가 함축되어 있다. 첫째, 고통을 초래하는 원인의 징후를 알아볼 수 있다면 마음속에 즉시 정념이 일어나야 한다는 사실이다. 동정심은 연민과 공포로 인하여 생겨나기 때문이다. 둘째, 고통을 초래하는 원인의 징후를 알아보면서도 정념이 일어나지 않는다면, 마음이 냉담해진 것이다. 예를 들어 패니 버니(Fanny Burney)의 유방절제술을 목격한다고 상상해보자(버니의 유방절제술은 1812년에 이루어졌다). '무시무시한 쇠칼이 가슴을 파고들어, 정맥, 동맥, 살과 신경을 자르고 들어가는데', 그녀에게 굳이 '마음껏 소리치고 울어도 좋다는 말을 해줄 필요는 없었다'. 버니는 '수술이 시작됨과 동시에 비명을 지르기 시작했는데 그 소리는 수술이 진행되는 동안 한 번도 끊어지지 않았다.'[31] 이렇게 가혹한 고통을 당하는 장면을 목격하고 그 비명소리를 들으면서 어떻게 마음의 동요가 없을 수 있겠는가?

이런 상황에서 집도를 하는 외과 의사는 이중적인 모호한 상황에 놓이게 된다. 생명을 구할 수 있는 능력을 지닌 사람이면서 정상적인 영혼의 정념을 이해하지 못하는 사람. 관행을 실천하는 인도주의자이며 동시에 천성적으로는 괴물이 되는 것이다. 흄과 동시대 사람인 아담 스미스도 흄의 생각에 근본적으로 동의한다. '수술 도구'가 가져올 '장기적인 효과'는 '수긍할 만하다'고 말한다. 그것의 끝, 즉 목적(telos)은 '환자의 건강'이다. 하지만 그 행위의 '즉각적인 효과는 고통과 시련이다'. 그리고 '그 장면은 항상 우리를 불쾌하게 한다'.[32] 다른 사람들은 모두 두려움에 질려 뒷걸음질 칠지라도 외과 의사는 이러한 불쾌감을 이겨내고 장기적인 효과에 집중할 수 있어야 한다.

여기서 몇 가지 의문점이 생긴다. 고통과 시련의 실체에 변화가 생긴다면 고통과 시련의 징후는 어떻게 될까? 수술을 받는 환자가 더 이상 그 과정에 고통을 견디지 않아도 된다면, 고통의 징후들은 변화된 새 현실에 부응하기 위해 변화될 수 있을까? 만약 그렇다면 얼마나 신속하게 변할 수 있을까? 이러한 의문들은 가설적인 것이 아니라 감성과 의학의 역사에서 본질적으로 다루어져야 할 주제다. 1846년에서 1847년 사이에 마취 기술이 도입되면서 고통 없는 수술의 가능성이 열렸으며, 이와 함께 고통 없는 시대가 시작되었다.[33]

고통이 없는 상황이란 고통을 당하는 사람과 그것을 목격해야 하는 사람 모두를 포함한다. 내가 언젠가 한 번 주장한 적이 있는데, 정서적 경험이 수반되지 않는 고통은 진정한 의미에서 고통이 아니다.[34] 부상이나 수술 중의 절개, 내부적인 병변처럼 즉각적으로 육체의 고통을 유발하는 것은 실질적인 자극이지만 반드시 고통을 경험하게 하지는 않는다. 절개를 할 때 그것이 얼마큼의 고통을 유발할 것인지를 예측할 수는 없다. 이론적으로 보면 수술 중에 경험하는 고통은 환자가 느끼는 두려움과 불안의 강도, 외과 의사가 인지하는 두려움과 불안, 주위 환경으로부터 환자가 얻을 수 있는 통제와 확신, 그리고 수술 결과가 환자의 생명에 미칠 수 있는 위험부담의 정도에 비례한다. 예를 들어 특정 형태의 최면술을 이용해서 마취를 하지 않고도 고통 없이 수술을 시행한 경우는 잘 알려져 있다. 신체에 가해지는 물리적인 자극과 관련된 정서 활동이 효과적으로 차단되거나 통제된 것이다. 그러나 마취 기술이 도입되기 전에는 수술에 따르는 위험부담이 컸기 때문에 결과를 예측할 수 없었다. 어쩔 수 없이 고통을 감내해야 하는 경우, 그 정도는 말할 것도 없이 괴롭고, 해롭고, 극단적이었을 것이다.

그렇다면 고통은 감성의 결집체로 간주되었을 것이고, 그렇게까지는 아니더라도 정서의 복합체였을 것이다. 더구나 흄과 스미스의 증언에도 나타나듯이 고통의 지각은 칼에 베이는 사람뿐 아니라 그것을 목격하는 사람의 뇌에서도 일어난다. 연민과 공포, 동정심을 느끼는 그 자체로 고통을 경험한다. 신체가 물리적으로 고통을 당하는 상태에서는 한 걸음 물러나 있지만 그럼에도 그것을 목격하는 사람도 그의 몫에 해당하는 고통을 경험한다. 마취를 하게 되면 환자의 고통뿐 아니라 목격자의 고통도 묵시적으로 사라진다. 그리고 외과 의사의 무감각함에 대한 의구심도 사라질 수 있다. 새로운 수술 현장의 마취된 분위기에서는 더욱 아무것도 느낄 필요가 없기 때문이다.

그러면 이러한 마취제의 실용화가 제대로 이루어질 수 없었던 몇 가지 이유를 살펴보자. 첫째, 마취제가 개발된 후에도 그것이 보편적으로 이용된 것은 아니다. 사실 여러 가지 이유로 의도적으로 마취제를 사용하지 않는 경우들이 있었다. 마취제를 안전하게 사용하는 방법에 대한 풀리지 않은 의문이 있었기 때문이다. 고통이 신의 뜻이라면 그것을 피하는 것은 신성 모독이다. 일부 사람들, 특히 인종과 계급이 다르거나 여성, 어린이와 동물들은 마취제를 필요로 할 만큼 민감하지 않다고 여겼다. 비용 또한 마취제 사용의 확산을 제한하는 요인이었다. 이러한 이유들로 인해 수술에 따르는 고통은 많은 사람들에게 현실로 남아 있었고 20세기에 들어서도 한동안 계속되었다. 우리의 기억 속에 의료기관에서 겪었던 고통의 기억이 남아 있다면 이것은 분명한 사실이다.

둘째, 환자의 고통을 완화시키면 목격자의 고통도 완화된다는 논리는 실제 경험되는 방식과 다르다. 수술 도구들을 보면서 환자가 겪게 될 고통을 생각하는 흄의 마음을 움직인 정념이 연민이었다면, 연민에 관한 19세기의 연구에는 감정을 느낄 수 없는 물체에 느낌을 투영하는 기이한 기록이 남아 있다. 연민은 모성의 정서로 대상에 애정을 쏟고 보살피고자 하는 욕구다. 이때 대상은 고통을 경험하는 중이거나 무생물체일 수도 있다. 현대의 어법으로 치자면 그러한 행위는 '귀엽다'고 여겨지며 '어머' 하는 감탄사를 유발한다. 예를 들면, 아기 물개나 아기 물개의 그림 또는 장난감 아기 물개에 감정을 이입하는 것이다. 어떤 사람들은 이를 감성의 '디즈니화'라고 부르기도 하는데 밤비에게는 애정을 보이고 소중히 여기면서 그보다 덜 매혹적인 동물들의 처지에는 무심해도 되는 듯이 길들여진 정서를 말한다.[35] 사실 이러한 현상이 나타나기 시작한 것은 훨씬 더 오래 전이었다.

허버트 스펜서가 1872년에 쓴 글이다. '연민에는 타인이 겪는 감각이나 감성의 고통이 함축되어 있다. 그러한 연민은 고통이 가해지는 것을 막거나 이미 가해진 고통을 완화시켜주려는 노력을 하게 한다'. 그러나 이 글은 의미심장하게도 '연민의 특정 단계'에서는 '고통에 쾌락의 요소가 수반되기도 한다. 그리고 쾌락적인 고통 또는 고통스러운 쾌락은 이를 완화시키기 위한 아무런 조치도 취해지지 않는 상태, 또는 취해질 수 없는 상태에도 계속된다'는 것이다. 혹은 처음부터 완화시켜줄 괴로움의 요소가 전혀 없었을 수도 있다. 스펜서가 주장하는 바에 의하면 이렇게 '부모와 같은 본능'은 다음과 같은 특성을 지닌다.

> '부모와 같은 본능'은 항상 상대적으로 약하거나 무력함이 보일 때 발휘된다. 인형을 가지고 있는 어린 소녀나 작은 강아지를 안고 있는 여성, 새끼를 데리고 있는 고양이, 방금 깨어난 병아리들 때문에 불안해하는 암탉을 볼 때처럼 약하고 의존적이어서 돌봐주어야 하는 대상을 대할 때 연민의 감정이 일어난다.

스펜서가 조롱 섞인 어조로 설명하는 이 지나치게 감상적인 정서는 '약하게 태어난 모든 피조물과 사고나 질병, 학대로 인하여 약해진 모든 피조물'에게로 확산되었다.[36] 19세기에 나타날 디즈니화의 씨앗이 이미 뿌려져 있었던 것이다.

이러한 정서적 특성에 함축된 명백한 성별화와 그 타이밍에 대해 생각해보자. 사회적 활동주의는 그 비판자들에 의해 점점 더 감상적이고 여성적인 것으로 치부되었다. 1860년대 후반부터 부각된 반생체해부 운동은 특히 여성 전용 캠페인으로 인식되어 있었다. 그보다 오랜 전통을 지닌 영국 왕립동물학대방지협회 같은 단체도 있었지만, 이 역시 여성들의 후원에 의존하고 있었다. 1884년에는 아동학대방지회가 결성되어 많은 여성 후원자들과 동물 자선단체의 활동가들이 참여했다. 이 모든 것이 감성적인 소설, 자선활동과 '여성 자선가'의 부상이라는 맥락에서 발전되었으며, 사회를 좀 더 '합리적'이고, 과학적이고, 실용적인 방향으로 개혁할 수 있는 사람들, 즉 남성들이 보기에는 그릇된 방향, 계산 착오에서 비롯된 인간성의 물결에 합류하는 것으로 평가되었다.

따라서 토머스 에이킨스가 〈그로스 박사의 임상 강의〉를 그릴 때쯤에는 연민이라는 정서가 과학이나 의학을 연구하는 사람들 사이에서는 여성 특유의 다루기 힘든 감성으로 치부되었다. 연민은 또한 고통을 느낄 수 없는 대상도 고통을 느끼는 것으로 간주했다. 그것이 수술 도구를 바라보며 연민을 느꼈던 흄의 마음과 같다면 실제로 고통을 느끼는가의 여부에 상관없이 수술 환자에 대해 연민이 일어나는 것도 마찬가지다. 또한 반생체해부 캠페인의 중심에 있는 실험용 동물들에 대해서도 같은 원칙이 적용된다. 이는 마취의 효과와 수행자의 정서와 상관없이 그들을 고문한다는 인식이 고집스럽게 남아 있기 때문이었다. 클로로포름이나 그 밖의 마취제의 등장으로 인하여 본질적인 감성적 고통이 적어도 수사적으로는 사라졌음에도, 여전히 많은 사람들이 외과 의사를 냉정한 괴물로 상상했다.

에이킨스는 스스로 외과 의사가 되는 길로 들어섰고, 해부실에 드나드는 데 익숙해 있었다. 그는 필라델피아에 있는 제퍼슨 의과대학에서 사무엘 그로스 박사를 묘사하면서 마취제가 천재 외과 의사의 감성적 관행에 미치는 효과, 그리고 그림에 묘사된 장면에는 고통의 흔적을 찾아볼 수 없음에도 그 사실을 알지 못하고 여전히 연민과 두려움을 느끼는, 문화적으로 한 발 뒤처져 있는 목격자들의 모습을 포착했다. 수술에 임하는 모든 손들과 관심이 집중되어 있는 장면의 중앙에는 절개된 젊은 환자의 다리가 놓여 있고, 골수염 수술이 진행 중이다.[37] 환자를 둘러싸고 있는 수술 팀은 위급하지 않은 따분한 수술 절차에 무심히 열중하고 있다. 그들의 몰입에서 어떤 감성을 나타내는 징후 같은 것은 찾아볼 수 없다. 굿리치(Goodrich)는 그로스 박사의 모습에 '대리석 같은 침착함'이 보인다고 했다.[38]

수술 부위 바로 위에는 마취제를 투입하기 위한 장치가 묘사되어 있다. 환자는 아무런 움직임이나 표현이 없지만 예방적 차원에서 아주 가벼이 고정되어 있다. 수술을 받고 있는 환자는 공포를 전혀 느끼지 못하는데, 만약 그렇지 않았다면 장면을 목격하는 사람의 마음에 연민이나 공포가 일어났을 것이다.[39] 수술 과정을 지켜보는 학생들은 적당히 흥미롭고 적당히 지루하다. 실내를 압도하는 권태로움에서 마취제와 수술기법의 발달로 말미암아 외과 수술이 평범한 의료 행위로 인식되고 있음을 알 수 있다. 조금만 시간을 거슬러 올라갔어도 이런 경우 환자는 몹시 고통스러운 절개의 과정을 앞두고 있었을 텐데, 그림 속 수술 장면은 조용하고 차분하며, 감정의 개입이 전혀 없다. 에이킨스 자신이 그랬듯이, 거리를 두고 연구의 기회로 삼아야 하는 상황인 것이다.

그러나 이 장면에는 의도적으로 대중의 시선을 유인하는 요소가 있다. 수술 도구들, 즉 공포를 불러일으키는 힘을 가진 그 물건들이 마치 관람자가 극복해야 하는 공포를 상징하듯 그림의 맨 앞 전면에 펼쳐져 있다. 그로스 박사는 환자로부터 얼굴을 돌리고 있는데, 그 뒤에 앉아 있는 환자의 어머니로 보이는 여인은 피 묻은 메스를 휘두르는 그로스 박사의 손이 시야에 들어온 듯, 두려움에 움츠러들고 있다. 유일하게 감성적 반응을 보이는 그녀는 그림에 등장하는 유일한 여성이기도 하다. 에이킨스는 고통에 대한 구시대적 감상에 대한 의학적 비판을 수술 도구를 통해, 특히 고통의 상징인 피로 포착해서 보여준다. 그리고 상황에 맞지 않는 두려움, 잘못 발현되는 연민을 성(性)적인 특성으로 함축하고 있다.

장면의 나머지 공간에 있는 사람은 아무도 움츠러들지 않는다. 다만 좀 더 가까이 다가와서, 더 자세히, 구시대적 고난의 미학에 대한 거리낌 없이 수술을 지켜보려는 분위기다.[40] 그중에도 가장 가까이 다가와 작품을 관찰하면서 맥락을 이해하고자 한 사람은 굿리치다. 그리고 다음과 같이 말했다. '인간성의 결핍 같은 것은 없다. 눈을 가리고 삶의 유쾌하지 못한 측면으로부터 움츠러들려는 감성이 아니라, 질병과 고통을 보고 진정성 있게 그것들을 기록할 수 있는 과학자들에 대한 적극적인 이해다. 이 작품은 과학의 비인격성과 인류애를 담고 있다.'[41] 그러나 이 모든 것들은 '과학적 감성이라는 역사적 산물과는 반대로 과학자들에 대한 적극적인 이해'를 너무 쉽게 옳은 것으로 받아들이기 때문에, 이 장면을 잘 들여다보면 그 속에는 고통이 없다는 사실을 간과하고 있다.

에이킨스는 의학적 진보를 칭찬하고 그것을 구현한 사람들의 정서적 특성을 암묵적으로 높이 평가하면서, 동시에 두려움에 싸인 어머니의 모습에는 대중의 분위기를 담고 있다. 작품에 대한 대중의 반응은 싸늘했으며 특히 피를 보이는 장면에 대해 강한 거부감이 있었다. 한 비평가는 이를 비난하면서 '신경이 예민한 사람들'에게 충격을 줄 것이라 했다. 또 다른 비평가는 '담대하고 건강한 사람이라도 보기 힘든 장면'이라고 했다.[42] 어떤 비평가는 그로스 박사의 손에 묻어 있는 피가 시각적으로뿐 아니라 후각적으로도 충격을 주는 듯 '지독한 악취를 풍기는 손'에 집중되는 시선을 비판하기도 했다.[43] 그가 말하는 피는 실제로 페인트지만 관객의 의심 어린 시선에서 그 본질을 잃어버리고 환자의 몸에서 흘러나온 피로 느껴져 보는 사람을 유혹하면서 동시에 뒤로 움츠러들게 한다. 작품을 감상한 누군가는 '그림 속 장면에서 그로스 박사를 떼어내 그의 손에 묻어 있는 피를 닦아주기만 한다면 얼마나 경이로운 초상화가 될 것인가!'라고 한탄하기도 했다.[44] 겁에 질려 있는 여인 역시 분노를 자아내는데 이는 '무시무시한 이야기, 적어도 평범한 사람들에겐 무서운 이야기'를 들려주기 위해 '멜로 드라마적 요소'를 강조하기 때문이다. 에이킨스는 대중에게 그 무시무시한 이야기를 직설적으로 보여주었다는 비난을 받았다.

여기서 대중이란 수술이 훨씬 더 고통스럽던 시절의 수술 과정과 외과 의사에 대한 정서적 반응을 보이는 사람들로 정의되는데, 그들에게

군이 '그 무시무시한 이야기를 들려줄 필요는 없다'. 왜냐하면 그러한 충격은 무엇이 도덕적이고, 무엇이 신성하고, 무엇이 역겨운 것인지에 대한 대중의 느낌을 근본적으로 공략하기 때문이다. 에이킨스는 통제된 감성과 광범위한 영향력을 갖는 인류애의 의학적이고 과학적인 담론으로 파고들어가 그 담론에서 벗어나 있는 사람은 이해할 수 없는 이야기를 들려준다.[46]

외과 의사의 중요한 자질, 평정심

이제 〈애그뉴 박사의 임상 강의〉로 넘어가자. 그동안 중요한 변화가 있었다. 이 작품은 1889년 데이비드 헤이즈 애그뉴 박사의 은퇴를 기념하기 위해 서둘러 제작되었다. 애그뉴 박사의 학생들 중 몇 명이 위탁해서 주문한 것인데 〈그로스 박사의 임상 강의〉처럼 잔인한 신체 훼손이라는 비판을 받았다. 애그뉴 박사도 자기 손에 묻은 피를 모두 지워달라고 요구했고, 특히 피의 붉은색이 거부감을 준다고 했다(그러나 에이킨스가 그의 요구를 전적으로 따라주지는 않았다).[47] 이러한 유사성이 있음에도 두 작품의 전반적인 주제나 정서적 느낌은 달라졌다.

이 작품은 당시에 급격히 강조되기 시작하던 수술 환경의 청결 상태 및 무균성을 묘사한 것으로 관심을 받았다. 전문의들의 흰 가운은 세균 이론이 충분히 인지된 상태에서 수술이 진행되고 있음을 나타낸다. 방안 가득한 남성들이 시선을 집중시키고 있는 장면의 한가운데 여성의 나체가 있다는 점도 이 시기에 특히 예민했던 예술 비평적 감각을 건드려 많은 비판을 받았다. 유방암 수술을 묘사하면서 집도의 중 한 명이 여성의 가슴을 잡고 자르는 모습을 보여주는 것은 대중의 기호를 한계까지 몰고 가는 일이었다.

그러나 이 작품은 예술적 기호를 만족시켜주기보다는 의학적 성과와 영웅적 위업을 기념하기 위한 것이었다. 대중이 두려움에 질려 뒤로 물러서야 할 어떤 징후도 없다는 바로 그 점이 핵심이다. 이 작품은 여성적 감성과 공포가 배제되어 있다는 점에서 특기할 만하다. 〈애그뉴 박사의 임상 강의〉에서 환자 외의 여성은 전문 간호사뿐이다. 검은 옷을 입은 유일한 인물이기도 하며, 혼자서만 머리에 모자를 쓰고 있는 간호사는 〈그로스 박사의 임상 강의〉에 등장한 유일한 여성 인물을 떠올리게 한다. 다만 〈그로스 박사의 임상 강의〉의 여성은 끔찍한 장면에 움츠러들고 있다는 점에서 이 작품의 간호사와는 극명하게 대조된다. 〈애그뉴 박사의 임상 강의〉에 등장하는 간호사는 무표정한 얼굴로 냉정할 정도로 차분하게 수술 환자에 집중하고 있다. 애그뉴 박사는 그로스 박사처럼 시선을 돌리고 있는데, 그의 시선은 아마도 수술 과정에 진지하게 주의를 집중하고 있을 학생들을 향하고 있을 것이다.

에이킨스가 더 이상 피와 수술에 수반되는 고통을 공포나 연민, 혐오감을 일으키는 상황으로 다루지 않아도 되었다는 사실은, 그러한 요소들이 1875년 작품을 그릴 때와 비교해서 달라지지 않았음에도 수술 도구들과 선혈의 의미를 관조할 수 있는 일종의 인류애와 침착함이 훨씬 안정적으로 자리 잡았음을 말해준다. 더구나 그 해 즈음에는 외과 의사들 자신도 냉담하다는 지적을 오히려 바람직한 정서 상태로 받아들이기 시작

감정의 역사

했다. 또한 같은 해, 같은 도시에서 유명한 의사였던 윌리엄 오슬러(William Osler, 1849~1919) 박사도 펜실베이니아 대학의 의과대 졸업생들 앞에서 좋은 외과 의사의 정서적 기질을 명시했다. 그 후로 오슬러 박사가 했던 연설의 핵심 단어인 평정심(aequanimitas)은 그를 따르는 오슬러리안들의 좌우명이 되었다. 1989년판 《옥스퍼드 사전》에 따르면 영어의 '평정심(equanimity)'이란 '특히 어려운 상황에서 정신적인 고요함, 마음의 평정, 기질의 균형을 유지하는 상태'를 말한다.

나는 졸업생들 앞에서 한 오슬러의 연설이 의사, 외과 의사 및 생리학자들의 감성적 관행의 진정한 출발점이었다는 주장을 한 적이 있다. 냉담함에 대한 비난을 받아들여서 올바른 훈련을 받은 사람들이 가질 수 있는 미덕으로 새롭게 해석했다는 점에서 그렇다는 뜻이다. 오슬러의 연설은 전문병원의 분위기에 대한 관성적 관념에서 벗어나서 연민이나 동정심, 두려움, 불안을 털어버려야 한다는 간곡한 권고를 담고 있다. 오슬러는 외과 의사가 환자의 고통을 공감했을 때 일어날 수 있는 재앙적인 결과를 예고하는데, 이는 외과 수술에서 고통은 유령과 같다는 현대의 외과적 인식 때문만은 아니다. 의술이 행해지는 상황에서 일어나는 연민은 의술을 행하는 사람이 고통의 징후를 보고 일으키는 본능적인 반응일 뿐, 사실 환자가 나을 수 있다는 희망 외에 그 어떤 의미심장한 고통의 징후도 아니다. 그런 맥락에서 오슬러는 좌중의 졸업생들에게 '그 어떤 심각한 상황'에 직면해 있을 때에도 '정신을 바짝 차리고' 얼굴에 경각심을 드러내지 않도록 하라고 권고한다. 외과 의사는 '사고의 수뇌부'를 통제할 수 있어야 한다고 했다. 시각적으로 보기 힘든 장면에 주의를 분산시키지 않아야 하며, 신체를 적극적이고 의식적으로 통제할 수 있어야 한다. 침착함을 유지하는 것은 '타고난 기질'이며, 외과 의사로서 '냉정함'과 '평온함'을 보증해주기 때문에 '위험한 순간에 명확한 판단'을 내릴 수 있게 해준다. 오슬러는 이러한 냉정하고 침착한 성품이 충분히 표출되지 않을 것에 대비해서 역사를 통해 외과 의사들의 기이한 특성으로 평가되어왔던 정서적 기질에 대해 좀 더 자세히 언급했다.

> 이제 어느 정도의 무감각함은 복잡하고 위험한 수술에 임해서 침착하게 판단하고 수술을 이끌어 가는 데 유익할 뿐 아니라 절대적으로 필요한 요소가 되었습니다. 예리한 감수성이 높은 경지의 미덕임은 의심할 바가 없지만, 이는 그러한 감수성이 손의 안정적인 움직임이나 신경의 냉정한 균형을 흐트러뜨리지 않는다는 전제 하에서 그렇습니다. 그러나 실전에 임한 의사에게는 오직 결과에 유익한 것만을 생각하면서 사소한 우려를 무시할 수 있는 냉담함이 더 필요한 기질입니다.

요약하자면 오슬러는 의술을 행하는 사람들에게 필요에 따라 감수성을 차단할 수 있으면서도 '우리가 살아가는 데 근본이 되는 인간적인 가슴'을 유지할 수 있는 역량을 요구한다. 그러한 역량을 가진 사람은 '무딘 판단력을 발휘해서 위급한 상황에 단호하고 용기 있게 대처할 수 있다.'[48]

긍휼과 인류애에 입각한 의술에 대한 오슬러의 심오한 권고는 역사적으로 외과 의사들의 인성으로 여겨져왔던 냉담함이나 잔혹성과는 거리가 멀지만, 마음을 무디고 굳게 가져야 한다는 점에서는 같다. 사실 오슬러의 연설은 마치 기술이 개발되기 전에는 외과 의사들이 환자의 고통 앞에서 냉정하고 차분함을 유지해야 하는 힘든 부담을 감당해야 했다는 사실을 암묵적으로 확인해준다. 환자가 표현하는 고통의 징후들은 의사들에게도 감각적으로 극심한 고통이 될 수 있기 때문이다. 앞에 인용된 오슬러의 연설은 처음으로 의학을 냉담한 정서의 영역으로 이해하는 듯이 들리는데, 그 냉담함을 반드시 필요하고 유익한 기질로 칭송하는 듯한 어조다. 환자와 대중은 이러한 정서적 관행을 이해하거나 이에 공감하지 못할 수도 있음을 암시적으로 인정하면서도, 이에 대해서는 재고의 여지를 두지 않는다.

에이킨스는 〈애그뉴 박사의 임상 강의〉에서 바로 이러한 관점을 포착했으며, 그것이 이 작품을 〈그로스 박사의 임상 강의〉와 구분되게 하는 요소다. 작품에서 유일하게 표정으로 감정을 드러내는 사람은 애그뉴 박사의 바로 왼쪽에서 풍자적인 경애의 미소를 짓고 있는 남성이다. 그 외에는 환자와 수술 팀, 학생들의 무감각한 분위기가 작품을 지배하고 있다. 이 사회에서 그리고 바로 이 작품의 맥락에서 아무것도 느끼지 않는 것보다 더 고귀한 인류애의 표식은 없다. 그러므로 평정심은 연민의 종말이 아니라 더 좋은 목적, 더 높은 차원의 목적, 더 숭고한 목적(telos)을 위해 연민을 내려놓는 것이다.

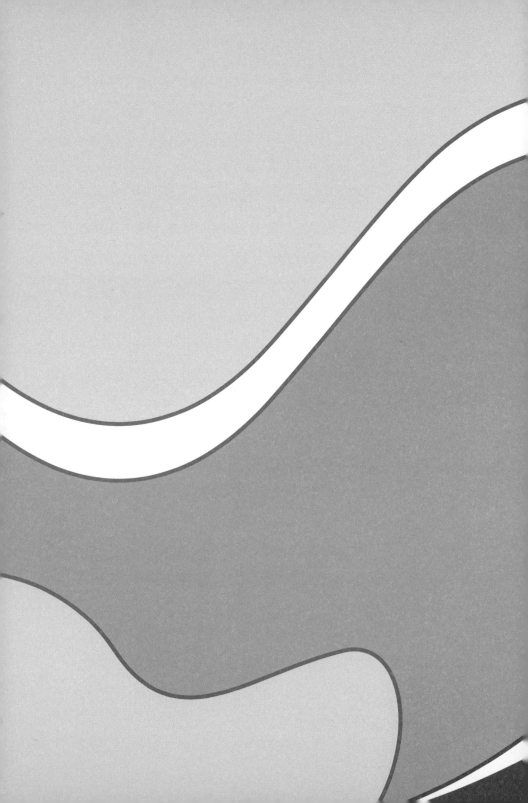

6장

-

행복을 관장하는
정부 부처

A

HISTORY OF

FEELINGS

최근에 극히 개인적인 측면에서 감정의 역사성을 경험할 기회가 있었다. 한 친구가 이런 설명을 했다. 'X 세대는 감정적 경험의 독특한 복합체를 분류해서 이름을 붙이려고 하고, Y 세대는 감정을 강도의 순서로 표현하려고 한다.' Y 세대는 뭔가에 지극히 감동받았을 때 '모든 감정'이 총체적으로 일어난다는 표현을 사용하는데, 나는 그러한 감정적 경험이 무의미하다고 생각한다. 또한 그러한 경험을 의미 있다고 주장하는 것에 대해 나는 한 발 물러서서 의구심을 갖게 된다. 거의 신(新)점성술적 범주라 할 수 있는 공허한 X 세대라는 부류가 정확하게 나를 대변해준다고 할 수 있는데, 이렇게 누가 봐도 X 세대에 속하는 나는 세대를 아우를 수 있는 주제가 요원해져가는 것을 목격하고 있다.

나는 '감정'에 접속하는 방법을 모른다. 혹은 모든 느낌이 함축되어 일반성을 띠는 그 독특한 감성을 다루는 미세한 방법을 모르는 것일 수도 있다. 의사소통의 수단으로 사용되는 이모티콘의 유용성이나 깊이를 이해하지도 못한다. 정서를 대변하는 그 그림문자들이 다양한 감정의 풍부한 의미들을 가장 간략한 형태의 표현으로 대치하고 있다는 사실은 인지하고 있지만 말이다. 말할 필요도 없이 나는 이모티콘으로는 의사를 전달하기 힘들다는 입장이다. :-(하지만 도덕 경제의 측면에서는 밀레니얼 세대와 소통되는 부분이 있다. 그들 중 몇 명과 친구이기도 하다. 그들과 솔직하게 속을 털어놓으며 소통하고, 그들도 나에게 그렇게 한다. 우리가 정말 서로에게 공감하고 있는지, 아니면 의도는 그러하나 사실은 서로를 제대로 보지 못하고 있는지는 알 수 없다.

그에 못지않게 이해하기 힘들어 당혹스럽고, 그럼에도 일상적으로 사용되는 관용적 표현은 '감성적이었어' 또는 그와 비슷한 종류의 표현들이다. 어떤 경험이 '감성적'이라는 말은 뭔가 기억에 남을 만한 순간의 의미를 소중히 받아들인다는 뜻으로 들린다. 그러나 '감성적이다'라는 표현 자체에 본래의 그 모든 특별한 의미는 담겨 있지 않다. 마치 어떤 종류의 감성적 경험을 했는지는 구분해내지 못하면서, 단지 감성적으로 자극을 받았다는 사실만 아는 것과 같은 상황이다. 어떤 면에서는 상투적인 느낌이 물씬 풍기는 그러한 표현이 감성 경험에 대한 심오한 개방성을 나타내기도 하지만, 또 다른 면에서는 감성적 이해가 부족해서 난감한 상태, 일종의 정서적 문맹을 의미하기도 한다.

그러나 외적 평가와는 다르게, 이렇게 무미건조한 일반화가 많은 사람들에게 매우 유용한 표현 방식인 것 같다. '감성적이었어'라는 표현은 더 이상 정의를 내리거나 명확하게 설명하지 않아도 그 자체로 의미가 통한다. 감성 역사에 관한 학문적 문헌조차도 '감성적'이라는 형용사를 과도하게 사용하는 것을 볼 수 있다. 이 역시 그 문헌들을 작성하는 데 주된 공헌을 했던 세대가 남긴 표식일 수도 있다. 마치 어느 특별한 역사적 사건이나 상황이 '감성적 경험'이었다고 표현하는 것이 분석적으로 유용하기라도 한 것처럼 말이다. 그러나 감성의 역사는 궁금증을 자아내는 것 이상의 무엇인가를 해야 한다.

그리 멀지 않은 과거에도 사람들은 '마음에 와 닿는' 경험에 대해 '감동'했다는 표현을 사용했다. 이 역시 오늘날 사람들이 사용하는 '감성'이라는 단어의 독특한 의미보다 더 특정적인 의미를 갖지는 않았을 테지만, 그래도 표면상으로 그러한 표현은 좀 더 강력한 호소력을 가졌다. 최소한 감동했다는 것은 정서적인 경험을 감동의 눈물을 흘린다거나 하는 신체적인 반응과 연결시키고 그것을 일으킨 대상에 대한 일종의 암시적 경외심을 갖는다는 의미였기 때문이다. 영화, 장례식, 기념식, 예식과 같은 것들은 마음을 감동시키는 힘을 가졌다. 그러한 경험은 어떤 방식으로든 슬픔에 연결되거나, 아니면 숭고함이나 일종의 웅장함의 효과를 감사히 받아들이는 감성에 연결되었다.

이 말이 신빙성 없는 이야기처럼 들린다면, 앞으로 몇 페이지에 걸쳐, 심리과학 분야에서는 그 어느 때보다도 엄격하게 정의되고 범주화된 '감성'이라는 범주가 어느 정도까지 경험적 의미심장함을 잃어버리고 공허해져왔는지 확인하기 바란다. 사람들은 늘 감성에 대해 말하지만, 실제로 감성이 제도에 의해 도용되고 신체로부터 분리되어 나오면서 사람들이 누리는 감성적 삶의 팔레트가 단조로워졌다는 점은 우려할 일이다. 어쩌면 역설적이게도, 사람들이 자신의 감성과 닿아 있는 훨씬 더 편안하고 보편적인 정서 상태를 나타내는 것처럼 보이는 거창하고 과장된 표현이 바로 감성의 깊이 없음을 나타내는 것일 수 있다. 반면에 나의 해석은, 예를 들어 슬픔과 같은 감성의 그러한 대중적 표현이 한편으로는 감정의 일반적인 얄팍함에 기인하기도 하지만, 다른 한편으로는 거창한 감성 표현을 유도하는 강력한 장치 때문이기도 하다는 것이다.

이 장에서는 현대인의 삶에서 정서적인 부분이 차지하는 비중을 말해주는 그들의 빈곤한 감성에 대해 살펴보기로 하자. 이는 불행하게도 기업과 정부의 관점에서 보는 감성의 풍요와 밀접하게 연결되어 있다. 우리의 감성은 오랫동안 만인의 것이었다. 에바 일루즈(Eva Illouz)의 말처럼, '개인적인 자아가 지금처럼 경제 및 정치 영역의 흐름과 가치에 따라 공개적으로 다루어지고 통제되었던 적은 없었다.'[1]

| 제복에 의한 행복

20세기는 많은 학자들에 의해 병리학적 감성의 시대로 정의되어왔다. 현대인이 경험하는 강렬한 감정적 자극과 각박한 도시생활에서 연유한 것으로 보이는 신경쇠약 증세는 제1차 세계대전의 공포와 피해자들의 정신과 육체

에 미친 충격적인 영향으로 인해 왜곡되고 증폭되었다.[2]

이와 같은 맥락에서 감성적 규범성에 대한 새로운 지식, 유사 의학적 담론은 기존에 세워진 감성의 범주에서 벗어나는 사람들에 대해 병리학적 해석과 진단을 내렸다. 그리고 점차 우리 모두가 이러한 현상에 속하게 되었다. 경제 침체와 함께 진단 가능한 정신질환인 우울증이 나타나기 시작했다. 비록 조광증과 우울감을 대체하는 20세기의 신조어인 '우울증'의 의미가 안정적으로 정립된 것은 아니었지만.[3] 그렇다고 해도 20세기는 의학계와 정신분석학계 그리고 대중적 담론이 모두 전쟁과 폭력, 상실, 슬픔 그리고 급격한 사회적 변화와 이동의 시대를 특징짓는 부정적이고 괴로운 감정을 하나의 범주로 분류하려는 거센 움직임을 보였던 시기다.

당시에 대한 이 암울한 평가와 1915년에 영국 의회 모집위원회가 제작한 군인 모집 포스터를 비교해보자. 포스터에 등장하는 군인은 혈기 왕성한 얼굴로 편안한 미소를 짓고 있다. 그에 따르는 문구는 '이 사람은 행복하고, 만족합니다. 당신도 그런가요?'이다. 전쟁의 다양한 측면 중 어느 하나도 행복이나 만족감과 관련된 것은 없다는 사실을 알고 있다면, 그런 선동에 넘어갈 사람이 있을지 당연히 의심할 것이다. 그러나 모집 광고라는 거시적인 측면에서 볼 때 이 포스터는 대중에게도 널리 수용되었으며 모집 대상에게도 설득력이 있었다. 그렇다면 어떤 면에서 효과를 발휘한 것일까?

수사적인 질문인 '당신도 그런가요?'는 두 가지 단계에서 나올 수 있는 부정적인 답변을 암시한다. 첫 번째 암시는, 정부가 전쟁을 운용하는 정책 중에는 참여를 거부하는 사람들이 수치심을 느끼거나 더 심한 경우에는 항의 및 반대에 부딪히게 하는 일도 포함됐다는 점이다. 이러한 상명하달식 메시지를 전용하는 사람들에 의해 유발된 수치심은 주저하는 마음으로 군 입대를 바라보는 사람들의 마음에 투영되었다.

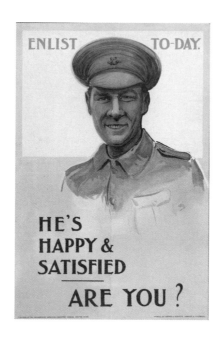

'이 사람은 행복하고, 만족합니다. 당신도 그런가요?'
제1차 세계대전 영국 육군 모집 포스터, 1915.

동지애 충만한 병사들은 기쁨에 찬 얼굴로 줄을 맞춰 행군하지만, 전쟁에 따르는 위험과 죽음, 두려움과 상실은 누구도 예측할 수 없는 것이다. 전쟁

이전에 태어난 어린 세대는 가정과 가족의 중요성과 군사적 모험의 환상을 키우며 자랐을 것이고, 가정과 가족에 대한 사랑은 떠날 것에 대한 두려움과 그들에 대한 사랑을 군복무로 표현해야 한다는 의무감을 모두 고취시켰을 것이다.[4] 제복을 입지 않은 모습을 보이는 것을 수치스럽게 느끼는 것이 상투적인 감성이었다. 모두가 그렇게 생각하는 것 같았다. 암시적인 결론은 제복을 입지 않은 남자는 행복할 수 없다는 것이었다. 하지만 그런 정서가 정부의 체제적 감성 전략에 의해 조성되었다는 사실은 간과되었다.

　　두 번째는 노동계층의 삶은 암울하고 비참하고 불결하며 몹시 불만족스러울 것이라는 가정이다. 세기가 바뀌면서 빈민계층의 삶에 대한 조사(특히 찰스 부스(Charles Booth, 1840~1916)의 조사가 잘 알려져 있다)가 완료되어 빈부의 불평등에 대한 적나라한 그림이 그려졌다. 이러한 것들은 세기가 바뀔 무렵 정부가 남아프리카 전쟁에서 그들이 일반적으로 군복부에 적응하지 못한다는 사실을 발견함으로써 더욱 복잡해졌다. 영국은 '국가적 효율성'이라는 광범위한 프로그램을 통해 세계 산업의 선두주자라는 국가의 지위에 걸맞는 국민의 건강, 특히 남성들의 건강을 돌보았다. 그러나 좀 더 넓은 의미에서 국가의 웰빙에 대해서는 주의를 기울이지 않았다. '당신은 행복하십니까?'라는 질문은 정책 레이더의 탐지 대상이 아니었던 것이다. 그러한 행복이라는 정서를 전쟁이라는 맥락에 집어넣음으로써 정략적 목적에 감성적이고 정서적인 성격을 더하려는 시도가 명백했다. 정부가 주도한 행복 창조의 시작은 결국 허위에 지나지 않았다. 즉 육신을 전선에 세우기 위해 현실적 비참함에 빛을 비춘 것이다.

그러나 감성 체제에 관해서는 정부의 성공적인 실행이 경험적 변화를 가져온다. 앞에 언급한 바와 같이 1915년에 제복을 입고 있지 않은 남자는 수치심을 느끼거나, 아니면 최소한 정부가 의도한 대로 감당하기 힘든 압박감을 느껴야 했다.[5] 같은 맥락에서 입대 절차, 제복을 입는 순간, 동지애를 느끼며 출정하는 순간 등은 많은 사람들에게 고귀한 목적을 수행한다는, 또는 의무를 충실히 이행한다는 생각에서 우러난 행복감이나 만족감을 안겨주었을 것이라 예측할 수 있다. 진흙탕이나 사막에 가서도 그러한 느낌이 오랫동안 지속됐는가는 다른 문제지만 말이다. 제1차 세계대전을 계기로 이렇게 감성 정치는 정부의 정책 중 하나로 명백하게 자리 잡았다. 사람들을 행복하게, 또는 수치심을 느끼게 만드는 것이 정부의 일이었던 만큼 행복과 수치의 조건을 정하는 일도 정부의 몫이었다. 어느 정도까지는 효과가 있었다. 비록 행복의 약속보다는 사회적 수치심을 이용하는 것이 궁극적으로 모집 효과가 더 좋기는 했지만.

전쟁의 열기와 전후에 남겨진 훼손과 부상자들의 모습에서 마주하는 전쟁의 현실과 공포는 피할 수 없이 명백한 문제를 애국의 의무라는 수사학적 해석에 밀어 넣었다. 전쟁 시인들이 지적했듯이, 섬뜩한 참호 안에서 전쟁과 의무, 조국의 찬란함과 낭만은 곧 사라졌다. 차마 그러한 현실을 영어로 옮길 수 없었던 윌프레드 오언(Wilfred Owen)은 (라틴어로 쓰면 덜 수치스러운가?) 이렇게 적었다. 조국을 위해 죽는 것은 '달콤하고 합당한'('행복하고 만족스러운' 정서와 얼마나 유사한가?) 일이라는 호레이스(Horace)의 공언은 거짓말이다.[6] 죽음도, 죽음을 맞이하는 방법도 모두 수치스러운 일이다. 사람을 그러한 죽음으로 몰아넣었다는 것이 바로 국가적인 수치이기 때문이다. 더구나 전쟁이 끝나고 군복을 벗으면 전쟁의 상흔, 한때는 영광의 표식이 었던 상처와 잃어버린 팔 다리가 남성성의 상실로 부각된다.[7] 전쟁은 실체의 한계를 초월하는 수사적 영웅을 만들어냈지만, 종전과 함께 영웅은 무력해진다. 전쟁 중에는 정부의 사업 전략이었던 수치와 행복이 본질적으로 불안정한 감성 체제라는 전후의 변화된 맥락에서는 전혀 다른 가치를 지닌다.

1세기나 그보다 더 오래 전의 군사 모집 광고에서도 행복과 수치의 조건과 경험을 조작하려는 시도를 포착할 수 있는데, 오늘날 같은 일을 하지 못할 이유가 무엇이겠는가? 우리의 행복 조건을 제약하려는 정부의 시도를 우리는 얼마나 인지하고 있으며, 그것을 거부하기 위해 치러야 하는 대가는 무엇일까?

| 행복 안건

2017년 3월 20일, 몬트리올의 날씨는 부분적으로 구름이 끼고 최저 섭씨 영하 7도, 최고 영상 5도를 기록했다. 최소한 눈이 오지는 않았다. 그날에 대한 특별한 기억은 없다. 3월은 일반적으로 특별할 것이 없는 계절이다. 이메일 계정의 받은 편지함에도 별로 중요한 메일이 들어오지 않았다. 대부분의 주요 뉴스 매체들을 훑어봐도 그날 특별한 일은 없었다.

3월 20일인 그 날은 국제 행복의 날(International Day of Happiness)이었다. 이보다 더 의미 없는 꼬리표를 상상하기도 힘들었지만, 전 세계 대부분이 그 날이 기념일이라는 사실을 알아차리지도 못하는 것 같았다. 그렇지만 그 날 유엔은 마이애미에서 세계 행복 정상회담을 열었고 2017년도를 위한 〈제5차 세계 행복의 날 보고서〉가 발행되었다. 첫 번째 〈세계 행복 보고서〉는 '행복과 웰빙에 관한 유엔 고위층 회담을 지지'라는 주제로 2012년에 발행되었다. 2017년 보고서는 짐짓 즐거운 어조로 '그 후로 긴 시간을 이어왔다. 행복을 사회 발전의 척도이자 공공 정책의 목표로 인식하는 경향이 점점 더 지배적이 되어가고 있다'고 이어간다.

이러한 특기할 만한 성과를 입증하기 위해, 〈보고서〉는 그 첫 머리에 경제협력개발기구(OECD)가 '국민의 웰빙을 "정부의 핵심 과제로 삼기 위한 성장 전략을 재정비했다"고 특필한다.[8] OECD 회원국은 35개 국가며, 3억 7,200만 유로의 예산을 관리한다.[9] 그렇게 행복과 웰빙은 '진보'와 하나로 얽혀 있고 연결되어 있으며 특정 경제 정책의 주제가 된다. 학술 연구의 한 분야로서도 행복은 주요 주제로 엄청난 규모의 자금 지원을 받고 있다. 사실 국제 행복의 날은 행복한 삶 자체를 기념하는 것과는 거리가 멀고, 오히려 '국제적인 행복 연구의 영향을 전파'하려는 취지가 강하다.[10] 관심 있는 독자는 '주관적인 웰빙'에 관한 내용을 다룬 〈행복에 관한 연구: 주관적 웰빙에 관한 학제 간 토론회(Journal of Happiness Studies: An Interdisciplinary Forum on Subjective Well-bing)〉를 참조하면 좋을 것이다(여기서 말하는 주관적인 웰빙이란 유료화의 벽 뒤에서 이루어지는 것을 말한다). '행복에 대한 개념화, 측정, 보급,

설명, 평가, 상상, 연구'를 주제로 하는 내용이다.[11]

　　<세계 행복 보고서>만이 유일하게 인간의 행복과 웰빙 지수를 제시한 것은 아니다. 사회발전조사기구(Social Progress Imperative)가 진행하는 사회진보 지수(Social Progress Index)도 '비즈니스, 정부, 민간단체 리더와 변화 주도자들에게 필요한 데이터를 제공해줌으로써 어느 곳에 집중적인 노력을 하는 것이 가장 큰 효과를 거둘 것인지'를 이해할 수 있게 한다. 그들의 지수는 '세계 각국에서 변화를 만드는 사람들에게 정확한 목표를 정해서 노력하고 성과를 추적할 수 있게 하는 우수한 도구를 제공'한다. '일반인들의 삶이 어떤가'를 나타내주는 주요 변수들 중 하나가 바로 '웰빙의 기초'라고 하는 '사회 발전 정도'라는 사실은 설명할 필요가 없을 것이다.[12] 웰빙의 기초가 되는 요소들로는 '기초 지식의 접근성', '정보와 소통의 접근성', '건강과 안녕' 그리고 '환경의 질'을 들 수 있다.

　　하지만 그러한 연구가 사람들이 실제로 자기 삶에 대해 어떻게 느끼는가를 돌아보게 하지는 못한다는 사실과 별개로, 내가 우려하는 것은 그러한 연구들이 명백하게 정치적이고 자본주의적인 목적에 근거하고 있다는 사실이다. 사회발전조사기구의 홈페이지에 게재된 글에 따르면, '사회적 진보의 세계에 사는 사람들은 행복할 가능성이 높으며, 행복할수록 더 나은 삶과 더 진보적인 사회 발전을 옹호'한다.[13] 지극히 사실일 수도 있고, 아닐 수도 있다. '더 진보적인 사회 발전'과 같은 모호한 말은 그 정도를 가늠하기가 힘들지만, 이를 도모하기 위한 정책은 분명하다. 개인의 권리와 자유, 교육의 접근성, 정보의 접근성 등을 강조하는 것을 보면서 우리는

'사회적 진보'라는 것이 자유민주주의를 향해 다가가는 것임을 분명하게 알 수 있다. 자유민주주의를 좋아한다면 그러한 경향은 모두 매우 바람직하다. 그러나 모두가 그런 것은 아니며, 모두가 외부적 요인에 의해 자유민주주의적 변화가 자기들에게 일어나는 것을 원하는 것은 아니다. 이렇게 행복과 사회적 진보를 동일시하는 관점은 기본적으로 '변화를 주도하는' 부유한 서구의 백인들이 다른 사람들은 불행하다고 단정 짓게 한다. 다양한 분야의 기업이 후원하는 일종의 자유민주주의적 식민지를 암시하는 것이다. 의도는 칭찬할 만하나 그 결과가 아마도 행복을 가져오지는 못할 가능성이 높다.

관행 면에서는 그러한 지수가 무엇을 나타내는가? 덴마크는 '웰빙의 기초' 면에서 128개국 중 5위이며 네 가지 요소에서 90.86이라는 점수를 받았다. 그럼에도 덴마크의 자살률은 10만 명 중 10.35명으로 128개국 중 61위다. 2015년에 이루어진 또 다른 연구에서는 덴마크인과 덴마크에 사는 사람들 중 1971년 1월 1일에서 2002년 12월 31일 사이에 태어났으며, 10세 생일까지 덴마크에 살았던 200만 명 조금 넘는 사람들을 기준으로 조사했을 때, 4만 6,943명이 자살을 시도했으며, 1,414명은 실제로 자살했다. 따라서 일생을 통해 어느 한 시점에서 자살 성향을 보였던 사람은 10만 명 중 2,337명이며, 이는 자살을 생각하고 있는 사람들은 포함하지도 않은 숫자다.[14] 독자들 중에는 이렇게 묻는 사람도 있을 것이다. 전적으로는 아니라도 많은 부분 경제적인 문제이기도 한 '웰빙'이 행복과 하나로 연결되어 있다면, 왜 그렇게 많은 덴마크인들이 자살을 시도하는 걸까?

<세계 행복 보고서>가 해답보다 질문을 더 많이 제시한다면, 다른 설문조사들은 어떨까? OECD의 더 나은 삶 지수(Better Life Index)는 다음과 같이 제시한다.

감정을 측정하는 일은 매우 주관적이다. 그럼에도 불구하고 국경을 초월해서 삶의 질을 비교할 때 좀 더 객관적인 데이터를 보충하는 데 유용하다. 주관적인 데이터는 개인의 건강, 교육, 수입, 개인의 성취와 사회적 조건들에 대한 개인적인 평가를 제공하기 때문이다. 특히 설문조사는 삶에 대한 만족도와 행복을 측정하는 데 사용된다.

이 뒤에는 '삶의 만족도'는 '현재의 느낌이 아닌 총체적인 삶을 어떻게 평가하는가'를 측정하는 것이라는 이야기가 이어진다. 그러나 인터넷에서 '삶의 만족도' 데이터를 볼 수 있는 링크에 커서를 갖다 대면 조그만 팝업 창이 뜨면서 '당신은 얼마나 행복하십니까?'라고 묻는다. 행복한 느낌과 총체적인 만족감을 연결시키려는 의도를 분명하게 알 수 있다.[15] 데이터는 설문조사와 여론조사에 응한 사람들의 응답을 정리한 것이며 전반적인 실생활의 타당성을 알 수 있는 지수를 제시하지만, 그 데이터가 얼마나 포괄적인가는 한눈에 알 수 없다.

앞에 예로 들었던 덴마크의 경우를 보면, 총체적으로 3위를 기록하고 있다. '만족'이라는 단어가 이 지수의 핵심 변수로 10점 만점에 숫자로 표시된다. 덴마크인은 자기들의 만족도에 10점 중 7.5점인 '일반적으로 만족'이라고 답했다. OECD 평균치보다는 '자기 삶에 만족하는 정도가 높다'는 것을 알 수 있다.[16] 이러한 만족도가 행복과 동일시될 수 있을까? 10점 중 7.5점 만족한다는 것은 어떤 뜻일까? 그러한 숫자에는 어떠한 양극적 요소들이 숨겨져 있을까?

갤럽의 웰빙 지수는 웰빙에 대한 '객관적' 측정과 '주관적' 측정을 통합해서 얻어진다. '객관적' 측정에는 국내총생산, 고용과 빈곤, 건강, 문맹 등이 포함된다. 이런 범주의 측정은 국가적인 규모에 관한 어떤 것을 나타내지만, 이 범주의 통계는 전체 인구의 평균을 내려는 경향이 있기 때문에 항상 전혀 다른 숫자를 기록할 수 있는 소외 계층, 예를 들면 소수자나 원주민 등을 간과할 위험이 있다. 마찬가지로 삶에 대한 평가와 경험을 '주관적'으로 측정하는 것은 전체에 적용했을 때 숫자를 평준화시키는 경향을 보인다. 나라 전체 웰빙의 등급을 매긴다는 것이 무슨 의미일까? 국가가 진정한 행복 측정의 단위가 될 수 있을까? 이런 방식을 선호하는 측의 주장이 당연히 있을 것이다. 통계적 편리함이 있으니까. 그러나 '순리적인' 요소가 전혀 없다. 국가와 이 특정한 웰빙이라는 과제는 '객관성'과 역사성의 측면에서 이 책에서 다루었던 그 어느 주제에도 뒤지지 않는다. 빅데이터, 과학으로서의 경제학을 암시하는 것, 그리고 사람들 스스로의 평가가 믿을 만해야 한다는 암묵적 믿음, 이 모든 것이 그러한 지표가 쓰이고 형성되는 것을 돕는 감성 체제를 감추는 데 각기 한몫을 하고 있다.[17]

예를 들어 두뇌집단인 신경제학재단(New Economics Foundation)에서 산출한 지구촌 행복 지수(Happy Planet Index)는 행복의 암묵적 정의를, 이번

감정의 역사

에도 국가 차원에서, '모두를 위한 지속 가능한 웰빙'으로 제시하면서 '중요한 요소'를 측정한다고 주장한다.[18] 그러나 결과는 놀랍게도, 가장 행복한 5개 나라에 코스타리카, 멕시코, 콜롬비아, 바누아투, 베트남이 들었다. 스웨덴은 140개국 중 61위, 캐나다는 85위였다. 거의 모든 면에서 부족할 것 없는 덴마크는 32위에 들었다. 그 이유는 덴마크가 삶에 대한 기대도 높고 웰빙에 대한 자가 평가 기준도 높지만, 앞에 언급한 나라들은 지속 가능한 환경 관리와 더불어 '생태학적 발자국'을 덜 남기는 등 환경적으로 건전하다는 사실이었다. 위의 국가들 중 일부에서 보이는 심각한 수입 불균형과 빈곤, 인권 침해, 웰빙에 대한 낮은 자가 평가에도 불구하고, 지구 자체의 장기적인 '행복'을 인지하는 정도가 전형적인 행복의 척도를 뒤집은 것이다. 스칸디나비아에 사는 사람들은 오래 살며 스스로도 행복하다고 생각할지 모르나 그들이 남기는 생태학적 발자국은 세상을 총체적으로 덜 행복한 곳으로 만든다.[19]

　이 모든 내용을 총칭하여 '행복 경제'라고 한다.[20] 그러나 현실적으로 이 설문조사나 보고서, 지수들 중 어느 것도 그곳에서 사는 게 어떤지 경험적으로 말해주지 않는다. 자기가 살고 있는 곳에서 인종이나 성별, 연령, 능력, 성(性)적 기호에 의해 소수로 살아간다는 것이 어떤 의미인지, 통계적으로 나타나는 불행의 원인에는 어떤 것들이 있는지 말해주지 않는다. 누군가는 그런 것들이 문제의 일부라고 주장할지 모른다. 정치와 경제의 측면에서 행복을 이야기할 때나 불행(또는 웰빙의 부족)에 대한 정책적, 경제적 해결책을 장려할 때, 그러한 조사나 보고서, 지수들이 신자유주의 자본가의 과업을 암묵적으로 수행하기 때문이다. 사람들을 불행하게 만드는 것은 성취감을 주지 못하는 일이나 과중한 부채, 공동체의 결여, 외로움과 같은 신자유주의 자본가들이 겪는 증상들이다.

에바 일루즈는 '감성 자본주의'라는 말을 만들어낸 것으로 유명하다. 이 말은 경제발전 과정에 감성이 도용되는 현상을 가리키는 말인데 사회적 관계를 정의하는 말이기도 하다. 그녀의 설명에 따르면 감성 자본주의에서는 '정서가 특히 중산층의 경제 행위와 감성 생활의 본질적 특성을 만들며, 경제 관계와 교환의 논리를 따른다. 시장에 기반을 둔 문화적 레퍼토리가 대인관계와 감성적 관계를 형성하고 알린다.' 따라서 경제관계는 감성적 관행을 위한 규범과 불가분의 관계를 형성한다. 그녀의 말에 의하면 '협력'이나 '팀워크' 같은 말은 심리학자의 언어와 '효율적인 기업 언어'의 발전을 촉진시켰기 때문에 이제 사람들은 이 각본을 통해 느끼고, 기업 관계를 관계 그 자체로 느끼게 되었다.[21] 여기에 한 마디 더하자면, 나는 행복과 웰빙(하나의 범주에 속한다고 생각하는데)이 일과 삶의 균형, (일의 효율성의 관점에서 보는) 건강, (직장에서의) 성취, (일을 위해 가장 필요한) 교육과 같은 순수한 경제 용어로 정의된다면, 감성 자본주의의 실현은 완성된 것이라고 하겠다.

그렇다면 이러한 역사적 시점에 행복을 경제학자들의 영역으로 만들기 위해 어떤 일들이 이루어지고 있을까? 이어서 정치가들에 의한 행복과 웰빙의 식민지화에 대한 정치적 암시를 살펴보기로 하자. 정부가 그러한 지수와 보고서를 근거로 해서 우리가 행복하다고 말한다고 해서 뭐가 달라지는가? 행복의 조건이 정치화된 측정 기준에 부합하도록 명백하게 규정된다면 행복의 경험에는 어떠한 변화가 생길 것인가?[22] 이는 우리 모두에게 가장 중요한 정치적 관심사이며, 이 책의 서론에서 언급한 바와 같이 우리를 비평적이고 맥락에 근거한 성찰의 과정으로 이끄는 문제다. 우리는 감성 자본주의 아래서 행복의 제한조건으로부터 자유로워질 수 있을까? 아니 자유로워지기를 원하는가? 아니면 행복의 조건들이 그 자체의 실현을 방해하고 저항하기 위해 어떻게 도용되고 있는가를 인지하는 것으로 충분한가?

| 정략적 행복

행복은 오랫동안 정치적으로 이용되었다. 제1장에서 보았듯이 아리스토텔레스는 최고의 선을 정치인의 삶으로 보고, 행복을 의미하는 에우데모니아는 선한 삶을 목표로 하는 것이라고 했다. 미국 독립선언문에서도 '생명, 자유, 행복 추구'에 대한 '불가양의 권리'가 분명한 정치 용어로 강조되어 있다. 선언문은 미국인의 삶에 행복을 추구할 권리(행복할 권리는 아니고)를 제도로 정해놓았다. '행복의 추구'는 많은 학자와 작가들에게 영감을 주어 개인적, 철학적, 사회학적, 신경과학적, 심리학적, 경제학적 의미가 함축되어 있는 이 구절의 의미를 밝히려는 노력을 하게 했다. 모든 해석은 단어의 정의에 의존했고, 빠져나갈 구멍이 무수한 언어적 해석은 정략적 공간을 제공했다.[23]

공리주의의 아버지로 유명한 제러미 벤담은 '천부적 불가침의 권리'를 '수사적 헛소리, 즉 애들이나 하는 헛소리'라고 하면서 프랑스의 여러 혁명에 대해 언급했다. 벤담은 이러한 권리는 불안을 조장하며 정부와의 불화를 부추기기 때문에 위험하다고 했다.[24] 벤담은 그 나름의 방식으로 권리의 구축성과 역사적, 정치적 순간에 대한 연관성을 이해했는데, 이는 또한 그러한 권리가 해체되거나 소멸될 수 있음을 암시했다. '행복의 추구'를 천부적인 권리로 보는 것은 이런 종류의 여러 수사학적 헛소리 중 하나로 보인다. 왜냐하면 행복이란 그것을 중심으로 체제나 형태를 이룰 만큼 안정적이지 않으며, 사회, 문화, 정치적 이상 등의 변화를 수용할 만큼 유동적이지도 않기 때문이다. 행복은 이 책을 통해 살펴본 다른 이름의 정서들과 마찬가지로 정해진 범주가 아니다. 항상 같은 의미로 정의될 수 없다. 미국인들이 그 권리를 행사하고 있다면, 현재 추구하고 있는 행복이 선언문의 초안을 작성했던 사람들이 생각했던 행복과 닮은 점이 있을지 의심해 볼 만한 몇 가지 주된 이유가 있다.

가장 피상적이지만 결정적인 예로 돌아가서, 존슨의 1755년도 사전에는 행복을 '욕망이 충족된 상태'로 정의하고 있다. 행복 추구를 다른 욕망의 충족과 연결시키는 것이다(4장에 나오는 울스턴크래프트의 이야기를 보자). 다시 말해서, 행복은 그 자체로 목적이 아니었다. 그 시대에도 존슨의 예문 중에는 복잡성을 띠는 것이 있었는데 올바른 행복 추구에 따르는 어려움에 대해 우려하고 있다. 로크(Locke)에 따르면, '같은 것이라도 모든 이에게 모두 좋은 것은 아니기 때문에, 모두의 행복이 같은 곳에 있을 수는 없다.' 행복에 관한 존슨의 또 다른 정의는 '행운'이나 '천부적인 은총'의 동의어로 보고 있다.[25] 행운과 행복의 친연성은 지금까지 남아 있지만(특히 독일어에서는 그렇다), 두 단어의 관련성을 정확히 짚어내는 일은 결코 간단하지 않다. '천부적인 은총'이나 '우연한 우아함' 같은 말은 그 의미가 상실되었기 때문이다. 아무튼 선언문을 썼던 사람들이 행복을 떠올렸을 때는 행운이나 은총을 추구할 권리를 의미한 것은 아니었을 것이다. 그보다는 욕망의 충족 또는 소망을 이룸으로써 얻어지는 삶의 편안함과 만족감을 생각했을 것이다. 이는 에우데모니아와는 전혀 다르지만, 우리가 생각하는 행복과도 마찬가지로 거리가 멀다. 욕망을 충족시킨다는 의미가 일과 삶의 균형, 의미하는 것과 이루는 것, 웰빙을 위해 분투한다는 의미로 바뀌었기 때문이다. 20세기의 행복은 의학의 한 분야가 추구하는 목적이 되었다. 그리고 정치적 목적을 위해 행복을 도구화하려는 의도와 얽혀 있다.[26] 종종 행복이 부족해 보이는 현재 이 세상에는 얼마나 많은 행복이 비축되어 있는 걸까?

정치인 중에서 영국 총리였던 데이비드 캐머런(David Cameron)보다 '행복 문제'에 더 확실하게 치중했던 사람은 없을 것이다. 캐머런은 2010년 국가의 웰빙을 이루는 수단으로 국내총생산(GDP) 보다 포괄적인 계획을 실행시켰다. 캐머런은 다음과 같은 바비 케네디(Bobby Kennedy)의 말을 인용했다. 'GDP가 어린이의 건강, 교육, 놀이의 즐거움까지 책임지지는 않는다. GDP는 우리의 지혜나 학습, 연민이나 국가에 대한 헌신도 고려하지 않으며 우리의 삶을 가치 있게 만드는 것들을 제외한 모든 것을 측정 대상으로 한다'. 캐머런은 이러한 케네디의 소회를 지지하면서, 한편으로는 이 말이 과장되었다는 지적을 했다. 그러면서 영국 통계청에 '영국의 웰빙을 측정할 수 있는 새로운 방법을 강구하라'고 요청했다. 캐머런은 예를 들어가면서 GDP 자체가 오해를 불러일으킬 수 있음을 지적했다. 지진이 발생한 후에는 GDP가 올라가는데 이는 재건축을 해야 하기 때문이다. '범죄와 무질서로 인해 도시가 파괴되었을 때도 자물쇠를 사는 데 돈을 쓰기 때문에 GDP가 올라간다.' 사람이 심한 병에 걸리면 '약값과 의료 서비스 비용 때문에 GDP가 올라간다.' GDP는 올라가지만 웰빙은 명백하게 나빠진다. 그럼에도 '행복 안건'이라는 그의 특정 정책은 '진보적인' 사회 정책이 웰빙에 부정적 영향을 미쳤다고 보는 사회 보수주의자들의 우려를 특별히 보수적인 관점에서 다루었다. 다시 말해서 웰빙의 측정은 새로운 웰빙 측정 도구를 원하는 연설에 사실상 담겨 있었던 것이다.

그 예는 매우 명백하다. '영국에는 이민 무한 경쟁이라는 것이 있다. 이는 성장을 위해서는 좋은 일이라는 주장에 의해 정당화되지만, 공공 서비스와 사회의 화합에 미치는 영향에 대해서는 충분한 고려를 하지 않고 하는 말이다.' 캐머런의 행복 안건은 이민이 영국의 웰빙에 부정적인 영향을 미친다는 평가에 근거한 반이민주의다. '또다시 성장에 좋다는 가정 하에 싸구려 술을 진탕 마신 격이다. 그러나 법과 질서, 그리고 웰빙에 미칠 영향을 진지하게 생각하고 있는가?' 그의 행복 안건은 반사회적이고 법과 질서를 중시하며, 합법적인 국민 개개인의 건강을 정부 정책의 영역에 두고자 하는 의도가 명백하다. '무책임한 언론이 또다시 무한경쟁을 부추긴다. 성장을 위해서는 좋은 일이라고 하지만, 어린이들에게 미치는 영향은 어떻게 할 것인가?' 이 말에는 행복 안건이 언론의 자유를 축소시키는 것과 연결되어 있다는 점은 명백하게 나타나지만, 그 밖에 담겨 있는 구체적인 의미는 명확하지 않다. 한마디로, 캐머런의 행복 안건은 보수당의 정책과 매우 흡사해 보인다.[27]

한창 긴축 재정을 시행했던 2014년, 비참함과 불만의 물결이 전국적으로 번지면서 행복 안건은 사람들의 의식 속에서 사라져버렸다. 그러나 BBC 방송국의 브라이언 윌러(Brian Wheeler)는 행복 안건은 분명 혼란스러운 상태이기는 하지만 상당부분 살아있다고 보도했다. 행복 안건에 대한 그의 사설과 그에 대해 책임을 지고 있는 닉 허드(Nick Hurd) 하원 의원의 의회 증언은 행복 안건의 유용성에 대한 비판적 회의주의를 증명한다. 윌러는 그의 사설에 다음과 같이 썼다. '행복 안건을 담당하는 닉 허드의 얼굴에 미소가 거의 없다.' 허드의 증언에 의하면 '행복은 측정하기가 매우 어려운 개념이다. 우리는 "출혈을 할 것이 분명한 상태"를 향해 끊임없이 불안한 걸음을 옮기고 있다.' 핵심을 짚어주는 다음 글에 정책에 미치는 영향 면에서 행복 안건의 비효율성이 요약되어 있다. '왜…… 스토크온트렌트에 사는 사람들은 다른 도시에 사는 사람들에 비해 삶의 만족도가 낮을까? 스완지는 어떨까? 왜 그 지역 거주자들은 불행할까?(아무도 답을 모르는 것 같다.)'[28] 언론의 비난은 차치하고, 중요한 것은 웰빙을 측정하려는 노력에도 불구하고 행복 안건은 수사학적 의미 외에 실제적인 변화를 가져오지 못한다는 사실이다.

수사학을 격하시키려는 것은 아니다. 수사학은 정치가들의 주요 무기니까. 투키디데스는 그것의 위력을 이해했다. 잘 구성된 수사학은 감성을 움직인다. 캐머런이 행복 안건을 제안했을 때, 그것은 지극히 전형적인 보수당의 연단에 정서적이고 고품격의 삶을 실현시켜주리라는 표어를 걸어놓는 것과 같았다. 토리당원들이 토리당에 소속되어 있음에 자부심을 갖게 하려는 이미지 부여 작업이었다. 효과가 있었을지도 모른다. 그랬다면, 행복을 만드는 만큼 그것을 측정하지는 않았을 것이다. 하지만 복지 예산의 삭감으로 고통을 받은 사람들에게 행복 안건은 허망한 미사여구이자 실질적 해결책이 없는 표면적인 위안에 불과했다.

행복 안건이 특별히 정해진 조건 없이 고도의 정치 책략으로 제도화되었던 또 다른 예가 있다. 2016년 2월, 아랍에미리트연합은 첫 행복 장관(Minister of Happiness)을 임명했다. 오웰적인 느낌을 풍긴다는 생각을 하는 독자들이 있을지 모르겠다. 장관 이름은 오우드 빈트 칼판 알 로우미(Ohood bint Khalfan Al Roumi)인데 총리실 실장도 겸임하고 있으며, 글로벌기업가정신자문회(Global Entrepreneurship Council)의 의원이기도 하다. 사업 경영의 경험도 있는 그녀의 경력이 행복의 숨은 의도를 말해준다. '정부가 국민의 행복을 위해 일하지 않는다면 존재의 목적이 무엇인가?' 그녀는 수사적으로 이렇게 묻는다. 물론 학자들은 사뭇 다른 답변을 들고 나오겠지만 말이다.[29] 국민이 행복을 선택할 수 있는 합당한 조건을 만들어주는 것이 정부의 의무이자 역할이다. 이러한 해석이 그녀의 직책과 실제 행복의 창조 사이에 상당한 거리를 두는 것처럼 보인다면 당연한 일이다. 행복 지수와 마찬가지로 실제 초점은 웰빙에 맞춰져 있으며, 그래야만 궁극적으로 그녀의 직무가 경제성을 지향하게 한다. 행복의 정치에서 이러한 정책은 상당히 긍정적인 호소력을 갖는다. "정부가 행복을 부과하거나, 명령하거나, 강요하려는 것은 아니다." 그녀는 말한다. "국민을 위해 옳은 일을 하려는 것이다. 국민이 더 나은 삶을 살게 하기 위해서." 정부가 그렇게 하기로 결정한다면 어떻게 부과하고, 명령하고, 강요할 것인지에 대해서는 고려할 가치조차 없다. 그런데 여기서도 국민이 행복을 '선택'할 수 있도록 조건을 바꾼다는 점을 강조하느라 정부의 의도가 간과되고 있다. 로우미는 또 이렇게 말했다. "행복을 함양하는 것은 과학이다. 의학, 건강, 사회과학을 망라한다. 우리는 광범위한 기본 구조를 사회의 일상적인 관행에 도입하고자 한다."

아랍에미리트가 행복의 조건을 조성하기 위해 고안한 특별한 대책은 무엇인가? 아직 초기 단계에 있다. 로우미의 자문관 중 하나인 덴마크 코펜하겐 행복연구소(달리 어디겠는가?)의 마이크 비킹(Meik Wiking)은 2017년에 이렇게 말했다. "그들은 아직 행복을 어떻게 증가시킬지는 모른다…… 우선 국가의 웰빙을 정착시키기 위해 노력하고 있다."[30] 그래도 로우미는 사무실에 공항의 화장실 밖이나 보안 검색대에서 볼 수 있는 것처럼 생긴 '행복 측정기'를 설치했다. 두바이는 '세계에서 가장 행복한 도시' 만들기의 일환으로 2018년까지 공공장소에 행복 측정기를 배치할 계획이다.[31] 얼굴에 이모티콘을 띄워서 방금 경험한 행복이나 불행 또는 그저 그런 느낌을 기록해보자. 로우미는 '긍정적인 100일'이라는 캠페인을 시작했다. 학생과 교사들이 '긍정적인 행동을 실천할 것'을 맹세했다. 아부다비에는 '행복 순찰

대'가 있다. 불량 운전자에게 딱지를 떼어주기보다 우수한 운전자에게 포상을 준다. 긍정성에 입각한 감시를 하는 것이다. 따라서 이 제도가 성공하기 위해서는 운전자가 항상 감시받고 있다는 인식을 하고 있어야 한다.

　　로우미는 '최고 행복 및 긍정성 관리자'를 세상에 내보내서 '좀 더 긍정적인 인력 육성, 그리고 궁극적으로는 좀 더 즐거운 나라를 만들 수 있는 방법'을 훈련시킨다. 버클리 대학의 '대의과학센터(Greater Good Science Center)'나 옥스퍼드 대학의 마음챙김센터(Mindfulness Center)가 특정 정책에 대한 자문을 해줄 수 있을지는 모르겠지만 말이다. 전자는 '웰빙과 관련 있는 심리학, 사회학, 신경과학을 공부하는 곳으로 번성하면서 회복력을 갖추고 서로에 대해 긍휼한 마음을 갖는 사회를 육성하는 기술'을 가르친다. 후자는 '우울함의 파괴적인 영향을 받지 않도록 마음챙김을 통해 사람들이 올바른 인식과 지혜, 긍휼한 마음으로 살아갈 수 있게' 해주는 곳이다. 역시 임상과 신경과학적 연구에 중점을 두는 곳으로 '마음챙김에 근거한 중재의 새로운 접근방법'을 연구하고 가르친다.[32] 마음챙김이 정부의 정책이 되고, 비즈니스와 경제가 가장 중요해지면, '중재'라는 단어는 윤리적 우려를 야기할 가능성이 있다. 행복의 정치가 진정으로 웰빙에 대한 개인의 느낌에 중점을 둘 것인가, 아니면 비즈니스의 효율성을 위해 행복을 도구로 삼으려는 걸까? 결과적으로 우울증은 직간접적으로 비용 지출을 초래한다. 잦은 결석은 수익성에 주된 장애가 된다. 일루즈는 '원칙과 생산성의 문제를 해결하기 위해' 심리학자들이 '경영'이라는 기업의 영역에 초대되었다고 했다.[33] 직원의 감성이 가라앉아야 한다기보다는, 감성이 집중하는 방향이 재조정되고 새로이 제한되어서 기업의 필요, 일꾼으로서의 고용인, 소비자로서의 일꾼에 부합하도록 새로이 제한되어야 하기 때문이다.[34] 사회학자인 알리 러셀 혹실드(Arlie Russel Hochschild)는 오래 전에 기업의 감성 규범이 고용인의 감성을 만든다는 사실을 보여주었다.[35] 억지로라도 웃으면 행복을 만드는 방법이 되기도 한다. 하지만 여기서 우리가 말하는 행복은 억지웃음의 맥락에 의해 정의되고 제한된다. 추상적으로 말해서 이건 행복이 아니다.

사실을 말하자면 추상적인 행복이란 없다. 감성 상태가 항상 도구화된다면, 기업의 감성은 통제의 좀 더 의식적인 형태일 뿐이다. 이러한 사실을 생각한다면 정부 정책으로서의 행복이 어떻게 그 자체가 목적인 행복과 같을 수 있겠는가? 내 말이 냉소적으로 들린다면 아랍에미리트연합이 국민을 불행하게 한 기록이 국제 앰네스티(Amnesty International) 같은 단체에 의해 밝혀졌다는 사실을 떠올려보자.

국제 앰네스티는 2017년 6월, 아랍에미리트연합이 국내에서, 그리고 예멘에서 고문 캠페인에 참여했음을 지적한 것으로 알려져 있다. 앰네스티는 아랍에미리트에 대해 2012년 고문 반대 유엔협약 당사국이 되었으며, 또한 국제 무기거래조약 가입국임을 상기시키면서, 따라서 '인간의 고통을 줄이는 것을 포함하는 조약의 목적에 위배되는 행위를 금해야 한다'고 했다.[36] 이 고문 보고서에는 미국도 연루되었는데 국무부의 2016년도 인권 실태 보고서에서 아랍에미리트의 가장 큰 몇 가지 문제는 '시민이 공정한 정규 선거를 통해 자유롭게 정부를 선택할 수 없다는 점, 의사표현의 자유, 언론, 집회, 단체결사의 자유를 포함하는 시민의 자유가 제한되어 있다는 점, 그리고 혐의가 없어도 체포할 수 있으며, 의사소통이 단절된 구금, 장기적인 사전 심리 구금, 구금 기간 동안의 학대'라고 지적했다. 이러한 문제들에 '정부의 투명성 부족, 경찰 및 간수들의 잔혹성, 인터넷 게시나 댓글 등으로도 체포 및 구금을 하는 등 정부에 의한 개인의 권리 침해, 사법부의 독립성 부족과 같은 문제들이 더해져 더욱 심각해진다. 이 밖에도 목록은 더 있는데 외국인이나 여성, 간염이나 에이즈 감염자는 사회에서 더 험한 대우를 받는다.[37] 그런 상황 속에서 행복 장관의 관할권이 아랍에미리트연합국의 시민들로 하여금 '행복을 선택'할 수 있게 하기는 어려울 것이다.

그런데 고문은 어느 행복 안건에서도 금지되어야 하며, 행복과 자유(또는 '권리')가 의심할 여지없이 자명하게 연결되어 있음을 강조할 때 주의해야 한다. 반민주적이거나 비밀스러운 정권이 모든 국민을 비참하게 만드는 것은 바로 자유민주주의 서구의 자만심이기 때문이다. 동독이었던 독일민주공화국(German Democratic Republic)에 대한 많은 연구를 예로 들어보자. 그 나라의 행복 안건은 광범위하게 실행되었는데 주로 어린이들 사이에서 활발했다. 모두에게 효과가 있었던 것은 아니고, 체제가 초래하는 시련의 정도를 가볍게 생각할 수도 없었다. 그러나 행복에 대한 관행은 정부의 규범과 시행령에 명시되어 있었고, 의심할 여지없이 행복을 향상시켰다. 독일민주공화국의 특징적인 모토는 조국에 대한 사랑과 정당의 사상에 대한 충성의 맹세다. 그러한 모토를 깊이 받아들이고 진정성 있게 느낄수록 개

감정의 역사

인은 그 체제 안에서 행복하다. 줄리안 브라우어(Juliane Brauer)는 공산주의 치하라고 모든 미소가 강압적으로 지어진 것은 아니며, 모든 관행이 공포 속에서 행해지는 것은 아니라는 것을 보여주기 위해 어린 시절의 합창 연습을 조심스럽게 기록했다.[38] 그 속에는 체제에 대한 비판도 담겨 있다. 그러나 단지 행복이 미리 정해진 외적 상황에 의해 제한되지는 않는다는 사실을 말하기 위해서다. 인간은 감성적으로 적응할 수 있다. 우리는 어디서든, 이름표에 담겨 있는 가치가 무엇이든 '행복'할 수 있다.

이것이 바로 아랍에미리트연합국의 행복부가 겨냥하는 바일지도 모른다. 비록 국가에 대한 사랑이 아니라 일에 대한 만족이 행복의 표현이긴 하지만. 모든 국민에게 다가가지 않으며, 그럴 필요가 없다. 일상생활이 의심할 여지없이 국가 권력을 강화시키는 사람들에게만 적용하면 된다. 그런 사람들에게는 정부의 행복 안건이 정말 관대하고 요긴할 것이다. 누구든 '행복하다'고 말할 때, 그것이 나의 관점에서 아무리 믿기 어렵다고 해도 나는 그 말을 반박할 수 있는 위치에 있는 사람은 아니다. 더구나 아랍에미리트의 일화는 행복이 일단 정치화되고 난 후, 행복에 대해 행해지는 일들을 조심스럽게 알려주는 예시일지도 모른다. 더 이상의 경고가 필요하다면 2013년에 수립된 베네수엘라 최고사회행복부(Ministry of Supreme Social Happiness)를 찾아보면 될 것이다. 당시 BBC 방송국에서 보도했듯이 베네수엘라는 50퍼센트의 물가상승률을 보이며 '만성적 생필품 부족' 현상을 겪고 있었다.[39] 행복부는 서부의 주요 방송과 대중매체에서 광범위하고 지속적인 조롱거리가 되고 있었다.

그런 프로그램들은 덴마크의 민영 단체인 행복연구소나 행복 관련 정책을 수립하고자 하는 사람들을 교육하는 자유학기제 학술기관들에 말도 안 되는 질문들을 하고 해답을 구걸한다. 서비스 비용을 지불할 수만 있으면 누구에게나 행복을 전략으로 만드는 일에 대해 자문을 해주는 기관은 어떤 윤리적 본질에 근거해서 운영을 하는 걸까? 덴마크가 좋은 행복 지수를 유지하는 걸로 인정을 받고 있다면 덴마크의 서비스를 팔면 되지 않을까. 마이크 비킹은 이에 관한 경험을 바탕으로 2016년 펭귄 출판사를 통해 《휘게 라이프, 편안하게 함께 따뜻하게》를 출간했는데 출간 직후부터 베스트셀러 목록에 올라 있다. 그의 연구소에는 한국인들도 자주 방문하는 것 같다. 국민 개개인이 행복을 위해 노력하고 국가적 차원에서도 감성적 삶을 실현하기 위해 거의 플라톤적인 노력을 기울인다는 점에서 비킹은 한국이 '많은 나라가 느끼는 것들을 전형적으로 나타내는 예라고 할 수 있다'고 했다. 지난 수십 년 동안 훨씬 더 부유해졌지만, 그에 따라 삶의 질이나 웰빙이 함께 향상되지는 않았다는 점에서 그렇다는 뜻이다. 한국은 '부를 웰빙으로' 전환시키기 위해 고군분투하고 있다. 한국의 높은 자살률(2014년 통계로 10만 명 중 27.3명)이 행복의 문제를 나타낸다고 지적한다. 사회진보 지수에서 한국은 128개국 가운데 26위다. 자살률로는 119위지만 말이다.

일과 삶의 균형을 유지하려는 노력을 하는 것과 관련하여 비킹이 제안하는 것 중 하나는 기업가정신이다. 타인의 불행을 치유하려는 마음이 아니라 자신의 불행을 치유하려는 마음을 말한다. '설문조사에 의하면

감정의 역사

기업을 경영하는 사람은 월급을 받으며 일하는 사람보다 일반적으로 더 행복하다.' 이는 연구소에서 통찰해낸 사실들 중 하나인데 경이로울 정도로 말도 안 되는 논리다.[40] 행복 산업은 사회적으로 진보적인 기업가정신을 장려해서 다른 사람들의 삶에 행복을 가져다주게 하는 한편, 기업가들은 다른 사람보다 더 행복하고 자신의 삶에 만족한다는 사실에 주목한다.

그렇다면 모두가 기업가가 되어야 하나? 그렇다면 아랍에미리트연합국이나 한국의 소외된 사람들에게는 어떻게 적용될까? 나는 예전에 기업가들이 이윤을 위한 사회봉사와 스스로 부여한 동기 사이에 겪을 수 있는 갈등에 관심을 갖고 글을 쓴 적이 있다. 그때 나는 새로 부상하는 기업가들의 사회 왜곡이 대세를 이루는 것은 막스 베버(Max Weber)에 의해 공식화된 자본주의 정신의 확장이라는 주장을 했다. 베버에 의하면 '인간은 비즈니스를 위해 산다. 그 반대의 관계가 아니다.'[41]

이들은 '부름'을 받는다. 스스로에게(또는 동료들에게) 증명하고 싶은 타오르는 욕구에 의한 부름이다. 그렇게 할 수 있는 영역을 찾고, 그 안에서 권력을 가질 수 있다면 더 좋을 것이며, 그 안에서 자기를 힘들게 했던 엘리트들에게 분노를 분출할 수 있는 상징적 방법을 찾을 수 있다면 더 좋을 것이다.[42]

제2차 세계대전 직후 조지프 슘페터(Joseph Schumpeter)는 기업 활동의 이 불가피한 사회적 도구화를 지적하면서 그것이 '사회유기체에 사고방식이라는 인장을 찍는다'고 했다. 이러한 사고방식이 '사상적 선입견이라는 인장'

을 만들어냈는데, 일종의 비판적인 기업가정신을 함양하게 하는 성찰의 과정이 결여되어 있다.[43] 슘페터는 1949년, 하버드 대학 기업역사연구소에서 새로운 연구를 이끌고 있었다. 기업가정신의 역사성과 그와 관련된 개인이나 집단의 사상이나 사고방식을 탐구하는 일이었다. 그러나 연구의 추동력은 상실되었고 '선을 행한다'거나 '행복하게 한다'는 것이 무슨 의미인지에 대해 비판적 성찰을 할 줄 모르는 세기말적인 기업의 새 물결이 도래한 상태였다.[44]

| 다시 아리스토텔레스로

이 책의 첫머리에서 정치에 대한 아리스토텔레스의 견해가 '행복'으로 향하는 가장 훌륭한 수단이라는 설명을 했다. 그 과정에서 '행복(happiness)'이라는 말은 최고의 선과 함께 오는 에우데모니아(eudaimonia)의 합당한 번역이 아니라는 사실에 대해 언급했다.

이제 한 바퀴 돌아와서 다시 행복의 정치에 대해 묻는다. 그러나 우리는 우리 시대 고유의 방식으로 아리스토텔레스의 정리를 전환시킨다. 이제 행복은 정치권력의 수단이 되었으며, 그 자체로 정당성을 갖는다. 행복을 객관적으로 측정할 수 있는 한, 특정 정권의 양식과 표출 방식을 대변하고 정당화하는 데 사용될 수 있다. 마치 정치가 국민을 행복하게 만들어 주는 것처럼. 결국 국민은 정치활동에서 제외되고, 정치인은 국민에게 자기들의 행복 체제 안에서 국민들은 행복하다고 말한다. 에우데모니아에 대한 아리스토텔레스의 정의에서처럼 비록 국민 자신은 행복을 경험하지 못한다고 해도 국민이 행복하다는 사실을 객관적으로 판단할 수 있다는 점은 이해할 수 있다.

그러나 아리스토텔레스의 에우데모니아는 개인의 사적인 경험에 의거하여 조심스럽게 정의되는 데 반하여, 오늘날의 행복은 감성적 의미의 행복이든, 일반적인 특성으로 말하는 행복이든, 개인의 실제 경험과는 별개로 구축되는 것처럼 보인다. 지구상에서 가장 '행복한' 나라가 자살률도 가장 높은 현실에서 행복이라는 말에 어떠한 실질적 의미를 부여할 수 있을까?

최근에 예루살렘 히브리 대학에 있는 '감성 및 자기 통제 실험실' 연구원들은 아리스토텔레스의 이론을 재조명함으로써 행복 체제의 정치화를 타파하려는 시도를 했다. 연구원들은 쾌락/행복의 단순한 연관관계에 중점을 둔 것이 아니라, 화나 증오심 같은 '부정적인' 감성일지라도 주어진 맥락 안에서 합당한 감성을 느낄 수 있다면, 그런 사람이 큰 행복에 이를 수 있다는 증거를 찾고자 했다. 《니코마코스 윤리학》의 해설에 근거해서 다음과 같이 아리스토텔레스의 이론을 요약하는 가설을 세웠다. '아리스토텔레스에 따르면 행복하기 위해서는 사람들이 자신의 필요와 동기가 합당한 것으로 이해받고 있다는 감성을 느껴야 한다. 그러므로 아리스토텔레스의 이론에 근거해서 '옳다는 느낌'은 자신이 사랑받을 만하다는 감성을 느끼는 것으로 정의될 수 있다.'[46]

연구의 결과는 놀라우리만치 정확하게 가설을 확인시켜주었다. 행복은 '쾌락을 느낄 때'가 아니라 '옳다는 느낌'에서 온다는 사실이다. 이 연구에는 8개국의 2,324명의 대학생들이 참여했으므로 문화적 요인을 반영하며 '전 세계 문화권'의 8분의 7을 대변한다고 볼 수 있다. 연구원들의 주장에 따르면 이 연구는 아리스토텔레스 이론에 대한 첫 번째 경험적 테스트다. 이를 통해서 연구원들은 행복하다고 느끼는 비결은 '좋은 느낌'(쾌락)과 연관이 있기도 하지만 '옳다'고 느끼는 것과도 연관이 있으며, 상황에 따라서는 행복이 분노나 증오심에 달려 있을 수도 있다는 사실을 확인했다. 따라서 '행복은 개인의 고유한 사적, 사회적, 문화적 맥락에 의해 결정되는 가치에 부응하는 감성을 느끼는 것에 달려 있다'는 결론을 내렸다.[47]

만약에 이 연구에서 시험한 가설을 선택하지 않았다면 어땠을까? 아리스토텔레스의 이론을 환원주의적으로 잘못 이해해서 가설에 오류가 있음을 입증하고, 개인의 감성적 노력에 초점을 맞추기 위해 감성적 노력과 행동이 일어나는 문화적 맥락을 희생했다면 어땠을까? '옳다는 느낌'에 대한 연구가 감정의 실질적 구성요소에 대해 인식하지 못하고 있으며, 사람이 원하는 대로 느낄 수 있는가에 대한 의문은 각기 다른 감성에 대한 관행의 전용과 관련된 사회적 규율과 얽혀 있음을 지적한다면 어떨까? 다시 말해서, 누군가 화를 느끼고 싶을 때, '옳다는 느낌'이 들기 위해 필요하다면 어떤 방식으로 화를 분출해도 되는 걸까? 증오에 대해서도 같은 의문을 던질 수 있다. '옳다는 느낌'에는 위험과 우려가 함축되어 있다. '옳다는 느낌'에서 비롯된 관행이 폭력과 억압이라면 어떨까? 증오와 분노가 소수

집단을 향하게 된다면? 그러한 감정이 억압, 배척, 인종 청소를 비롯한 모든 폭력적인 정치의 역동성과 손을 잡는다면 어떨까? 그런 상황 속에서 가해자가 '옳다'고 느낀다는 것 때문에 우리도 그런 경험들을 '행복'으로 인정할 수 있을까?

그러한 연구는 많은 언론의 관심을 받기는 했지만, 사실은 지극히 순진하고 어수룩하다. 또한 아리스토텔레스의 이론을 실험을 위한 가설로 내세운 것도 지나치게 환원주의적이다. 우선 아리스토텔레스의 에우데모니아가 '행복'을 의미하는 것임을 인정한다고 해도, 아리스토텔레스는 전 생애를 통한 폭넓은 경험을 통해서 도달할 수 있는 상태를 의미한 것임을 기억해야 한다. 다양한 감성 상태를 지나면서 그에 따르는 관행을 경험한다는 것은, 그 감성들을 어떻게 다루는가에 따라 그가 덕망 있는 존재임을 나타내는 것일 수 있다. 그러나 그 지나가는 상태가 개인이 스스로 행복, 에우데모니아, 또는 그 외에 어떻게 명명하든 그 감성을 느끼는 것과 동일시될 수는 없다. 둘째, 에우데모니아의 상태는 객관적으로 측정 가능해야 하는데, 그렇다면 개인의 순간적, 또는 그보다 조금 더 긴 순간의 느낌이 그가 선하고, 따라서 행복한지를 최종적으로 분석하는 자료로 사용되어야 한다는 뜻이다. 중요한 것은 사회가 덕망 있는 관행의 변수를 제공하며, 행위가 부족 또는 과도함으로 인해서 덕에 어긋나는가의 여부를 결정하기 때문에 결국은 개인이 아닌 사회가 미덕을 결정한다는 점이다.

이러한 요소는 전적으로 감성적인 만족에만 초점을 맞추는 연구에서는 완전히 간과된다. 아리스토텔레스를 인용하면서 그렇게 한다는 사실이 유감스럽다. 무엇이 우리를 행복하게 하는가를 계속 탐구해나가면서, 이러한 질문이 여전히 중요한가(중요하다면 누구에게?)라는 의문을 던져가면서, 우리는 사회적, 도덕적 위험을 간과한다. 개인이 속한 사회의 행복은 최선의 경우 도덕성이 부족한 자의 신자유주의적 꿈이고, 최악의 경우에는 도덕에 어긋나는 행동을 하는 자의 신자유주의적 꿈이기 때문이다. 화나 증오심을 비롯하여 개인의 차원에서 어떠한 감성을 충분히 만끽함으로써 얻어지는 행복을 이해하고자 한다면, 힘 있고 폭력적인 자들이 고안한 행복이 초래한 무질서 속으로 들어가보면 된다. 화와 증오가 만족감을 줄 수 있다는 사실과 그러한 감성이 개인으로 하여금 자신과 세상에 대해 옳다는 느낌을 갖게 할 수 있다는 사실을 액면 그대로 받아들인다면, 사람들은 그러한 감정들을 그대로 놔두지 않을 것이다. 사회는 수용할 수 있는 것을 제한하고 기준에 벗어나는 행동을 하는 사람은 처벌하는 기능을 한다. 이는 특정 기준을 신성시하거나 특정 가치를 설파하기 위해서가 아니라 감정에 부가된 가치와 그에 따르는 관행이 개인보다 큰 존재를 위해, 개인보다 큰 존재에 의해 관리감독된다는 사실을 알리기 위해서다.

윌리엄 레디(Williams Reddy)의 말대로 '감성 체제'는 행복한 곳이 될 수도 있고 엄청난 고통을 초래하는 곳이 될 수도 있다.[48] 그러나 어느 경우든 행복은 자유로운 방식으로 느낄 수 있는 개인의 자유로 압축되지는 않는다. 아리스토텔레스도 이와 비슷한 생각을 했다. 예를 들어 화에서 비롯된 관행이 사회가 이 특정한 정념의 표출에 만족하는지 아닌지를 결정할 것임을 이해했다. 습관적인 행위의 올바른 형식을 찾아내는 것이 개인

그리고 공동체 전체의 도덕성의 핵심이다. 국가와 정부가 평화로운 관행을 통해 정의를 실현하는 공동체에서는 개인적인 화의 감정이 합당한 제도와 법적 절차를 통해 분출될 것이다. 개인이 분노를 표출하려는 욕구에 대한 견제에 불만을 느끼는 곳에서는, 이러한 경우 사회의 관점에서 봐야 하는데, 원하는 감정을 느낄 수 없음으로 해서 불행한 상태는 필요한 요소이기도 하고 중요하지도 않다. 자신의 정당한 분노를 법정에서 성공적으로 해결함으로써 얻는 만족감은 그 어느 때보다 크고 강렬할 것이다. 즉각적으로 터져 나오는 열정적인 충족감은 아니겠지만, 제도가 대변하는 사회 전체의 궁극적인 승인을 받는다는 점에서 훨씬 더 만족스러운 결과일 테니까 말이다. 그러한 체제에서는 화를 즉각적으로 표출한 사람은 순간적으로는 '옳다는 느낌'을 받았을지 모르나, 궁극적으로는 아무런 만족도 얻지 못할 것이다. 사회가 위법 행위에 대해 제재를 가하거나, 자기 통제력이 결여되어 있는 그 개인에 대한 두려움을 나타낼 것이기 때문이다. 사회의 기능성은 그러한 견제와 제재에 의해 유지된다.

여기서 또 다른 의문들이 제기된다. 우리가 행복한 사회에 속해 있는지, 또는 개인으로서의 우리가 일상 속에서 행복한지, 또는 만족한지는 어떻게 알 것이며, 알기 위해서는 어떻게 해야 하는가? 감성적 관행에 대한 사회의 규범적 기준은 사회구성원의 의식적인 성찰 없이 굳어지는 경향이 있기 때문에 순응주의자로 살다 보면 아리스토텔레스가 궁극적으로 바랐던 상태에 이르는 것, 즉 객관적으로 우리의 만족도를 측정한다는 것은 불가능하다고 주장할 수도 있다. 우리가 할 수 있는 것은 주어진 기준에 따라 우리의 만족도를 측정하는 것뿐이다.

조금 암울하게 들릴지 모르겠다. 우리의 소외됨은 이것으로 끝이 아니다. 여전히 개인적인 불만족의 느낌이 쌓일 수 있기 때문이다. 윌리엄 레디는 '감성적 시련'을 개념화하면서 주어진 맥락 안에서 개인의 느낌과 감성의 규범적 표현 사이에 생길 수 있는 거리를 가장 우려했다. 개인은 자신이 행복하지 않다는 사실을 충분히 인식하고 확인하고 괴로워할 수 있다. 많은 나라가 개인의 그러한 확신과 상관없이 그들이 행복하다고 주장해왔고, 지금도 여전히 그렇게 하고 있지만 말이다. 더구나 충분히 많은 사람들이 개인의 불행이나 괴로움의 근원에 있는 연결성을 찾아낸다면, 정권이 바뀔 수 있다. 구축된 정치의 기본 틀을 위한 감성 정권의 본성이 드러나는 것으로 이미 그 정권은 약화되기 시작하는 것이다. 충분히 많은 사람이 감성적 억압으로부터 자유로워지려는 의식적 목표를 향하여 함께 움직이면 감성 정권이 무너질 수 있고, 어쩌면 정치인의 감성적 고통이 일시에 안도의 숨을 쉴 수도 있다. 옛 정권이 물러가고 새로운 감성 정권이 들어선다. 옛 정권 하에서 행복하다고 생각했던 사람들은 갑자기 전세가 뒤집어진 것을 깨달을 것이다. 새로운 질서에 성공적으로 적응하지 못하면 새로운 행복은 그들에게 은근한 괴로움이 될 것이다.

위기와 격변의 순간, 특히 공동체나 사회, 국가, 또는 더 큰 정치조직에 소속된다는 인식의 변화 속에 일어나는 정치적 변화의 순간, 갑자기 사회적 기준과 천부적인 것들이 의식 속에 또렷이 떠오른다. 일반적인 가정과 분별력이 갑자기 시시해지고, 타당치 않으며, 거짓말 같고, 터무니

없어 보인다. 우리는 그런 시대를 살고 있다. 우리는 행복한가? 그에 대한 해답을 찾기 위해 행복 지수를 들여다보지는 말자. 그 대신 서로를 바라보자.

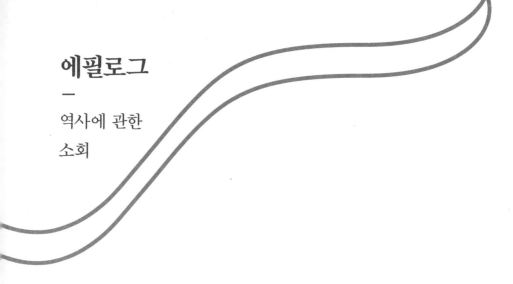

에필로그

—

역사에 관한
소회

지금도 생생히 기억하는 고등학교 때의 역사 프로젝트가 있다. 내가 열다섯 살이던 1993년이었을 것이다. 버튼온트렌트에서 1, 2마일 떨어진 곳에 위치한 옛 광산 마을에서 친구들과 함께 하는 프로젝트로, 제1차 세계대전을 겪은 마을 사람들의 역사적 경험을 조사하는 일이었다. 버튼은 1차 세계대전 당시 첫 공중 폭격을 받은 지역 중 하나였다. 따라서 우리 연구의 핵심은 당연히 체펠린 비행선의 공습이었다.

과제는, 1916년 1월에 마을 사람들이 겪은 체펠린 공습의 순간이 어떠했을지 '공감하는 글'을 쓰는 것이었다. 우리에게 주어진 자료는 지역 신문기사 스크랩, 당시 사건과 그 결과를 기술한 간접적인 자료들, 체펠린 비행선에 대한 기술적인 상세 정보와 어떻게 그 공습을 막아냈는가에 대한 기록, 버튼 지역의 산업적·경제적 중요성 등 그 지역의 역사적 맥락을 알수 있는 자료들이었다. 우리는 이 자료들을 바탕으로 상상력을 동원하고,

　　　　　　　　　　　　　　　　　　　　감정의 역사

과거 그 시간에 살았던 인물에 공감해야 했다. 주방 식탁 밑에 숨어야 했을 테고, 최첨단 살인 무기에 친구와 이웃을 잃는 슬픔을 겪어야 했던. 쉬운 과제가 아니었다.

내가 기억하기에, 주어진 1,000단어 분량을 십분 활용해야 했던 과제였다. 만약 이때가 '감정과 경험의 역사가'가 되는 길로 들어서는 순간임을 내가 깨달을 수 있었다면, 그 프로젝트를 기획한 사람들의 뜻에 제대로 부응하는 셈이었을 것이고 그들에게 큰 보람을 안겨주었을 것이다. 나의 역사 선생님이셨던 데이비드 프레터 선생님께는 죄송하게도, 당시 그런 깨달음은 없었다.

| 과거 역사에 공감한다는 것

내가 이 이야기를 하는 두 가지 중요한 이유가 있다. 하나는 공감이라는 것이 다른 사람의 감정을 탐색하는 행위이며 쉽고 단순하게 과거의 시점에도 적용할 수 있는 것쯤으로 여겨지기도 한다는 점 때문이다. 이는 내가 이러저러한 상황에 처해 있다면 내 감정이 어떠할지 상상하고, 실제로 그 상황에 처하게 되었을 때의 느낌과 내 상상이 거의 정확히 일치하리라는 가정에 근거한다. 이런 비약을 하게 하는 전제는 우리 모두가 공통의 인간성을 지니며, 일련의 기본적 감정과 경험적 삶의 요소를 공유한다는 것이다. 말하자면, '비행기 폭격은 무서운 사건이고, 내가 무서울 때 이런 느낌이며 주로 테이블 밑에 숨으니까 그들도 그랬을 것이다'라고 가정하는 식이다.

그러나 공감은 이런 게 아니다. 인간이 생리학적으로 동일하다는 측면으로 단순히 처리할 수 있는 문제가 아니다. 공감을 하려면 동일한 체험이 있어야 하며, 공유하고 있는 맥락과 지식이 있어야 하고, 감성적 규범이나 몸짓이 전하는 단서 등을 공유하고 있어야 한다. 우리는 느낌을 알 수 있는 대상에 우선적으로 공감한다.[1] 낯선 상황에 직면할 때도 공감하고자 노력은 하지만, 그 상황에 처한 사람이 어떤 느낌일지를 가늠하기에는 부족하다. 내가 경험한 것과 실제 상황의 거리가 멀수록, 그 상황에 공감하기는 더 어렵다. 상황이 너무 낯선 경우에는 아예 공감하려는 시도조차 하지 않을 수도 있다.

나는 1916년에 버튼에 살았던 주민들과 공감하기에 충분한 정보를 가지고 있는지 생각해보았다. 그들의 직업에 대해, 삶에 대해, 말과 정체성, 역경에 대해 알고 있는지, 그리고 몸짓과 겹겹이 쌓여 있는 감정의 층들을 이해할 수 있는지. 가족, 사회 계층, 공동체, 국가, 동맹자들에 대해, 그리고 전쟁을 겪는 동안 적대감과 증오로 굳어진 타인화의 과정에 대해 알고 있는지. 나는 내가 충분히 알지 못한다는 결론을 얻었다.

두 번째 중요한 이유는, 공감이라는 것이 역사(정확하게 말하자면 역사 서술)의 한계이기는 하지만, 다른 방법으로 그 한계를 극복할 수 있다고 낙관할 만한 근거가 있음을 말하기 위해서다. 내가 학부에서 역사학을 공부하던 1990년대 후반에는 역사적 공감에 대한 반감 같은 것이 있었다. 역사학이 후기 모더니즘의 맹공격을 받아 흔들리던 때였기 때문이다. 이들은 역사 저술을 역사가들의 상상력, 증거 제일주의, 경험적 연구, 맥락화에서 비롯된 지극히 선별적이고 짜맞추는 식의 과정으로 격하시킬 듯이 위협했으며, 역사 서술에 내재되어 있는 한계를 다시 부각시켰다.[2] 어느 비평가가 신랄한 어조로 지적했듯이, 공감을 한다는 것은 대수롭지 않은 일에 상상력을 입히고 의미심장한 설명을 덧붙여서 사실적 기록과는 무관하게 역사적 사건에 감정적 가치를 부여하는 것이라 보았던 것이다.[3] '과거는 미지의 낯선 땅이다'라는 말이 조롱과 비난의 외침이 된 것이다.

실제로, 멀리 떨어진 미지의 낯선 사람과 처음 마주했을 때처럼, 공감이 쉽게 우러나지 않는 경우들이 있다. 하지만 역사의 어느 특정 시점에 살았던 이들이 어떤 느낌이었을지 이해하고자 하는 욕망은 과거를 생각하는 사람들이라면 모두 갖고 있는 전형적인 판타지다. 이해하기 위해서는 시간과 일, 노력이 요구되지만, 그렇다고 해서 이루지 못할 목표는 아니다. 과거를 공감하는 일이 단순하거나 쉽지는 않지만, 역사 속 인물들의 말을 통해 그리고 그들이 생활했던 세계를 있었던 그대로 재현해봄으로써 그때, 그곳에 산다는 것이 어떤 느낌이었을지 가늠해볼 수는 있다.[4] 감정의 역사를 이해하려면 먼저 우리 자신의 경험을 기준으로 삼으려는 태도를 버려야 한다. 이는 역사에 대한 '공감을 위한 공감'의 자세를 지양하고, 지금은 고인이 된 사람들이 그 당시 어떤 느낌이었을지 이해하기 위해 그 시대의 역사에 공감 자체를 전적으로 넘겨주는 일이다.

| 역사 속 인간의 감정을 어떻게 볼 것인가?

지금은 역사학의 중심 분야가 된 '감정의 역사'가 본격적으로 연구되기 시작한 것은 십 년 정도밖에 되지 않았다. 그러므로 이 연구의 정체성에 대해 여전히 잘 알지 못한다 해도 영 이상한 일은 아니다. 역사가들에 의해 감정, 정념, 감성, 감상의 역사 연구가 활발히 진행되어오긴 했지만, 그중 총체적인 연구는 거의 없었으며, 고대부터 현대까지 하나의 이야기로 엮어서 역사의 시간을 함께 건너온 감정의 역사를 풀어낸 경우는 없었다.[5] 이 책은 최초로, 지극히 긴 시간(longue duree)을 거친 다사다난했던 감정의 역사를 정리한 것이다.

여러 관점에서 볼 때 이 책은 나의 전작 ≪감성의 역사(The History of Emotions)≫의 자매편이다. ≪감성의 역사≫는 감성의 역사를 하나의 역사학 분야로 탐구하는 데 따르는 이론과 방법, 실천 과제 및 어려움에 대한 내용이다.[6] 감성의 역사를 연구하려는 사람들이 어려움에 직면하는 것을 보면서 쓰게 된 책이다. 방법론적이고 이론적인 수많은 자료들은 너무나 방대해서 하나로 연결 지어 정리하기가 쉽지 않다. 어디서부터 시작하면 좋을지에 대해서도 모든 곳이 가능한 듯 보이다가 순식간에 그 가능성들이 모두 사라지곤 한다. 그 자료의 내용들은 역사가들이 기술해놓은 사실에 관한 것이기는 하지만, 나는 그 속에서 우리가 여전히 전통적인 역사의 시대 구분을 초월해 하나로 엮인 감성의 역사 이야기를 원하고 있다는 사실을 깨닫게 되었다.

이 책에서는 가능한 한 포괄적으로 감성의 역사를 탐구하는 방법을 제시하고자 했다. 이는 짧은 순간이나 한 장소에 관한 한정적인 연구가 아니라 서사적인 관점에서 느낌과 감성이 담긴 삶을 기술하려는 시도다. 단지 하나의 출발점을 제시하여 누구라도 나의 이야기에 도전하고, 꾸미고, 색을 입히며, 발전시킬 수 있게 하려는 것이다.

이 책에서 감성에 관한 보편적인 일반 이론보다는 생물문화적(biocultural) 접근방식을 택해, 인간이 무언가를 느낀다는 것이 특정 시간, 특정 장소에 처한 정신과 신체가 만들어내는 역동적 산물임을 주장하였다.[7] 정서적 조우와 개인의 경험을 모두 역사적·문화적 맥락에서 설명함으로써, 기존의 역사 기술에 담아내지 못했던 몸짓과 감정, 경험적인 부분들까지 되살리려고 노력했다. 우리는 역사의 초점을 이성적 사실에 맞추는 데 익숙해져 있기 때문에 비명까지는 아니더라도 큰 소리로 전해지는 강렬한 감정들은 비이성적인 것으로 치부해버리기 쉽다. 이성과 비이성의 구분이 잘못된 것이기는 하지만, 역사의 여러 다른 시대를 살았던 사람들이 비이성적인 것들을 어떻게 이론화하고 경험했는가를 물어야 한다. 그러면 많은 경우 감정이라는 것이 결국은 이성의 '반대'가 아니라, 몸과 마음, 이성(ratio)과 정념(passio) 사이에서 일어나는 연민을 비교적 지속적으로 이해하는 것임을 깨닫게 된다.

이 책이 역사적 시간에 국한되어 있는 만큼, 인간의 생리학적 진화 구조에 기초한 문화 이전(pre-cultural) 차원의 신경생리학적 설명은 하지 않았다. 인간의 행위 중 어떤 것이 자연적으로 일어나는 과정, 즉 '자율적'인가를 추측하는 것은 좋지만, 문화적 맥락 밖에서 인간을 이해하기란 불가능하다.[8] 깊은 시간의 계곡 어딘가에 문화 이전의 인간이 존재했다고 할 때, 그들을 인간 이전의 존재로 보아야 한다고 주장한다면 이에 반대할 사람이 있을까? 역사학적 성과 또는 그 자취라는 것은 결국 문화, 즉 언어, 의미 있는 몸짓, 예술, 사회 조직 등에 관한 발견이다. 의미라는 것은 전적으로 문화 형성, 상호작용과 역동성 안에서 얻어지는 것이며, 의미가 없는 것은 문화적 관점에서 이야깃거리가 없다고 봐야 한다. 감성과 감각, 경험의 역사는 단순한 생물학적 설명의 유혹으로부터 자유로워져야 한다.[9] 그러지 않으면, 인문학이라는 것이 오로지 인간이란 무엇인가를 탐구하는 학문으로 전락하는 새로운 '암흑기'를 맞이하게 될지도 모른다. 인문학의 의미가 전적으로 진화 과학에 근거를 두어야 할 테니 말이다.[10]

감성의 현상학(phenomenology of emotion)에 대한 이야기를 하다 보면 심리학에 반대한 사르트르를 떠올리게 된다. 그는 이렇게 썼다. 감성을 '물리적 현상으로 간주한다면, 감성은 존재할 수 없다. 왜냐하면 몸은 감성적일 수 없기 때문이며, 몸 자체의 현상에 의미를 부여할 수 없기 때문이다.'[11] 정신의 생물학적 뿌리를 아무리 연구해도, 인간이라는 물리적 실체에서 의미나 의의는 찾을 수 없을 것이다. 언제나 의미는 주어져야 하는데, 그것은 맥락 안에서, 문화 안에서, 그리고 사회 안에서만 가능하다. 뇌와 신체는 그 자체로 세상에 존재한다. 그 자체로 역사성을 갖는다. 뇌와 신체의 바로 그 가소성, 문화 형성 안에 적응해갈 수 있는 그 능력이 감성의 역사에 필수적인 요소다. 이러한 능력 없이는 또 다른 영리하고 안정적인 생물학 위에 올라앉은 경험적 변화의 허식만이 남을 뿐이다.

감성의 역사는 이보다 심오하다. 신경가소성[12] 연구, 특히 소진화(microevolution, 비교적 단기간에 일어나는 진화-옮긴이)[13]와 후성유전학[14]의 연구는 역사가들에게 시간의 흐름에 따른 변화를 탐색할 경험적 정당성을 제공함과 동시에 정서 이론가들에게는 보다 엄격한 진화생물학의 보편화 성향 또는 보편주의적 사고체계에서 벗어날 해방구가 되어준다.[15] 이는 역사가들이 이런 과학 학문들을 기반으로 자신의 주장을 전개해야 한다는 의미가 아니다. 다만, 역사적 변화의 실체에 대한 우리 논의에 과학이 제공하는 경험적 근거를 도입한다고 해서 해가 될 일은 없을 것이다.

내가 과거의 감정이 현재와 다르며 이는 겹겹이 쌓여 있는 역사문화적 맥락의 층을 통해서만 인지할 수 있다고 말할 때, 여기서 중요한 것은, 이 말이 곧 인류 자체를 역사화하는 것(historicization, 모든 종류의 과거에 대한 진술을 우리의 현재적 선입관을 넘어 그 역사적 맥락에 위치시키는 것-옮긴이)으로 이해되어야 한다는 점이다. 감정은 뇌와 신체, 그리고 세상의 역동적 관계 속에서 형성되고 경험된다. 그중 어느 한 요소도 다른 요소보다 앞서지 않는다. 뇌와 신체의 기능이 경험할 수 있는 감정의 범주를 정하기는 하지만, 경험의 색깔은 문화적으로 입혀진다. 개인과 집단은 주어진 상황에서 자기들이 느끼는 것을 인지하고 드러내며, 주어진 맥락 안에서 의미를 전달할 수 있는 방식으로 그 감정을 표현하고자 노력한다. 이 노력에는 뇌와 신체의 신경생리학적 활동이 포함되는데(그 노력은 무의식적일 수도 있다), 그런 활동은 다시 문화에 근거한 감정 표현 자체에 피드백을 주고 변화시킨다. 간단히 말해서 이

것이 바로 윌리엄 레디(Willaim Reddy)가 말한 감정 표현이라는 의미의 '이모티브(emotive),' 즉 문화적 맥락에서 느끼고-표현하는 역동적인 과정이다.[16] 그 과정에서 감성의 사회문화적 구성과 그에 내재하는 감정의 실체가 통합된다.

레디가 '이모티브'라는 말을 만들어낸 후로 본질적으로 그 존재를 확인하듯 사회신경과학(social neuroscience) 분야에서 중요한 진보가 이루어졌다.[17] 간단명료하게 말해서 우리의 감정 표현, 즉 본질적으로 문화에 근거한 행동이나 관행은 우리가 그것을 어떻게 경험하는가와 관련이 있다.[18] 감정을 느끼고 표현하는 방식에는 정서적 경험에 사용하는 단어, 얼굴이나 몸짓, 그리고 언제 어떻게 표현할 것인가를 결정하는 문화적 관습이 포함된다. 그리고 이 방식이 시간이 지남에 따라 변한다는 사실에는 의심의 여지가 없으며, 따라서 경험 그 자체도 변한다. 감성 자체는 영속적인데 그 얼굴만 변해왔다고 주장한다면 그 얼마나 끔찍한 시간 낭비가 될 것인가.

감성은 각각이 서로 연결되고, 서로에 의해 형성된다. 그러나 순환적이라기보다는 역동적이고, 맥락에 근거하며, 가변적이다. 과거에 이러한 역동적 관행이 있었다면, 우리는 그 원인을 되돌아볼 필요가 있다. 누가, 또는 무엇이 내 경험의 매개 변수를 결정짓는가? 나는 어떻게 느끼는가, 정말로 어떻게? 그러한 성찰은 힘을 실어준다. 왜냐하면 감성적 규범이나 지배를 주도하는 사람들 역시 감정을 '자연스럽게' 또는 눈에 띄지 않게 규범화하거나 지배하기 위한 노력을 하기 때문이다. 소위 '자연적' 질서라고 불리는 구조를 드러내고, 감추어진 부분에 빛을 비추면서, 맥락 안에서 감정을 표현하는 일은 의식화되고 사람들은 정서적 변화의 매개가 된다. 인간의 뇌-신체-문화 체계는 그렇게 해서 역사 연구의 새로운 개척분야가 되었다.

| 고대 그리스에서 현대까지, 여러 시대의 '특징적' 감정들

이 책에서는 대부분 유럽 대륙에 속하는 사람들의 감성적 교류를 살펴보았다. 트로이 전쟁에 나오는 아킬레스의 단순한 노여움에서부터 20세기 후반의 행복이라는 복잡한 현상에 이르기까지, 이 책은 다른 나라, 친구 또는 적과 정서적으로 교류하는 방식과 가능성, 그리고 자신의 감성을 관리하고 운용하는 방식을 탐구했다. 또한 감정 자체와 관련해서 끊임없이 변화하는 어법과 정의, 경험을 기록했다.

책 한 권에 온 세상에서 시대를 망라하여 일어난 정서적 삶의 모든 것을 다 담을 수는 없기 때문에, 중요한 시대적·역사적 시점에 두드러지는 특성들을 선별적으로 다루었다. 각 장마다 단기간에 걸쳐 일어난 변화들을 보여주었지만, 어떤 면에서는 특정 시대와 장소를 대변하는 정서의 양식과 실체의 단면을 장별로 나누어 보여줬다고 할 수도 있다. 또한 이러한 단면은 시대별 정서 생활의 언어와 경험의 전반적인 변화를 보여주면서, 그러한 변화의 중심을 그리스에서 로마로, 르네상스 시대의 피렌체와 파리의 살롱가, 그리고 런던의 산업 및 과학 분야로 옮겨갔다. 이러한 내용이 유럽에 국한된다고 생각하는 독자도 있을 것이다. 누군가가 다른 문명의 중심부에 대해 폭넓은 연구를 해주리라 기대한다.[19]

　　여기서 두 가지 중요한 점을 언급하고 넘어가야 할 것 같다. 첫째, 이 책에서 인류 역사 전체의 감성을 다루지는 않았다는 점이다. 왜냐하면 '감성'이라는 단어는 개념적·경험적 영역을 암시하는데, 역사 기록의 대부분이 그런 측면에서 실제적 의미를 갖는 것은 아니기 때문이다. 특히 영어권 맥락의 정서적 경험을 선호할 뿐 아니라, 심리학자와 생리학자들이 19세기 중반 이후 감성을 생각할 때 떠올리는 것에 가깝게 분석이 기울기도 한다. 일부 독자들은 현대 과학을 과거에 투영하는 것이 잘못은 아니라고 말할 수도 있다. 하지만 그것은 역사는 물론 현대의 감성 과학 자체를 잘못 이해한 것이다. 역사적 관점에서 볼 때 무엇보다 중요한 것은 역사 속 인물들의 경험을 그들이 이해했던 그대로 이해하는 것이다. 그러다 보면 때때로 우리가 이해하지 못하는 정서적 경험과 기이하고 독특한 조우를 하게 될 때도 있다. 역사 속 인물들의 경험적 세계로 쉽게 들어갈 수 있다고 가정하지는 말자. 왜냐하면 그런 일은 우리가 그들의 사회, 국가, 정치의 세계로 들어갈 수 없는 것만큼이나 불가능하기 때문이다. 이해하기 위해서는 노력하고, 맥락을 읽고, 분석해야 한다. 때로는 과거를 공감이 불가능한 영역으로 결론짓는 것이 역사를 제대로 정의하는 것일 수도 있다.

　　과학적인 관점에서 보면 최근에 감성적 경험과 관련된 정신적·생리학적 과정이 어느만큼까지 '세상에 속해 있는지'를 보여주는 여러 의미 있는 발전들이 이루어져왔다. 말하자면 정신적인 과정과 생리학적 과정 모두 그것을 경험하는 사람들이 처해 있는 현실과 관련해 현실에 의해서 형성된다는 뜻이다. 우리가 스스로를 감성을 지니는 존재로 인지하고 우리 내면의 신경학적 과정을 이해하는 것과, 정념에 시달리는 존재로 인지하고 외적인 영향에 의해 정신 상태가 결정지어지는 존재로 이해하는 것과는 중대한 차이가 있다. 이는 단순한 의미론적 구분이 아니며, 하나의 개념은 옳고 다른 하나는 거짓이라고 단정 짓는 것도 아니다. 오히려 현재 일어나는 일을 어떻게 인지하는가에 따라 우리에게 미치는 영향이 달라진다는 뜻이다. 그것은 우리의 느낌뿐 아니라, 우리의 행동 그리고 그에 대한 타인의 행동에까지 영향을 미친다.

앞서 지적했듯이 이러한 논리는 사회신경과학 연구에 의해서도 확인된다. 바로 이러한 불확실성이 감성 연구를 더욱 매력적으로 만든다. 누군가 감성이란 이런 것이라고 단정 지으려는 순간 감성은 말 그대로, 변한다. 그러므로 사회신경과학 연구는 다양한 문화적 틀 속에서 경험하는 정서가 뇌를 각기 다른 방식으로 만들고, 역으로 그러한 뇌는 각기 다른 세상을 구축할 것이라는 가능성을 열어둔다. 간단히 말해서 문화와 뇌-신체 사이에는 역동적 관계가 성립되며 정서적 경험은 그러한 관계의 재료이기도 하고 산물이기도 하다.

감성이 시간과 장소에 따라 변한다는 사실은 시간에 따라 변화하는 인간의 핵심 요소다. 이는 인간의 생물문화적 역사의 일부인데, 종의 다양성의 좀 더 엄격한 진화론적 관점에서 보는 것보다 훨씬 더 빠른 변화를 보인다. 인간은 문화적 맥락 안에서 살아가는 존재이기 때문에 생물학적 진화에 대한 서술은 인간의 소진화적 변화의 현저한 영향을 보여주는 연구에 점점 더 순응해가야 한다.[20] 이는 놀라운 사실이 아니다. 찰스 다윈(1809~1882)도 진화의 효과가 선택과 통제라는 순화 과정을 통해 가속될 수 있음을 보여주었다. 인류를 그렇게 순화된 종으로 생각하면, 인간의 정서 경험이 빠르고 다양하게 변화하는 것을 이해하는 데 도움이 될 것이다.[21]

　　이러한 생물학계의 새로운 관점을 고려할 때, 과거 인물들의 정서 세계에 '감성'이라는 단어를 억지로 도입하는 것은 무용한 일일 것이다. 그 외에 어떤 범주의 요소를 강압적으로 적용시키는 것도 분석 결과를 왜곡시킬 수 있다. 제목에 '감정(feeling)'이라는 단어를 사용한 것은 모든 상황을 아우를 수 있는 차선의 단어를 선택하기 위함이 아니다. 단지 이 책을 통해 다른 시간, 다른 장소에 살았던 사람들의 정서 생활에 담겨 있는 의미론적, 개념적, 경험적 세계에 대해 논하기에 좀 더 부담이 적은 단어를 선택한 것이다. 따라서 '감정'이라는 단어의 뜻은 역사의 맥락에서 사용되었던 본래의 의미 그대로 사용했으며, 쉽지만 모호한 번역보다는 어려운 설명을 택할 것이다.[22] 사실 과거의 정서적 경험에 대한 모호한 번역어를 수정해서 쉽게 이해될 수 있는 현대의 감성 범주로 재정리하는 것이 책 전체를 통해 반복적으로 해나간 주된 작업이었다.

　　두 번째 중요한 점은, 각기 다른 시간과 장소의 지배적인 감성 기준에 따라 그 나름의 특징을 가지고 시간의 흐름에 따라 변화하는 감성을 서술하는 데 있어 항상 '공인된' 입장을 따르지는 않았다는 사실이다. 많은 경우, 지식층에 특별히 초점이 맞추어진 것을 지적하면서 그러한 서술을 뒤집고, 그와는 상반되나 역사적으로 중요한 정서적 경험에 초점을 맞추기도 했다. 반대주의자가 되기 위해 그런 건 아니다. 그보다는 현존하는 감성 관련 문헌의 대부분이 '우리'를 과거와 연결시키는 어떤 것, 즉 시간의 흐름에 따라 변화하면서도 연속성의 줄기를 가리키고, 목적론적 논리를 따라 이어져온 서술을 강조하고 있다는 데 대한 의구심이 이 책을 쓰게 된 계기가 되었기 때문이다. 우리가 어떻게 이 시점에 이르렀는가 하는 의문은 지극히 합당한 연구의 주제가 될 수 있지만, 이는 시간을 거치면서 잃어버린 것들을 간과하기 쉽다. 그런데 내가 생각하기에 바로 그 잃어버린 것들, 그중에도 특히 잃어버린 감정들이 살아있는 역사다. 잃어버린 것들을 탐구하기 위해서는 인류 역사를 인도하는 힘에 대해 깊이 생각해보아야 한다. 그렇게 함으로써 감성이라는 것을 역사의 주요 인자로 보는 나의 견해를 독자들이 이해했다면 더 좋을 것이다.

일반적으로 역사기록학적 기록, 즉 역사가들이 연구한 사실에 근거한 역사의 서술은 감성을 사건의 결과로 해석하려는 경향이 있다. 그것들은 시간의 흐름을 따라 움직이는 상당한 힘의 결과로 오는 기쁨과 충격이다. 이 점에 대해서는 인류의 정서적 삶은 움직이는 힘이기도 하다는 견해를 갖는다. 그리고 그 힘은 정치적, 경제적, 이성적 역동성과 별개로 볼 수 없다. 정서적 삶은 인간의 모든 활동과 불가분의 관계에 있으며, 어떤 관행이나 경험, 결정도 감정이 수반되지 않는 경우는 없다. 그 감정이 감성을 부정하는 것일지라도. 명백한 합리성이나 거리를 둔 객관성을 주장하는 것은 정서적인 태도, 즉 냉정한 감정이나 정당한 일로 여겨진다. 전혀 감정이 없다는 사실, 즉 냉담하거나 잔혹한 정서는 모든 것에 감정이 가득 담겨 있는 맥락에서 그것만 예외적이기 때문에 특별해 보이는 것이다.

그렇게 긴 역사의 시간을 이해하기 위해, 일화적 접근방식으로 시대의 맥락 안에서 경험되는 감정들을 살펴보았다. 이 책에서 다룬 시대별 감성에 관한 학술 문헌들은 모두 방대하고 복잡하기 때문에 그 문헌들을 일일이 찾아보기보다는 시대별로 짚고 지나가면서 중요하고 특기할 만한 영향을 미친 일화, 즉 어떤 방식으로든 그 시대의 정서적 맥락을 특징지을 만한 사건이 있으면 살펴보았다. 그러나 그 특정 감성을 탐구했던 철학의 학파, 또는 그와 관련된 지식의 역사를 찾아보지는 않았다. 내가 선택한 일화들이 서로 연결되어 있지는 않으며, 때로는 서로의 맥락에 전혀 맞지 않거나 연결성이 없는 경우도 있었을 것이다. 각 장마다 주제가 있기는 하지만, 내용이 하나로 연결된 듯 보이면서도 그 유사한 것들을 좀 더 깊이 살펴보면 각기 다른 경우도 많았을 것이다. 이러한 구성은 과거의 정서가 오늘날의 것과 어떻게 다른가를 보여줄 뿐 아니라, 역사적 맥락 안에서 시간이 지남에 따라, 장소에 따라 얼마나 달라지는가를 보여주기 위해 의도한 것이다. 맥락 안에서 감정과 정념, 감성을 보여줌으로써, 선조들의 정서적 경험이 얼마나 풍부하고 독특했으며, 사물의 거대한 섭리 안에서 덧없고 불안정했는지를 강조했다. 일단 초점을 맞춘 일화들은 정서 언어와 경험의 미세한 특성들까지도 찾아내기 위해 과학수사를 하듯이 철저하게 살펴보았다. 그렇게 하지 않으면 플라톤학파나 스토아학파, 토마스학파 또는 데카르트 사상이나 과학과 같은 광범위한 범주에 휩쓸려 들어갈 수 있기 때문이다.

한편으로는 탐구의 초점이 언어의 차이에 맞추어지기는 했지만, 나의 논점이 의미론으로 축소되는 것은 원하지 않았다. 내가 말했듯이 언어는 단지 경험을 서술할 뿐 아니라 그것에 영향도 미친다.[23] 과거에 사용되었던 감정 단어에 담긴 풍부한 의미가 번역 과정에서 상실되는 경우도 많다. 사장되었던 개념을 현대 독자들이 이해할 수 있도록 한다는 미명 하에 개념의 축약 현상이 종종 일어나는 것이다. 감성의 역사가 하나의 이론이나 방법론으로 부상하기 전에는 어떤 역사학자도 메니스(menis)를 '노여움'으로, 미저리코디아(misericordia)를 '긍휼'로 번역하는 과정에서 손상된 본래의 의미에 주의를 기울이지 않았다. 이러한 문제가 언어학의 영역에 남겨졌다면 그 의미의 중요성이 더 없이 부각되었을 것이지만 말이다. 차차 명백해지겠지만, 그렇게 상실된 어휘의 의미는 번역의 편의성보다 중요하다. 그렇기 때문에 나는 단어를 끌어당기고, 걷어차고, 구박하면서 억지로 오늘날의 어법에 맞추기보다는 시간을 들여서라도 단어에 현대적 의미를 부여하게 된 맥락을 해석하고자 노력했다.

그러기 위해서는 종종 과거의 감정 단어를 그 시대의 언어로 남겨두었다. 그리고 그 단어들을 이해하기 위해 다른 출처를 활용해 관련 일화를 동원하거나 배치했다. 어떤 장에서는 그림이나 사진, 대중적인 인쇄물, 도자기, 연작 판화 같은 시각적, 물리적 자료가 특히 강조되기도 했다. 여기서 중요한 점은 이미지가 감정에 대한 이해를 도와주긴 하지만, 그 이미지가 만들어진 맥락을 이해하지 못하면 그 속에서 경험되는 감정을 이해할 수 없다는 사실이다. 나는 때로 개인의 전기에 접근하는 방식을 사용할 때가 있다. 개인적으로 주고받은 편지나 역동적인 관계를 맺고 있는 공적인 맥락을 살펴보면서 특정 시대를 살았던 개인의 정서적 양식을 알아보는 것이다. 이 외에도 철학이나 과학, 의학, 문학 분야의 출판물도 감정의 맥락을 재구성할 수 있게 해주는 요소를 제공했다.

어쨌든 우리가 이미 알고 있다고 생각하는 감성의 범주에 모든 것을 꿰맞추려 하다 보면, 감성의 역사가 가지는 중요한 의미는 상실되고 만다. 내가 바라는 것은 의도적으로 과거의 감정으로부터 낯설어짐으로써 우리도 스스로의 감성에 대해 이미 알고 있다는 자만심을 비워낼 수 있는 단계에 이르는 것이다. 감성적 언어와 감성적 규범이 가지는 힘과 작용 방식을 제대로 성찰해보지 않는다면 스스로의 감정도 다른 사람들이 비추는 굴절된 빛을 통해 희미하게 볼 수밖에 없는 위험을 감수해야 한다.

독자들은 당연히 이 책에 소개된 몇 가지 일화들을 선택한 이유가 궁금할 것이다. 이에 대해서는 사회나 정치, 문화, 교육 등에서 수세대에 걸쳐 특별히 중대한 영향을 미쳤다거나, 아니면 과거의 감정과 오늘날의 감정 사이에 특기할 만한 변화가 생겼다거나 하는 이유들 외에 특별한 이유는 없다. 대부분은 지난 십여 년 동안 내가 반복적으로 다시 들춰보는 일화들로, 주목할 만큼 흥미로우면서 묘한 매력이 있는, 그러면서도 우리의 감성 언어에 의해 정의된 범주에 쉽사리 속하지 않는 이야기들이다. 나는 습관적으로 이 이야기들을 인간 감성의 보편성을 주장하는 사람들에게 들이대고 묻는다. 이걸 설명해보라고! 이 책에 일화들을 소개하면서 관심의 초점과 집중적으로 조명되는 감성을 유지하려고 의도했지만, 그것들이 하나로 매끄럽게 이어지지는 않았다. 감정의 정치학 역시 이 책의 논의에 영향을 미친다. 경험은 힘을 가진 자가 정한 규범과 통제에 의해 상당한 영향을 받기 때문이다. 우리는 주어진 맥락에서 받아들여지리라고 여기는 표현의 범위 내에서 감정을 드러낸다. 그리고 그 변수는 절대로 가난한 자나 약자, 또는 성별, 인종, 연령, 능력 면에서 열등하거나 권리가 박탈된 자에 의해 정해지는 법이 없다.

　이렇게 거대한 작업을 이 작은 공간에 정리해 넣기 위해 나는 내 전문지식을 최대한 동원해야 했다. 그러나 ≪감성의 역사≫에서 주장했던 것을 예증하기 위해서라도 해야만 하는 작업이었다. 감성 역사의 방법론은 어느 장소, 어느 시대에도 적용할 수 있는데, 그 주된 이유는 첫 단계가 우선 과거의 경험적 범주에 대한 모든 가정을 버리는 것이기 때문이다. 정서적 삶과 양식, 체계를 주어진 맥락 안에서 재구성해야 한다. 그렇게 하는 과정에서 기존의 시대 분류에 의문을 제기하게 된다. 왜냐하면 정서의 흐름이 항상 우리가 일반적으로 원하는 양식에 따라 지속되고 변화하지 않기 때문이다. 그런 의미에서 나는 독자들에게 익숙할 만한 연대표를 사용하되, 각 장마다 그 시대의 감성 양식에 관한 일반적인 가정을 부정하고, 그러한 가정이 생기게 된 배경에 어떤 일이 있었는지에 대해 암시적 의문을 던졌다.

　그렇게 해서 ≪일리아드≫는 결국 분노에 관한 작품이 아니고, 플라톤학파가 말하는 혐오는 욕망으로 귀결되며, 초기 근대 이성주의는 의식 있는 움직임으로 부활하고, '감수성의 시대'는 잔혹성 또는 감정의 결핍으로 특징지어진다. 그리고 현재 우리 자신의 지극히 감성적인 시대는 관행적인 비굴함으로 비친다. 바라건대 향후의 역사가들이 시간을 두고 정서적 경험에 관한 서술들을 새로이 정리하면서 과거의 감성적 삶에 대한 참신한 이해에 근거한 급진적인 시대 구분법을 새로이 채택해줄 것을 기대한다.

| 최근 감성의 역사가 급부상한 이유

2017년 여름, 감성 및 과학, 종교 역사가인 토머스 딕슨(Thomas Dixon)이 헬싱키에서 함께 저녁을 먹는 자리에서 내게 지난 십여 년간 감성의 역사가 갑자기 부상하게 된 이유가 뭐라고 생각하는지 물었다. 그리고 함께 슬픔의 공개적인 표현과 그러한 표출에 대한 어쩔 수 없는 학자적 매료에 대해 곰곰이 생각해보았다. 그러나 우리 중 누구도 만족할 만한 해답을 찾지 못했고, 어떤 식으로 설명을 하려 해도 다시 같은 질문으로 돌아왔으며, 또 다른 의문을 낳을 뿐이었다. 되돌아보면 나는 그때, 감성의 역사가 부상하는 이유는 바로 우리 자신의 감성적인 삶이 그만큼 축소되었기 때문이라는 잠정적인 결론에 도달했던 것 같다.

이는 개인적인 면에서도 그렇고, 사회나 문화 또는 다양한 계층의 정치적 관점에서도 그렇다. 신자유주의 시대의 감성은 모호하고, 공허하거나 투박하다. 이는 현재 극도의 분노나 슬픔이 없다는 뜻은 아니다. 그러한 감성들로부터 벗어날 수는 없다. 그보다는 대중문화에서 복합적이고 정교한 감성과 그것들에 대해 이야기할 수 있는 복합적인 언어가 대체(또는 격하)되었다는 뜻이다. 정교함의 특성이 웅장함으로 대치되었다. 분노가 있다. 그렇다, 극도의 분노, 엄청난 분노가 있다. 과거의 감성적 삶이 낯선 무엇인가로 보이기 시작하는 순간 역사가들의 관심이 쏠리기 시작했다. 대부분의 다른 역사적 조사에서 그렇듯이 과거의 감성을 탐구해야 할 필요성은 현재의 감성에 대한 우리 자신의 의구심을 말해준다. 어쩌면 우리는 회복하거나 되찾을 방법을 찾고 있는지도 모른다. 아니면 단순히 우리의 감정을 제한 혹은 통제하는 힘에 관해 알고 싶은 것일 수도 있다. 그런 의미에서, 감성의 역사는 지난 50여 년간 일어난 다른 역사기록학적 혁신과 별로 다르지 않다. 힘의 도구를 밝혀내서 해체한 것이다.

이 책이 정치적 의도를 내포하고 있다고 주장하려는 것은 아니지만, 감성은 정치적이다. 그리고 감성 역사가들은 그러한 정치성이 가지고 있는 영향력에 대해 논쟁을 벌여왔다. 특히 윌리엄 레디는 개인이 가지고 있는 감성적 자유의 정도에 따라 감성 통치를 판단할 수 있는 역사가와 인류학자의 역량을 역설했다. 다시 말해, 개인은 풍부하고 다양한 잠재적인 표현의 각본을 통해 자기가 느끼는 것을 어느 정도까지 '자유롭게' 탐구할 수 있는가? 나는 엄격한 감성 통제 하에서도 개인이 감성적 자유를 누리고 있다고 착각할 수 있기 때문에, 실질적인 감성적 자유를 판단하는 일은 항상 어렵고 위험하다는 주장을 한 적이 있다.[24] 그럼에도 불구하고 이 접근법을 역으로 적용하면 뭔가 연구해볼 만한 것을 찾게 될 것이다. 역사가는 과거의 인물들이 경험에 대한 감성적 제약을 얼마나 인지하고 있었는지 정도는 알아낼 수 있어야 한다. 자연적인 것이 문화적이고 정치적인 것이라는 사실과, 볼 수 없는 것들도 보일 수 있다는 식의 제재를 인지하려면, 그 제재가 비록 불쾌한 것은 아니라 해도 자신이 자유롭지 못하다는 사실은 의식해야 한다.

이 책에서 나는 자신들을 구속하던 정서 통치에 변화를 가할 힘은 없지만, 그럼에도 불구하고 자기들이 구속받고 있다는 사실을 인지하고 있었던 사람들과 사회의 여러 예들을 소개하였다. 그들이 고통을 겪을 때, 이러한 사실은 그들을 더욱 고통스럽게 했다. 그러나 그들이 투쟁하는 한, 이러한 고통은 그들의 투쟁에 뚜렷한 목표와 방향, 그리고 통치 체제에도 불구하고 더 역동적인 정서적 요소를 부여했다. 우리의 경험을 구속하고 제약하거나 유도하는 스스로의 감성 통치를 되돌아보게 한다고 해서(이 책의 결론이 될 내용이기도 한데), 내가 독자들에게 감성적 자유를 보장해주지는 못한다. 그러나 자물쇠를 열려면 우선 족쇄의 구조를 이해해야 하는 법이다.

우리는 스스로 '행복한지', '연민한지', '고통스러운지'를 얼마나 정확하게 알고 있는가? 각 단어에 사용된 작은따옴표는 이 단어들이 가지는 우발성과 가변성을 강조하기 위한 것이었다. 이 단어들에 본질적이거나 객관적인 또는 영속적인 요소는 내포되어 있지 않다. 정서적 행위를 평가하는 기준 역시 역사적으로 특정한 구성에 따라 달라진다.

참고문헌

| 프롤로그 경험의 가치

1. See Immanuel Kant, Critique of Pure Reason, trans. Werner S. Pluhar (Indianapolis, in, 1996).

2. I here use the definition of Lorraine Daston in 'The Moral Economy of Science', Osiris, 2nd ser., x (1995), pp. 2–24. See Rob Boddice, The History of Emotions (Manchester, 2018), pp. 194–201.

3. This is a riff on Clifford Geertz, who riffed on Max Weber, in 'Thick Description: Toward an Interpretive Theory of Culture', The Interpretation of Cultures (New York, 1973).

4. Boddice, History of Emotions, pp. 201–4; Rob Boddice (with Daniel Lord Smail), 'Neurohistory', in Debating New Approaches in History, ed. P. Burke and M. Tamm (London, 2018).

| 1장 고대 그리스의 격정의 감정들

1 The master of the field is David Konstan, who has done more than anyone to foreground the importance of the history of emotions in antiquity. See David Konstan, Pity Transformed (London, 2001); Konstan, Sexual Symmetry: Love in the Ancient Novel and Related Genres (Princeton, nj, 1994); Konstan, The Emotions of the Ancient Greeks: Studies in Aristotle and Classical Literature (Toronto, 2006); Konstan and N. Keith Rutter, eds, Envy, Spite and Jealousy: The Rivalrous Emotions in Ancient Greece (Edinburgh, 2003). Konstan inspired the Festschrift edited by Ruth R. Caston and Robert A. Kaster, Hope, Joy, and Affection in the Classical World (Oxford, 2016), and he also defines points of departure and debate, such as Ed Sanders, Envy and Jealousy in Classical Athens: A Sociopsychological Approach (Oxford, 2014). While Konstan is a firm advocate of the historicization of emotional experience, he has been criticized, notably by Sanders, for being too eager to make direct translations of Greek terms into English equivalents, as well as for drawing too strong a connection between the emotional experience of past and present, so as to derive a kind of immediate topical relevance for the study of ancient emotions. Sanders himself seems to be inconsistent on this point (pp. 4–6).

2. While classics has produced more works on emotion than perhaps any other period, it is necessary to point out that much of this work has arisen independently of the development

of the history of emotions per se, and often with quite different agendas. Where classicists expound on philosophy, literature, poetry and rhetoric with a mind to making sense of ancient texts, many have approached the subject of affective and emotional life from the point of view of contemporary psychology and cognitive science. This is a particular foible of philosophers, who tend to beat the particular with a universal stick. Some of this now looks rather out of place in the history-of-emotions landscape. See in particular Richard Sorabji, Emotion and Peace of Mind: From Stoic Agitation to Christian Temptation (Oxford, 2000) and Martha Nussbaum, The Therapy of Desire: Theory and Practice in Hellenistic Ethics (Princeton, nj, 1994).

3. The action refers to events some four hundred years earlier, in the early twelfth century bce, and there is much debate about the extent to which the Homeric epic preserves an earlier oral poetic tradition. In any case, the primary mode of receiving and rehearsing the Iliad, even in classical times, was through listening and through oral repetition.

4. From cholos we get the humoral substance of choler – bile – which has been preserved in modern languages in a variety of ways. In English, a choleric person is ill-tempered or angry, and the French colère is the common-usage word for 'anger'. Its rootedness in bodily disorder or disease is preserved in the word 'cholera' (see Chapter Two).5. Leonard Muellner, The Anger of Achilles: 'Mênis' in Greek Epic (Ithaca, ny, 2004). My analysis broadly accords with his.

6. Homer, The Iliad, trans. Robert Fagles (London, 1990).

7. See, for example, William V. Harris, Restraining Rage: The Ideology of Anger Control in Classical Antiquity (Cambridge, ma, 2001), pp. 131–56.

8. See, for example, Lynn Kozak, Experiencing Hektor: Character in the Iliad (London, 2017).9. Marilynn Desmond, 'Trojan Itineraries and the Matter of Troy', in The Oxford History of Classical Reception in English Literature, vol. i, ed. Rita Copeland (Oxford, 2016), p. 262.10. W. E. Gladstone, Juventus Mundi: The Gods and Men of the Heroic Age (London, 1869), pp. 508–9.11. Saul Levin, 'Love and the Hero of the Iliad', Transactions and Proceedings of the American Philological Association, lxxx (1949), pp. 37–49 (p. 37). See also Katherine Callen King, Achilles: Paradigms of the War Hero from Homer to the Middle Ages (Berkeley, ca, 1987); Seth Benardett, Achilles and Hector: The Homeric Hero (South Bend, in, 2005).12. Muellner, Anger of Achilles, p. 119.13. Homer,Iliad,1.408–12.14. Ibid.,21.521–5.15. Ibid.,22.312–13.16. Stephen Scully, 'Reading the Shield of Achilles: Terror, Anger, Delight', Harvard Studies in Classical Philology, ci (2003), pp. 29–47 (p. 40).

17. For a thorough account of the meaning and distinctly bodily qualities of menos, see Richard Sugg, The Secret History of the Soul: Physiology, Magic and Spirit Forces from Homer to St Paul (Newcastle, 2014), pp. 22–5.

18. Homer,Iliad,22.346–7.

19. Homer, The Iliad, trans. A. T. Murray (Cambridge, ma, 1924).

20. David Konstan, 'Anger, Hatred, and Genocide in Ancient Greece', Common Knowledge, xiii (2007), pp. 170–87 (p. 177). Sara Ahmed, 'Collective Feelings: Or, The Impressions Left by Others', Theory, Culture and Society, xxi (2004), pp. 25–42 (p. 27).

21. Oliver Taplin, 'The Shield of Achilles within the "Iliad"', Greece and Rome, 2nd ser., xxvii (1980), pp. 1–21.

22. Homer, Iliad, trans. Stanley Lombardo (Indianapolis, in, 1997), 19.401–6.

23. Ibid., 19.426–7.

24. Scully, 'Reading the Shield', pp. 40, 43, 45.

25. Homer, Iliad, trans. Lombardo, 19.33–4.

26. Rob Boddice, The History of Emotions (Manchester, 2018), pp. 11–14.

27. Mary Beard, Confronting the Classics: Traditions, Adventures and Innovations (London, 2013), pp. 32–3.

28. Aristotle, Poetics, trans. Malcolm Heath (London, 1996), 5.5.

29. See, among others, Hajo Holborn, 'Greek and Modern Concepts of History', Journal of the History of Ideas, x (1949), pp. 3–13; Kenneth J. Dover, 'Thucydides "As History" and "As Literature"', History and Theory, xxii (1983), pp. 54–63.

30. Thucydides, The Peloponnesian War, trans. Steven Lattimore (Indianapolis, in, 1998).

31. Thucydides, History of the Peloponnesian War, trans. Rex Warner (London, 1974); Robert Lisle, 'Thucydides 1.22.4', Classical Journal, lxxii (1977), pp. 342–7.

32. Thucydides, The Peloponnesian War, trans. Martin Hammond (Oxford, 2009).

33. Thucydides, Der Peloponnesische Krieg, trans. Helmuth Vretska and Werner Rinner (Stuttgart, 2000).

34. Thucydides, The Peloponnesian War, trans. Thomas Hobbes [1629] (Chicago, il, 1989); Thucydides, History of the Peloponnesian War, trans. Benjamin Jowett (Oxford, 1881).

35. Marc Cogan, The Human Thing: The Speeches and Principles of Thucydides' History (Chicago, il, 1981). See also Elisabeth Young-Bruehl, 'What Thucydides Saw', History and Theory, xxv (1986), pp. 1–16, which subverts typical readings.

36. Thucydides, Peloponnesian War, 2.37. As per the study of Douglas Cairns, 'Metaphors of Hope in Archaic and Classical Greek Poetry', in Hope, Joy, and Affection in the Classical World, ed. Ruth R. Caston and Robert A. Kaster (Oxford, 2016), hope in ancient Greece was far from a universally positive emotion, and was often construed strongly in the negative.

37. For my reluctance to translate this simply to 'happiness', see the following section on Aristotle.

38. Thucydides, Peloponnesian War, 2.35–6.

39. Ibid., 2.47–54.

40. Ibid., 5.84–116.

41. For various takes on the meaning and employment of eudaimonia, much of which attempts

to give it contemporary relevance and, indeed, apply it, see Martha Nussbaum, Upheavals of Thought: The Intelligence of Emotions (Cambridge, 2003), pp. 31–2; A. S. Waterman, 'The Relevance of Aristotle's Conception of Eudaimonia for the Psychological Study of Happiness', Theoretical and Philosophical Psychology, x (1990), pp. 39–44; R. M. Ryan, V. Huta and E. L. Deci, 'Living Well: A Self-determination Theory Perspective on Eudaimonia', in The Exploration of Happiness: Present and Future Perspectives, ed. Antonella Delle Fave (Dordrecht, 2013), pp. 117–39; A. S. Waterman, ed., The Best within Us: Positive Psychology Perspectives on Eudaimonia (Washington, dc, 2013). This is a mere selection. The popularity of eudaimonia in the burgeoning world of 'happiness studies' or 'positive psychology' (often called 'eudaimonic functioning' and contrasted to 'hedonic functioning') is mitigated by few cautionary notes, though the following has the advantage of pointing out that 'eudaimonia is not well-defined': Todd B. Kashdan, Robert Biswas-Diener and Laura A. King, 'Reconsidering Happiness: The Costs of Distinguishing between Hedonics and Eudaimonia', Journal of Positive Psychology, ii (2008), pp. 219–33. 42. As early as 1926, Aristotle's translator Harris Rackham noted at the first instance of eudaimonia in the Nicomachean Ethics (Cambridge, ma, 1926) that, while 'happiness' was the unavoidable translation, he did not 'interpret it as a state of feeling but as a kind of activity' (1095a). This was insightful, only now historians of emotions work with the notion that feeling states are also kinds of activity.

43. It is tempting here to flag the similarity to the psychological and physiological innovation of William James, who pointed out that 'we feel sorry because we cry, angry because we strike, afraid because we tremble', but the ends each thinker had in mind were wildly different. Aristotle's is a treatise on morals. James's is a work on emotions per se. Most importantly, for Aristotle (and the Greeks more generally) the passions came from without, from the world, and affected the body; James was working on the exact opposite premise, that emotional experience arose in response to internal and automatic visceral movement and activity. The final analysis puts them as kindred ideas, but with radically different appreciations of function. William James, The Principles of Psychology, vol. ii (New York, 1890), pp. 449–50. For analysis, see Boddice, History of Emotions, pp. 23–5.

44. Aristotle, The Nicomachean Ethics, trans. J.A.K. Thomson (London, 2004), p. 32.

45. Ibid.

46. Ibid.,p.35.

47. Ibid.,p.38.

48. Ibid.,p.41.

1. For a general account, see Ruth Webb, 'Imagination and the Arousal of the Emotions in Greco-Roman Rhetoric', in The Passions in Roman Thought and Literature, ed. Susanna Morton Braund and Christopher Gill (Cambridge, 1997), pp. 112–27.

2. Robert A. Kaster, Emotion, Restraint, and Community in Ancient Rome (Oxford, 2005), p. 8.

3. For the concept of emotional improvisation, see Erin Sullivan, Beyond Melancholy: Sadness and Selfhood in Renaissance England (Oxford, 2016).

4. Thucydides, History of the Peloponnesian War, trans. C. F. Smith (Cambridge, ma, 1921), 1.22.

5. The historical merits of the speeches, both in terms of their content and their form, have been much debated. See, for sporadic example, Peter Kosso, 'Historical Evidence and Epistemic Justification: Thucydides as a Case Study', History and Theory, xxxii (1993), pp. 1–13 (pp. 10–11); J. Wilson, 'What Does Thucydides Claim for his Speeches?', Phoenix, xxxvi (1982), pp. 95–103; Maria Pavlou, 'Attributive Discourse in the Speeches in Thucydides', in Thucydides between History and Literature, ed. Antonis Tsakmakis and Melina Tamiolaki (Berlin, 2013), pp. 409–34; Marc Cogan, The Human Thing: The Speeches and Principles of Thucydides' History (Chicago, il, 1981); M. Heath, 'Justice in Thucydides' Athenian Speeches', Historia: Zeitschrift für Alte Geschichte, xxxix (1990), pp. 385–400.

6. For debates on these particular speeches, see A. Andrews, 'The Mytilene Debate: Thucydides 3.36–49', Phoenix, xvi (1962), pp. 64–85; Donald Kagan, 'The Speeches in Thucydides and the Mytilene Debate', Yale Classical Studies, xxiv (1975), pp. 71–94; P. A. Debnar, 'Diodotus' Paradox and the Mytiline Debate (Thucydides 3.37–49)', Rheinisches Museum für Philologie, cxliii (2000), pp. 161–78; Clifford Orwin, 'The Just and the Advantageous in Thucydides: The Case of the Mytilenaian Debate', American Political Science Review, lxxviii (1984), pp. 485–94. Plus see notes below.

7. Thucydides, Peloponnesian War, 3.36.

8. Ibid.

9. Ibid., 3.37–8.

10. Ibid., 3.40.

11. Edward M. Harris, 'How to Address the Athenian Assembly: Rhetoric and Political Tactics in the Debate about Mytilene (Thuc. 3.37–50)', Classical Quarterly, lxiii (2013), pp. 94–109; David Konstan, Pity Transformed (London, 2001), pp. 82–3; James A. Andres, 'Cleon's Hidden Appeals (Thucydides 3.37–40)', Classical Quarterly, l (2000), pp. 45–62 (p. 50).

12. Harris, 'How to Address', p. 100.

13. Ibid., pp. 108–9.

14. Thucydides, Peloponnesian War, 3.42–8.

15. Ibid.,3.42.

16. Translations that use 'passion' and 'mind' include those by J. M. Dent (1910), C. F. Smith (1921) and Benjamin Jowett (1881).

17. Thucydides, Peloponnesian War, 3.44.

18. Ibid.,3.50.

19. Landmark studies have shown the extraordinary possibilities of the deconstruction of past knowledge systems to reveal their internal political, technological and affective dynamics. See Lorraine Daston and Peter Galison, Objectivity (New York, 2007); Peter Burke, What is the History of Knowledge? (Cambridge, 2016).

20. Galen wrote on the temperaments (in Greek, κράσεων (kraseon) – mixtures, temperatures (climate), temperaments; in Latin the text is translated as De temperamentis). On Galen's understanding of the passions (overlooking the anachronistic title), see Christopher Gill, 'Did Galen Understand Platonic and Stoic Thinking on Emotions?', in The Emotions in Hellenistic Philosophy, ed. Juha Sihvola and Troels Engberg-Pedersen (Dordrecht, 1998), pp. 113–48; and Loveday C. A. Alexander, 'The Passions in Galen and the Novels of Chariton and Xenophon', in Passions and Moral Progress in GrecoRoman Thought, ed. John T. Fitzgerald (London, 2008), pp. 175–97. For the far-reaching implications of Galenic medicine on matters of the self and the passions, see Angus Gowland, 'Medicine, Psychology, and the Melancholic Subject in the Renaissance', in Emotions and Health, 1200–1700, ed. Elena Carrera (Leiden, 2013), pp. 186–219.

21. Claudia Mirrione, 'Theory and Terminology of Mixture in Galen: The Concepts of krasis and mixis in Galen's Thought', PhD thesis, Humboldt Universität zu Berlin, 2017, p. 265n.

22. Hippocratic Writings, trans. Francis Adams (Chicago, il, 1952), pp. 9–19. The Greek text is presented by W.H.S. Jones, Hippocrates: Collected Works (Cambridge, ma, 1868).

23. Adams's translation (Hippocratic Writings, p. 15) offers 'the temper might be ruffled and they be roused to inconsiderate emotion and passion'. Under the basic rubric of history-of-emotions methodology, trying at all costs to avoid anachronism, the introduction of 'emotion' here cannot be justified so I have modified it.

24. The translation here is by Peter Brain, Galen on Bloodletting: A Study of the Origins, Development and Validity of His Opinions, with a Translation of the Three Works (Cambridge, 1986), p. 74.

25. Claudii Galeni opera omni, ed. Karl Gottlob Kühn, vol. xi (Leipzig, 1826), p. 267.

26. Brain, Galen on Bloodletting, p. 83. For the Greek and Latin, Claudii Galeni, vol. xi, p. 282.27. Alexander Tuttle et al., 'Increasing Placebo Responses over Time in u.s. Clinical Trials of Neuropathic Pain', Pain, clvi (2015), pp. 2616–26.

28. K. T. Hall, J. Loscalzo and T. J. Kaptchuk, 'Genetics and the Placebo Effect: The Placebome', Trends in Molecular Medicine, xxi (2015), pp. 285–94.29. Patrick Wall, Pain: The Science of Suffering (New York, 2000),

pp. 40, 42.30. Pliny the Elder, The Natural History, trans. John Bostock and H. T. Riley (London, 1855), 32.42.31. Ibid.,20.13.

32. Ibid., 20.51. The same plant in other cultures, especially in Asia Minor, was used to ward off the evil eye. Modern research has shown that the seeds at the very least do indeed have an analgesic or anaesthetic effect: Loubna Farouk et al., 'Evaluation of the Analgesic Effect of Alkaloid Extract of Peganum harmala L.: Possible Mechanisms Involved', Journal of Ethnopharmacology, cxv (2008), pp. 449–54.

33. Pliny, Natural History, 21.84.

34. Ibid.,20.70,20.84.

35. Ibid.,22.33.

36. Javier Moscoso, 'Exquisite and Lingering Pains: Facing Cancer in Early Modern Europe', in Pain and Emotion in Modern History, ed. Rob Boddice (Basingstoke, 2014), pp. 16–35 (pp. 24, 31). See also Rob Boddice, Pain: A Very Short Introduction (Oxford, 2017) and Joanna Bourke, The Story of Pain: From Prayer to Painkillers (Oxford, 2014).

37. Plutarch, 'De esu carnium i', 'De esu carnium ii', in Moralia, ed. Gregorius N. Bernardakis (Leipzig, 1895). For English comparison (and the source of the unmodified translations here), see Plutarch, Plutarch's Morals, trans. rev. William W. Goodwin (Boston, ma, 1874).

38. Konstan, Pity Transformed, pp. 53–4.

39. Boddice, Pain: A Very Short Introduction, pp. 5–10.

40. One ancient Greek word for something akin to 'disgust' affords one of those happy lexical moments when the Greek seems to capture better the experience of the word than does the modern English. The word is σικχός – sikkhos and refers also to the squeamish, which at least captures the state of nausea that the English contains. Then again, Greek affords us other options: ἀηδής (aedes) is literally a lack of sweetness of pleasantness, and is therefore 'distasteful' and might be nauseating. This seems to lack the necessary revulsion of 'disgust', though it is often translated as such; δυσχέρεια (duskhereia) is also frequently translated as 'disgust', though in a recent treatment Emily Allen-Hornblower has gone to great lengths to show not only what this word has in common with what we understand by 'disgust', but also where the word departs from such an understanding. This work, however, is characteristic of a general tendency to want to conjoin past and present. 'The ancients' conceptions of emotions are different from our own; there are methodological pitfalls to assuming a perfect equation between the two,' Allen-Hornblower correctly opines, but while she is not suggesting that the 'emotion(s) of δυσχέρεια . . . can be neatly mapped onto our own modern conception(s) of disgust', she nevertheless 'aim[s] to draw out some defining characteristics that they share'. I find this will to explore how past experience is the same as 'ours' far less interesting than an exploration of how it differs. Why does the contemporary category get privileged in the analysis? See Emily Allen- Hornblower, 'Moral

Disgust in Sophocles' Philoctetes', in The Ancient Emotion of Disgust, ed. Donald Lateiner and Dimos Spatharas (Oxford, 2016), pp. 69–86, n.11.

41. Richard Firth-Godbehere, 'The Two Dogmas of Disgust', The History of Emotions Blog, 31 August 2016, https://emotionsblog.history.qmul.ac.uk, accessed 3 November 2017. 42. Rob Boddice, The History of Emotions (Manchester, 2018), p. 158; Daniel Lord Smail, On Deep History (Berkeley, ca, 2008), p. 115.

43. Lateiner and Spatharas, eds, Ancient Emotion of Disgust. The editors basically concede historicity in their introduction to the volume, when they 'endorse the view that emotions are a cognitive phenomenon requiring evaluations, rather than just instinctive, "irrational" responses to external stimuli. Disgust is indeed a reflexive emotion centering on particularly embodied cognitions. By virtue of its visceral nature, disgust canonizes behavior and constructs social hierarchies by imposing prohibitions. By projecting aversive physical qualities upon morally or socially condemnable behavior, disgust serves as a mechanism to marginalize others' (pp. 1–2). By thus defining emotions and disgust, categorically, the study of things like disgust in the past becomes irrevocably hitched to the contemporary definition. It presupposes that, looking for disgust in the past, we already know what we are looking for, which is teleological and dangerously flirtatious with anachronism. For an account of why I think it is crucial that we stop attempting to define our terms at the outset, see Boddice, History of Emotions, pp. 41–9.

44. Lateiner and Spatharas, eds, Ancient Emotion of Disgust, p. 8.

45. Ibid., note 19.

46. Boddice, Pain: A Very Short Introduction, p. 67.

47. The translation is by Tom Griffith (Cambridge, 2000), p. 136.

48. The question of desire is explicitly put by Rana Saadi Liebert, 'Pity and Disgust in Plato's Republic: The Case of Leontius', Classical Philology, x (2013), pp. 179–201, but the discussion is skewed by the insistence that the struggle here concerns disgust as a visceral reaction to the sight of dead bodies. The passage that immediately follows the anecdote of Leontius works against this interpretation, which is implicitly led by a willingness to find disgust where we might expect to find it. The whole point here is that these kinds of assumptions about the presence of 'disgust' at all have to be thrown out a priori.

49. Liebert summarizes the range of opinion on Leontius, 'Pity and Disgust', pp. 180–82, including bibliographic notes.

50. Carolyn Korsmeyer, Savoring Disgust: The Foul and the Fair in Aesthetics (Oxford, 2011), p. 42. Korsmeyer thereafter confuses the Platonic soul by saying that Leontius' 'desires are in conflict', when in fact his desire is in conflict with reason. She calls what Leontius is experiencing 'aesthetically alluring disgust', though she admits that 'it is not clear at this point just which terms are most apt', listing 'allure, attraction, pleasure, curiosity, magnetism'. The key for me is that

while it makes sense to talk about the aesthetic pull of disgust in general, I cannot find a way to apply it to Leontius, for those expressions that we tend to want to apply to disgust are here part of his rational soul's attempt to beat off desire, and the desire is given by Plato (Socrates in the dialogue) as simply that: ἐπιθυμοῖ – epithumoi.

51. See Barbara Rosenwein, Generations of Feeling: A History of Emotions, 600–1700 (Cambridge, 2016), pp. 24–34. This background is useful, but here and with Cicero (pp. 16–24) Rosenwein insists on conflating ancient categories of affective experience with 'emotions', which I find to be a linguistic load that the originals cannot support. Cicero is a case in point. Rosenwein states that Cicero's word perturbationes was 'the Latin word he chose for the emotions' (p. 17). Rosenwein acknowledges that he was riffing on Greek pathé, but in his Tusculan Disputations Cicero could not have been more clear. When talking about aegritudinem – distress – as a master category, he was talking about disturbances of the soul (animi perturbationen), which, he said, the Greeks called πάθος (pathos). Lest there could be any confusion, he defined pathos as morbum: disease, signifying any troubled movement of the soul (motus in animo turbidis). In no way do these perturbed movements of the soul sound like 'emotions', for at the very least they happen to a person, rather than projecting out of a person. The reference to pathos, to that which is suffered as it were passively, ought to be a huge clue. Whatever we want to do with the affective life of the past, making it sound like or fit into our own emotional schema will hinder more often than it helps. See Cicero, Tusculan Disputations, trans. J. E. King (Cambridge, ma, 1927).

52. The translation that follows is my slight modification of that by Carolyn J.-B. Hammond: Augustine, Confessions (Cambridge, ma, 2014), 10.35, pp. 162–3. For a general account of Augustine on the passions, see James Wetzel, 'Augustine', in The Oxford Handbook of Religion and Emotion, ed. John Corrigan (Oxford, 2008), pp. 349–63, and Peter King, 'Emotions in Medieval Thought', in The Oxford Handbook of Philosophy of Emotion, ed. Peter Goldie (Oxford, 2010), pp. 167–87 (pp. 169–71).

53. Augustine,Confessions,10.35,pp.160–63.

54. Ibid.,pp.162–3.

55. Ibid.,pp.164–7.

56. Augustine, City of God, trans. Philip Levine (Cambridge, ma, 1966), 14.9, pp. 304–19.

57. Ibid.,pp.310–11.

58. Ibid., pp. 312–13. Canonical translations here employ 'mind' for animo, instead of 'soul', but the decision, given that Augustine has a perfectly good word for mind (mens) when he intends to use it, seems unjustified, especially in the context of the state of sin.

59. Ibid., pp. 312–13. Here he really does mean mind (mentemque), in contradistinction to the soul.

60. Ibid., pp. 313–14. That Augustine left room for more than one definition of apathy, and that this particular apathy was not achievable in the living, has been missed by a number of scholars. For

an appraisal of the different kinds of apathy in Stoic, Cynical and Epicurean schools, see Sarah Catherine Byers, Perception, Sensibility, and Moral Motivation in Augustine: A Stoic Platonic Synthesis (Cambridge, 2013), pp. 68ff. and 68n.65.

61. Augustine, City of God, 14.9, pp. 304–5.

62. The connection is explicit in ibid., 14.3, pp. 270–71.

63. Ibid., 14.9, pp. 304–5. For extensive treatment of desire in Augustine, see Timo Nisula, Augustine and the Functions of Concupiscence (Leiden, 2012).

64. Augustine, City of God, 14.9, pp. 316–17.

65. For the twentieth-century theological account,seeC.S.Lewis,The Problem of Pain [1940] (New York, 2001). The Christian idea(l) of pain as just, or as virtue, or even as ecstasy, is long and storied. For general coverage, see Boddice, Pain: A Very Short Introduction, esp. Chapter Two; Bourke, The Story of Pain; Javier Moscoso, Pain: A Cultural History (Basingstoke, 2012). For temporally focused accounts, see Judith Perkins, The Suffering Self: Pain and Narrative Representation in the Early Christian Era (London, 1995); Esther Cohen, The Modulated Scream: Pain in Late Medieval Culture (Chicago, il, 2010); Jan Frans van Dijkhuizen and Karl A. E. Enenkel, eds, The Sense of Suffering: Constructions of Physical Pain in Early Modern Culture (Leiden, 2009); John R. Yamamoto-Wilson, Pain, Pleasure and Perversity: Discourses of Suffering in Seventeenthcentury England (Farnham, 2013).

66. Augustine's rhetorical work is part of the dynamic of the affective formation. For the importance of rhetoric in emotional formation, see Daniel M. Gross, The Secret History of Emotion: From Aristotle's Rhetoric to Modern Brain Science (Chicago, il, 2006); for an overview of the revolution in psychological thinking wrought by social neuroscience, that is the connection between naming and feeling, see Lisa Feldman-Barrett, How Emotions Are Made: The Secret Life of the Brain (New York, 2017).

| 3장 사랑이란 감정과 군주의 책략

1. For the astonishing range and history here, including the history of lost loves, see William Reddy, The Making of Romantic Love: Longing and Sexuality in Europe, South Asia, and Japan, 900–1200 ce (Chicago, il, 2012); C. Stephen Jaeger, Ennobling Love: In Search of a Lost Sensibility (Philadelphia, pa, 1999).

2. For Augustine, see above. For Aquinas, see in particular Nicholas E. Lombardo, 'Emotions and Psychological Health in Aquinas', in Emotions and Health, 1200–1700, ed. Elena Carrera (Leiden, 2013), pp. 19–46; Barbara Rosenwein, Generations of Feeling: A History of Emotions, 600–1700 (Cambridge, 2016), pp. 144–68; Constant J. Mews, 'Thomas Aquinas and Catherine of Siena:

Emotion, Devotion and Mendicant Spiritualities in the Late Fourteenth Century', Digital Philology, i (2012), pp. 235–52.

3. Hildegard receives no mention in Rosenwein's Generations of Feeling. Hildegard's opera, Ordo Virtutum, is mentioned only briefly in J. Liliequist, ed., A History of Emotions, 1200–1800 (London, 2013), pp. 51, 60, and the 'emotions' therein are explored in Julie Hotchin, '"Arousing sluggish souls": Hildegard of Bingen and the Ordo Virtutum', Histories of Emotion, 9 June 2015, https://historiesofemotion. com, accessed 12 December, 2017. The question of emotions in figures that feature in Hildegard's world have been explored by Constant J. Mews, with some critical attention paid to Hildegard herself: 'Male– Female Spiritual Partnership in the Twelfth Century: The Witness of Abelard and Heloise, Volmar and Hildegard', in Hildegards von Bingen Menschenbild und Kirchenverständnis heute, ed. Rainer Berndt and Maura Zatonyi (Münster, 2015), pp. 167–86. For the broader context, see Constant J. Mews, 'Abelard, Heloise, and the Discussion of Love in the Twelfth-century Schools', in Rethinking Peter Abelard: A Collection of Critical Essays, ed. B. S. Hellemans (Leiden, 2014), pp. 11–36; Constant J. Mews, 'Bernard of Clairvaux, Peter Abelard and Heloise on the Definition of Love', Revista Portuguesa de Filosofia, lx (2004), pp. 633–60. Further context is provided in Barbara Newman, ed., Voice of the Living Light: Hildegard of Bingen and Her World (Berkeley, ca, 1998). There is certainly a dissertation waiting to be written on Hildegard's passions and affects.

4. Her visionary trilogy comprises Scivias(1142–51),Liber Vitae Meritorum (1158–63) and Liber Divinorum Operum (1163/4–72). Her medical treatises are Physica (1150–58) and Causae et Curae (before 1179). Her invented language is documented in Lingua Ignota (before 1179). Her most important musical piece is the opera/morality play Ordo Virtutum (c. 1151).

5. The numbering is consistent between the Latin transcriptions and the English translations, making for ease of use. See L. Van Acker, ed., Hildegardis Bingensis, Epistolarium pars prima i–xc (Turnhout, 1991); L. Van Acker, ed., Hildegardis Bingensis, Epistolarium pars secunda xci–cclr (Turnhout, 1993); and L. Van Acker and M. Klaes-Hachmoller, eds, Hildegardis Bingensis, Epistolarium pars tertia ccli–cccxc (Turnhout, 2001). For the English translations, Joseph L. Baird and Radd K. Ehrman, The Letters of Hildegard of Bingen, 3 vols (Oxford, 1994–2004).

6. For sketches of Hildegard's life, see Mark Atherton's introduction to Hildegard of Bingen, Selected Writings (London, 2001), pp. ix–xliii.

7. Ibid.,pp.xix–xx.

8. The important transformative effect on the brain of meditative reading and writing practices has been explored in this context by Julia Bourke, 'An Experiment in "Neurohistory": Reading Emotions in Aelred's De Institutione Inclusarum (Rule for a Recluse)', Journal of Medieval Religious Cultures, xlii (2016), pp. 124–42.

9. All English translations are taken from Baird and Ehrman. Hildegard to Bernard, Abbot of Clairvaux,

c. 1146. Baird and Ehrman, Letters, vol. i, p. 28, letter no. 1.

10. Hildegard to Bernard, c. 1146. Ibid., vol. i, p. 29, letter no. 1.

11. Baird and Ehrman, Letters, vol. i, p. 29n.4, allude to Hildegard's explanation of her waking visions in one of the autobiographical passages of her Vita.

12. Hildegard to the Monk Guibert,1175.Ibid.,vol.ii,pp.21–5,letterno.103r.

13. The phrase 'context of possibilities' is from Fanny Hernández Brotons, 'The Experience of Cancer Illness: Spain and Beyond during the Second Half of the Nineteenth Century', PhD thesis, Universidad Carlos iii de Madrid (2017), p. 20.

14. The concept of viriditas in Hildegard's work has been thoroughly explored, but chiefly with regard to medieval medicine. See Victoria Sweet, Rooted in the Earth, Rooted in the Sky: Hildegard of Bingen and Premodern Medicine (London, 2010) and, more particularly, Victoria Sweet, 'Hildegard of Bingen and the Greening of Medieval Medicine', Bulletin of the History of Medicine, lxxiii (1999), pp. 381–403. See also C. Meier, 'Die Bedeutung der Farben im Werk Hildegards von Bingen', Frühmittelalterliche Studien, vi (1972), pp. 280–90.

15. Hildegard to Abbot Adam, before 1166. Baird and Ehrman, Letters, vol. i, pp. 192–4, letter no. 85r/a.

16. The symbolism is explained as follows: the cloak represents 'pure innocence' with which she embraces all things. The shoes indicate that her paths 'lead through the best part of God's election'. The sun and moon in the right hand are indicative that God's right hand embraces all creation, dispensing divine love to the good everywhere. The ivory tablet – in its purity – is the Virgin Mary, and inside it is Christ, with sapphire representing his divinity.

17. Here I have modified the translation of Baird and Ehrman, who rather obscurely write 'divine love was the matrix from which He created all things'.

18. On Machiavelli and the 'emotions' in particular, see N. Hochner, 'Machiavelli: Love and the Economy of Emotions', Italian Culture, xxxii (2014), pp. 122–37; Jack Barbalet, 'Emotions in Politics: From the Ballot to Suicide Terrorism', in Emotion, Politics and Society, ed. Simon Thompson (Basingstoke, 2006), pp. 45–6; Haig Patapan, Machiavelli in Love: The Modern Politics of Love and Fear (Lanham, md, 2006).

19. Niccolò Machiavelli, Il Principe [1513] (Florence, 1857), p. 53.

20. Niccolò Machiavelli, The Prince, trans. David Wootton (Indianapolis, in, 1995), p. 79. 21. For Castiglione and the emotions (especially love), see James T. Stewart, 'Renaissance Psychology and the Ladder of Love in Castiglione and Spenser', Journal of English and Germanic Philology, lvi (1957), pp. 225–30; Wietse De Boer, 'Spirits of Love: Castiglione and Neo-Platonic in Discourses of Vision', in Spirits Unseen: The Representation of Subtle Bodies in Early Modern European Culture, ed. Christine Göttler and Wolfgang Neuber (Leiden, 2007), pp. 121–40.

22. Baldassare Castiglione, Il cortegiano (1528) (Vicenza, 1771), p. 20. All Latin references are from

this edition.

23. Baldesar Castiglione, The Book of the Courtier, trans. Charles S. Singleton (New York, 2002), pp. 17–18.

24. Castiglione, Il cortegiano, pp. 29–30; Castiglione, Book of the Courtier, pp. 18–19.

25. Castiglione, Il cortegiano, p. 31.

26. René Descartes, 'Treatise on Man', in The Philosophical Writings of Descartes, trans. John Cottingham, Robert Stoothoff and Dugald Murdoch, vol. i (Cambridge, 1985), p. 101.

27. René Descartes, Discourse on Method, trans. Laurence J. Lafleur (Upper Saddle River, nj, 1956), p. 30.

28. Ibid.,p.36.

29. Ibid.,p.21.

30. Descartes, 'Treatise on Man', p. 169.

31. René Descartes, 'The Treatise on Man', in The World and Other Writings, ed. Stephen Gaukroger (Cambridge, 1998), p. 153.

32. Ibid.,p.155.

33. Descartes, Discourse on Method, p. 38.

34. Nicolaas A. Rupke, Vivisection in Historical Perspective (London, 1987), p. 26.

35. Ibid.,p.27.

36. Ibid.

37. For context see Joan DeJean, Tender Geographies: Women and the Origins of the Novel in France (New York, 1991), pp. 71–93.

38. The literature on hysteria is vast and still growing, in part at least because it is subject to continual historical reappraisal. See Rob Boddice, 'Hysteria or Tetanus? Ambivalent Embodiments and the Authenticity of Pain', in Emotional Bodies: Studies on the Historical Performativity of Emotions, ed. Dolorès Martin Moruno and Beatriz Pichel (Urbana-Champaign, il, 2019); Elaine Showalter, The Female Malady: Women, Madness and English Culture, 1830–1980 (London, 1985); Mark Micale, Hysterical Men: The Hidden History of Male Nervous Illness (Cambridge, ma, 2008); Mark Micale, Approaching Hysteria: Disease and Its Interpretations (Princeton, nj, 1995); Sander L. Gilman et al., eds, Hysteria beyond Freud (Berkeley and Los Angeles, ca, 1993).

39. Susan Winnett, Terrible Sociability: The Text of Manners in Laclos, Goethe, and James (Palo Alto, ca, 1993), p. 12.

40. For my use of 'moral economy', see Rob Boddice, The History of Emotions (Manchester, 2018), pp. 195–201.

41. Winnett, Terrible Sociability, p. 10.

42. Ibid.

43. The subject is given special treatment in Marin Cureau de la Chambre (1594–1669), Nouvelle

감정의 역사

pensées sur les causes de la lumière, du desbordement du Nil et de l 'amour d 'inclination (Paris, 1634), a compendious work that seems at once strange in its disparate topics, but at the same time on point in its location of the heart in a landscape of light and flood. See also Cureau de la Chambre's astonishingly cynical take on the poisonous character of love and the wounds to the soul done by beauty: Marin Cureau de la Chambre, The Characters of the Passions (London, 1649), pp. 20–35. For context, see Florence Dumora, 'Topologie des émotions. Les caractères des passions de Marin Cureau de la Chambre', Littératures Classiques, lxviii (2009), pp. 161–75.

44. See Anne-Marie-Louise d'Orléans, Duchesse de Montpensier, Against Marriage: The Correspondence of La Grande Mademoiselle, ed. and trans. Joan DeJean (Chicago, il, 2002); Carolyn C. Lougee, Le Paradis des Femmes: Women, Salons, and Social Stratification in Seventeenthcentury France (Princeton, nj, 1976); Suzanne Desan and Jeffrey Merrick, eds, Family, Gender, and Law in Early Modern France (University Park, pa, 2009).

45. Immanuel Kant, Kritik der Urteilskraft (1790) (Leipzig, 1922), p. 120. English translations tend to make for confused reading here. Zärtliche Rührungen are sometimes translated as 'tender emotions', though it is clear that by Rührungen Kant is referring to something inward – a feeling of being moved or stirred – not to an outward projection of this. Hence it becomes a problem only when it rises to the level of Affekt, which tends to be translated as 'affect', but here means something more like 'emotion', since it is has a presence in and impact on the world. See the passage in question in Immanuel Kant, Critique of Judgement, trans. Werner S. Pluhar (Indianapolis, in, 1987), p. 133.

46. Alexander Bain, The Emotions and the Will, 2nd edn (London, 1865), pp. 70–93 (p. 72).

47. Herbert Spencer, The Principles of Psychology, vol. ii, 2nd edn (London, 1870), pp. 622–4.

| 4장 비이성의 시대

1. See the review of recent work on the embodiment of reason, or of the relation of reason and senses, in Simon Swift, 'Mary Wollstonecraft and the "Reserve of Reason"', Studies in Romanticism, xlv (2006), pp. 3–24.

2. See the historical case study in William Reddy, The Navigation of Feeling: A Framework for the History of Emotions (Cambridge, 2001). See also Colin Jones's take on the high stakes of smiling over the course of the French Revolution: The Smile Revolution in Eighteenthcentury Paris (Oxford, 2014).

3. See, for example, Lisa L. Moore, Joanna Brooks and Caroline Wigginton, eds, Transatlantic Feminisms in the Age of Revolutions (Oxford, 2012); Marla R. Miller, The Needle's Eye: Women and Work in the Age of Revolution (Amherst, ma, 2006); Harriet B. Applewhite and Darline G.

Levy, eds, Women and Politics in the Age of the Democratic Revolution (Ann Arbor, mi, 1993).

4. John Wild, ed., Spinoza: Selections (New York, 1930), p. 210. This edition helpfully contains the whole of the Ethics as well as additional works and correspondence. Where I compare this translation directly with Spinoza's Latin, the source for the Latin is Benedicti de Spinoza, Ethica, hypertext edition created by Rudolf W. Meijer. http://users.telenet.be, accessed 5 July 2018.

5. Wild,Spinoza,p.218.

6. Ibid.,p.181.

7. Ibid.,pp.262–3.

8. For a broad treatment of Spinoza and the 'emotions', see Susan James, Passion and Action: The Emotions in Seventeenthcentury Philosophy (Oxford, 1997). See also Karolina Hübner, 'The Trouble with Feelings, or Spinoza on the Identity of Power and Essence', Journal of the History of Philosophy, lv (2017), pp. 35–53.

9. Proponents of the 'affective turn' in sociology and cognate fieldsmight trace such a genealogy, but it is difficult to connect them to proponents of the 'affective turn' – a different one – in the humanities. See, for example, Patricia Ticineto Clough and Jean Halley, eds, The Affective Turn: Theorizing the Social (Durham, nc, 2007). A more explicit connection exists between Spinoza and the philosopher Gilles Deleuze and his followers, as well as in the work of 'deep ecologists'. See Eccy de Jonge, 'An Alternative to Anthropocentrism: Deep Ecology and the Metaphysical Turn', in Anthropocentrism: Humans, Animals, Environments, ed. Rob Boddice (Leiden, 2011), pp. 307–19. Others make a greater leap: Antonio Damasio, Looking for Spinoza: Joy, Sorrow, and the Feeling Brain (Orlando, fl, 2003).

10. Rob Boddice, The History of Emotions (Manchester, 2018), p. 49.

11. Wild,Spinoza,p.281.

12. Ibid.

13. Ibid.,p.266.

14. Ibid., pp. 266–81 (pp. 266–7, 270–71).

15. Ibid.,p.217.

16. Ibid.,p.380.

17. Nicole Eustace, Passion is the Gale: Emotion, Power, and the Coming of the American Revolution (Chapel Hill, nc, 2008).

18. For the concept of the 'emotional frontier',see K.Vallgårda,K.Alexander and S. Olsen, 'Emotions and the Global Politics of Childhood', in Childhood, Youth and Emotions in Modern History: National, Colonial and Global Perspectives, ed. Stephanie Olsen (Basingstoke, 2015).

19. Harvey J. Kaye, Thomas Paine and the Promise of America: A History and Biography (New York, 2005), p. 43; Michael Foot and Isaac Kramnick, eds, The Thomas Paine Reader (London, 1987), p. 10.

20. Thomas Paine, Common Sense (Philadelphia, pa, 1776), p. 3.
21. Ibid.,p.4.
22. Ibid.,p.11.
23. Thomas Paine, The Age of Reason (New York, 1827), p. 5.
24. Ibid.,p.6.
25. Paine, Common Sense, p. 39.
26. Caroline Robbins, 'The Lifelong Education of Thomas Paine (1737–1809): Some Reflections upon His Acquaintance among Books', Proceedings of the American Philosophical Society, cxxvii (1983), pp. 135–42 (p. 140). Paine even cited Spinoza in The Age of Reason. See Jack Fruchtman Jr, The Political Philosophy of Thomas Paine (Baltimore, md, 2009), pp. 34–5.
27. Paine, Common Sense, p. 17.
28. Ibid.,pp.17–18.
29. Ibid.,p.31.
30. Ibid.,p.41.
31. Ibid.,p.42.
32. Ibid.
33. Ibid.,p.43.
34. Ibid.,p.58.
35. Ibid.,p.55.
36. Ibid.,p.17.
37. Jean-Jacques Rousseau, Émile, ou de l'éducation (Amsterdam, 1762). Wollstonecraft famously attacked Rousseau's ideas in her Vindication of the Rights of Woman (1792). 38. Mary Wollstonecraft, A Vindication of the Rights of Woman [1792] (London, 1891), p. x.
39. Ibid., pp. 31–2. The problem with the 'nature' or human status of women has been dealt with at length by Joanna Bourke, What It Means To Be Human: Reflections from 1791 to the Present (London, 2011). It was not a question limited to the eighteenth century, but continued to dog the politics of education and enfranchisement well into the twentieth century. See, for example, Rob Boddice, 'The Manly Mind? Re-visiting the Victorian "Sex in Brain" Debate', Gender and History, xxiii (2011), pp. 321–40.
40. Ralph M. Wardle, Collected Letters of Mary Wollstonecraft (Ithaca, ny, 1979); Mary Wollstonecraft, Letters Written during a Short Residence in Sweden, Norway and Denmark (Fontwell, Sussex, 1970). The principal source for her private life, aside from letters, is the memoir penned by her husband: William Godwin, Memoirs of the Author of A Vindication of the Rights of Woman (London, 1798). There are many biographies of admirable quality, for example, Lyndall Gordon, Mary Wollstonecraft: A New Genus (London, 2005); Janet Todd, Mary Wollstonecraft: A Revolutionary Life (New York, 2000); Eleanor Flexner, Mary Wollstonecraft: A Biography (New

York, 1972). For general context specific to the question of gender and sentimentality, see Claudia L. Johnson, Equivocal Beings: Politics, Gender, and Sentimentality in the 1790s: Wollstonecraft, Radcliffe, Burney, Austen (Chicago, il, 1995).

41. Mary Wollstonecraft to Gilbert Imlay, 4 October 1795. Wardle, Collected Letters, pp. 315–16.

42. Wollstonecraft to Imlay, c. 10 October 1795. Wardle, Collected Letters, pp. 316–17.

43. Samuel Johnson, A Dictionary of the English Language, 10th edn (London, 1792).

44. Wollstonecraft to Imlay, c. November 1795. Wardle, Collected Letters, pp. 317–18.

45. Syndy McMillen Conger, Mary Wollstonecraft and the Language of Sensibility (Rutherford, nj, 1994), p. 34.

46. For the context, see Gareth Williams, Angel of Death: The Story of Smallpox (Basingstoke, 2010); for the life of Jenner, see Rob Boddice, Edward Jenner (Stroud, Gloucestershire, 2015); Richard B. Fisher, Edward Jenner: A Biography (London, 1991). What follows is drawn from Jenner's correspondence, held at the Royal College of Physicians, the Royal College of Surgeons and the Wellcome Library, all in London, as well as from the published letters in Genevieve Miller, Letters of Edward Jenner (Baltimore, md, 1983). The original biography of Jenner, by his friend John Baron, remains an essential if partial source: The Life of Edward Jenner, 2 vols (London, 1838).

47. I have told it elsewhere. See Rob Boddice, 'Bestiality in a Time of Smallpox: Dr Jenner and the "Modern Chimera"', in Exploring Animal Encounters: Philosophical, Cultural, and Historical Perspectives, ed. Dominik Ohrem and Matthew Calarco (Cham, 2018); Boddice, Edward Jenner, pp. 41–83.

48. Royal College of Physicians (London), Edward Jenner Diary, 15 March 1796. rcp ms372.

49. Edward Jenner to Thomas Pruen, 21 November 1808. Wellcome Library, London, ms 5240/11.

50. Jenner to Pruen [1809]. Wellcome Library, London, ms 5240/25.

51. Jenner to Pruen [1809]. Wellcome Library, London, ms 5240/28.

52. Depression as a clinical and diagnosable phenomenon has an interesting history of its own, and we must remain vigilant in resisting the temptations of 'retrospective diagnosis'. Conceptions of what illnesses are (or are not) directly impact practices of being ill and being treated, running to the heart of the experience of illness itself. See, for example, Åsa Jansson, 'Mood Disorders and the Brain: Depression, Melancholia, and the Historiography of Psychiatry', Medical History, lv (2011), pp. 393–9. See also Edward Shorter, How Everyone Became Depressed: The Rise and Fall of the Nervous Breakdown (Oxford, 2013) for a useful reminder of the mutability of diagnostic categories, though it is worth stating too that there is no underlying 'science' of depression that works for all time. Scientific knowledge about what depression is and how to treat it is no less contextually situated and culturally produced than anything else. For a brilliant study of the kinds of feelings that were possible in a context before depression existed, see Erin Sullivan, Beyond Melancholy: Sadness and Selfhood in Rennaissance England (Oxford, 2016).

53. Jenner to Thomas Charles Morgan, 11 July 1809. Miller, Letters, no. 46.

54. Jenner to Morgan, 9 October 1809. Miller, Letters, no. 49.

55. Baron, Life of Edward Jenner, vol. ii, pp. 141–2.

56. Jenner to Pruen, 14 February 1810. Wellcome Library, London, ms 5240/31.

57. Jenner to Pruen, 23 October 1815. Wellcome Library, London, ms 5240/59.

58. Jenner to Pruen, 2 January 1816. Wellcome Library, London, ms 5240/60.

59. Ibid.

60. Jenner to Dr Thomas Harrison Burder, 5 February 1816. Miller, Letters, no. 76.

61. Jenner to Pruen, 27 June 1816. Wellcome Library, London, ms 5240/61; Jenner to Pruen, 9 December 1816. Wellcome Library, London, ms 5240/63; Jenner to Edward Davies, 2 March 1821. Wellcome Library, London, ms 5237/1.

| 5장 무분별과 무감각

1. The classic study is G. J. Barker-Benfield, The Culture of Sensibility: Sex and Society in Eighteenth-century Britain (Chicago, il, 1992).

2. Mr John Dashwood is said to be 'rather cold hearted' and his wife 'a strong caricature of himself' (pp. 4–5); Lady Middleton is defined by a 'repulsive' 'cold insipidity' (p. 27); and Marianne's first assessment of Colonel Brandon is that he 'must have long outlived every sensation' (p. 29) of love, suggesting that age itself dried or cooled the heart. The suggestion that he might be a match for her is, in her opinion, an 'unfeeling' one (p. 28). There are many other examples of such crude juxtapositions of highly refined feelings and blunt callousness, such that this is the dynamic that drives the plot. Jane Austen, Sense and Sensibility [1811] (Oxford, 2004). Some have argued that, among elite men in Britain in particular, the tide against sensibility turned around the beginning of the nineteenth century, lest it betray an effeminacy that could be too readily associated with the French. Hence the emergence of the ruddy, candid and bluff Englishman, of few words and, apparently, fewer emotions. See Michèle Cohen, 'Manliness, Effeminacy and the French: Gender and the Construction of National Character in Eighteenth-century England', in English Masculinities, 1660–1800, ed. Michèle Cohen and Tim Hitchcock (Harlow, 1999). For a comparative view of the historicity of the famed 'stiff upper lip', see Thomas Dixon, Weeping Britannia: Portrait of a Nation in Tears (Oxford, 2015).

3. Peter Heath and J. B. Schneewind, eds, Immanuel Kant: Lectures on Ethics (Cambridge, 1997), pp. 212–13.

4. To wit, the overarching argument of Rob Boddice, A History of Attitudes and Behaviours toward Animals in Eighteenth and Nineteenthcentury Britain: Anthropocentrism and the Emergence of

Animals (Lewiston, ny, 2008).

5. Allan Young, 'Empathic Cruelty and the Origins of the Social Brain', in Critical Neuroscience: A Handbook of the Social and Cultural Contexts of Neuroscience, ed. Suparna Choudhury and Jan Slaby (Oxford, 2012).

6. See note 4 of this chapter.

7. Bernard Mandeville, The Fable of the Bees, 3rd edn (London, 1724), pp. 189–90.8. Jeremy Bentham, An Introduction to the Principles of Morals and Legislation (London, 1789), pp. 309–10n.

9. Rob Boddice, 'The Moral Status of Animals and the Historical Human Cachet', jac: A Journal of Rhetoric, Culture and Politics, xxx (2010), pp. 457–89.10. Bentham mss, University College, London, lxxii, 214 (c. 1780), Penal Code – Cruelty to Animals. Transcribed and reprinted in Lea Campos Boralevi, Bentham and the Oppressed (Berlin, 1984), pp. 228–9. See also Bentham's letter in favour of vivisection in the Morning Chronicle, 13 March 1825.11. Bentham, Penal Code.12. Charles Darwin, The Descent of Man, 2nd edn (London, 1874), p. 90.

13. See Rob Boddice, The Science of Sympathy: Morality, Evolution and Victorian Civilization (Urbana–Champaign, il, 2016), plus the concluding section of this chapter for the context of anaesthesia.14. Letter to The Times, 19 April 1881.15. As physiologists in particular began to see the emotions as rooted in bodily, visceral activity, rather than as an immaterial product of the mind, so research into them demanded strict control, lest the emotions of the scientists themselves affect the emotional responses of their experimental subjects (often dogs). Hence the development of a physiological research agenda in the pursuit of emotions led to the development of strategies of emotional elimination from the laboratory. This might be seen as a strand of that scientific endeavour to see, as it were, objectively, which of course is no less an affective viewpoint than any other, but objectivity comes with the difficult analytical challenge of being an affect that explicitly claims not to be. For the rise of the physiology of emotions and the emotionlessness of scientists in this context, see Otniel Dror, 'The Scientific Image of Emotion: Experience and Technologies of Inscription', Configurations, vii (1999), pp. 355–401; Otniel Dror, 'The Affect of Experiment: The Turn to Emotions in Anglo-American Physiology, 1900–1940', Isis, xc (1999), pp. 205–37; Otniel Dror, 'Techniques of the Brain and the Paradox of Emotions, 1880–1930', Science in Context, xiv (2001), pp. 643–60; for general background about the rise of objectivity in scientific research, and of objectivity as an affect, see the monumental work by Lorraine Daston and Peter Galison, Objectivity (New York, 2007).

16. Andrew Ure, 'An Account of Some Experiments Made on the Body of a Criminal Immediately after Execution, with Physiological and Practical Observations', Quarterly Journal of Science and the Arts, vi (1819), pp. 290–91.

17. For the connection, see Ben Dawson, 'Modernity as Anthropolarity: The Human Economy of

Frankenstein', in Anthropocentrism: Humans, Animals, Environments, ed. Rob Boddice (Leiden, 2011), pp. 155–81 (p. 173).

18. David Ferrier, 'The Croonian Lecture: Experiments on the Brain of Monkeys', Philosophical Transactions of the Royal Society of London, clxv (1875), pp. 433–88.

19. United Kingdom Parliament, Report of the Royal Commission on the Practice of Subjecting Live Animals to Experiments for Scientific Purposes, C. 1397, testimony of John Colam, p. 83.

20. Lizzy Lind-af-Hageby and Leisa Katherina Schartau, The Shambles of Science (London, 1903), pp. 19–26 (p. 20). 'Shambles' here plays on a sense of travesty as well as on an archaic reference to the butcher's slab. The classic study of the case is Coral Lansbury, The Old Brown Dog: Women, Workers, and Vivisection in Edwardian England (Madison, wi, 1985).

21. Lind-af-Hageby and Schartau, Shambles of Science, p. 21.

22. The Times, 4 August 1875.

23. Charles Darwin, The Expression of Emotions in Man and Animals (London, 1872). For a worthy summary of the relationship with Crichton-Browne, which unfortunately incorrectly characterizes Darwin's argument as having to do with natural selection, see Stassa Edwards, 'The Naturalist and the Neurologist: On Charles Darwin and James Crichton-Browne', The Public Domain Review, 28 May 2014, https://publicdomainreview.org, accessed 14 November 2017.

24. The correspondence on this subject took place between May 1869 and January 1873, straddling the publication of the Expression, although the letters cluster chiefly in 1871. See Darwin Correspondence Project, www.darwinproject.ac.uk, accessed 15 November 2017.

25. For a general appraisal, see Phillip Prodger, Darwin's Camera: Art and Photography in the Theory of Evolution (Oxford, 2009).

26. Ekman famously adjoined his name to Darwin's by critically editing a new edition of Darwin's Expression (Oxford, 1998), augmenting it with an introduction that cemented a kind of intellectual genealogy, further reinforced by the superimposition of Ekman's pictures of facial affect on the cover. For worthy criticism of the photographic method, see Ruth Leys, 'How Did Fear Become a Scientific Object and What Kind of Object Is It?', in Fear Across the Disciplines, ed. Jan Plamper and Benjamin Lazier (Pittsburgh, pa, 2012), pp. 51–77.

27. For a broader discussion of this theme, which includes the two paintings here discussed, see Christopher Lawrence and Michael Brown, 'Quintessentially Modern Heroes: Surgeons, Explorers, and Empire, c. 1840–1914', Journal of Social History, 50 (2016), pp. 148–78.

28. Michael Brown, 'Surgery and Emotion: The Era before Anaesthesia', in The Palgrave Handbook of the History of Surgery, ed. Thomas Schlich (Basingstoke, 2017), pp. 327–48; Michael Brown, 'Redeeming Mr Sawbone: Compassion and Care in the Cultures of Nineteenth-century Surgery', Journal of Compassionate Health Care, iv/13 (2017).

29. G.Böhme, Atmosphäre: Essays zur neuen Ästhetik(Frankfurt am Main, 2000); A. Reckwitz,

'Affective Spaces: A Praxeological Outlook', Rethinking History, xvi (2012), pp. 241–58. See also B. Anderson, 'Affective Atmospheres', Emotion, Space and Society, ii (2009), pp. 77–81. For a narrative account of a cognate shift in emotional atmosphere (in the physiological laboratory), see Boddice, Science of Sympathy, pp. 75–86.

30. David Hume, Treatise of Human Nature [1738] (Oxford, 1888), p. 576.

31. Frances Burney to Esther Burney, 22 March 1812. Frances Burney, Journals and Letters, ed. Peter Sabor and Lars E. Troide (London, 2001), p. 442.

32. Adam Smith, The Theory of Moral Sentiments [1759] (London, 2009), p. 45.

33. As positively summarized by Stephanie J. Snow, Blessed Days of Anaesthesia: How Anaesthetics Changed the World (Oxford, 2008).

34. Rob Boddice, 'Hurt Feelings', in Pain and Emotion in Modern History, ed. Rob Boddice (Basingstoke, 2014), pp. 1–10; Rob Boddice, Pain: A Very Short Introduction (Oxford, 2017). This is confirmed by contemporary neuroscientific research that has attempted on the one hand to merge notions of physical and emotional pain as phenomenologically and neurologically consonant, and on the other to re-conceptualize injury stimuli that are not experienced meaningfully as pain as something else. See in particular Nikola Grahek, Feeling Pain and Being in Pain, 2nd edn (Cambridge, ma, 2007) and Naomi I. Eisenberger, 'Does Rejection Hurt? An fmri Study of Social Exclusion', Science, cccii (2003), pp. 290–92, and more broadly, Geoff MacDonald and Lauri A. Jensen-Campbell, eds, Social Pain: Neuropsychological and Health Implications of Loss and Exclusion (Washington, dc, 2011).

35. Matt Cartmill called it 'the Bambi syndrome' in A View to a Death in the Morning (Cambridge, ma, 1993), pp. 161ff.

36. Herbert Spencer, The Principles of Psychology, vol. ii, 2nd edn (London, 1870), pp. 622–4. This analysis was not in the first edition of 1855. Spencer was clearly responding to his times, particularly aiming to explain and account for altruism – a neologism – both where it was misdirected and how it might be better applied. For broader context, see Thomas Dixon, The Invention of Altruism: Making Moral Meanings in Victorian Britain (Oxford, 2008). Spencer is the subject of Chapter Five of that study.

37. As Michael Fried points out, 'we know almost everything that could be known about the scene Eakins chose to depict', including the specifics of the operation, which had been refined by Gross. My observations on the painting are a contribution to what has previously been unknown (or unexplored) about the affective context of the scene, which inevitably takes us beyond the scene itself. See Michael Fried, Realism, Writing, Disfiguration: On Thomas Eakins and Stephen Crane (Chicago, il, 1987), p. 6. For the sources of what we know about the painting, see Gordon Hendricks, 'Thomas Eakins's Gross Clinic', Art Bulletin, li (1969), pp. 57–64; Lloyd Goodrich, Thomas Eakins: His Life and Work, vol. i (New York, 1933), pp. 49–54; Elizabeth Johns, Thomas

Eakins: The Heroism of Modern Life (Princeton, nj, 1983).

38. Goodrich, Thomas Eakins, vol. i, p. 125.

39. Some debate has emerged about the sex of the patient. I masculinize here because the condition more often strikes boys than girls, but in essence I would claim that the sex of the patient is immaterial. The painting depicts an inscrutable body because the anaesthetic has objectified it. It is no longer a human being but surgical stuff, and will be so until the anaesthetic effect wears off. The only gender dynamic that matters in this image is that between surgeon and cringing mother. Cf. Jennifer Doyle, 'Sex, Scandal, and Thomas Eakins's The Gross Clinic', Representations, lxviii (1999), pp. 1–33 (pp. 5, 21). Doyle does not consider the medical context, which might have led her to confirm a suspicion that the patient is a male child.

40. This interpretation seems to me altogether more likely and more justifiable by the public discourse surrounding surgical innovation and anaesthesia than the Oedipal fantasies of Fried, recapitulated to some extent and modified by Doyle. While Fried is right that the mother figure's gesture 'amplifies the demand that we look', under the duress of being appalled by the sight, there is no substantial justification for the suggestion that this somehow 'suggests an encounter with castration', or that the wound on the leg is a 'vaginal gash'. Doyle, 'Sex, Scandal', pp. 5, 22–3.

41. Goodrich, Thomas Eakins, vol. i, p. 50.

42. Quoted in ibid., pp. 51–2.

43. S.G.W. Benjamin, Art in America: A Critical and Historical Sketch (New York, 1880), p. 208.

44. Quoted in Goodrich, Thomas Eakins, vol. i, p. 51.

45. Quoted in Hendricks, 'Thomas Eakins's Gross Clinic', p. 63.

46. The broader context of this new affective moral economy is the subject of my book Science of Sympathy, the cover of which is adorned by The Gross Clinic. I did not talk about the painting in that book, but for me the narrative of the painting perfectly encapsulates its whole argument.

47. Goodrich, Thomas Eakins, vol. i, p. 126.

48. William Osler, 'Aequanimitas', Aequanimitas, with other Addresses to Medical Students and Practitioners of Medicine, 2nd edn (Philadelphia, pa, 1925), pp. 3–11 (pp. 3–6).

| 6장 행복을 관장하는 정부 부처

1. Eva Illouz, Cold Intimacies: The Making of Emotional Capitalism (Oxford, 2006), p. 4.

2. See, for example, A. Killen, Berlin Electropolis: Shock, Nerves, and German Modernity (Berkeley, ca, 2006); Joanna Bourke, Dismembering the Male: Men's Bodies, Britain, and the Great War (London, 1996); David Cantor and Edmund Ramsden, eds, Stress, Shock, and Adaptation in the Twentieth Century (Rochester, ny, 2014); Ian Dowbiggin, The Quest for Mental Health: A Tale of

Science, Medicine, Scandal, Sorrow, and Mass Society (Cambridge, 2011).

3. Allan V. Horwitz and Gerald N. Grob, 'The Troubled History of Psychiatry's Quest for Specificity', Journal of Health Politics, Policy and Law, xli (2016), pp. 521–39.4. This is the paradox of emotional practice explored by Stephanie Olsen, Juvenile Nation: Youth, Emotions and the Making of the Modern British Citizen, 1880–1914 (London, 2014). For a similar story of love as the defining motivation for battle, see V. Kivimäki and T. Tepora, 'War of Hearts: Love and Collective Attachment as Integrating Factors in Finland during World War ii', Journal of Social History, xliii (2009), pp. 285–305.5. See, for example, Nicoletta F. Gullace, 'White Feathers and Wounded Men: Female Patriotism and the Memory of the Great War', Journal of British Studies, xxxvi (1997), pp. 178–206.

6. The phrase is dulce et decorum est pro patria mori. Wilfred Owen, 'Dulce et Decorum Est' (c. 1918).

7. Bourke, Dismembering the Male.8. John Helliwell, Richard Layard and Jeffrey Sachs, eds, World Happiness Report 2017 (New York, 2017), p. 3.

9. 'About the oecd', www.oecd.org, accessed 20 December 2017.10. Helliwell, Layard and Sachs, World Happiness Report 2017, p. 3.11. 'Journal of Happiness Studies', Springer Link, https://link.springer.com, accessed 21 December 2017.12. '2017 Social Progress Index', www.socialprogressindex.com, accessed 27 October 2017.13. Tamar Hellman, 'Happiness and the Social Progress Index', Social Progress Imperative, www.socialprogressimperative.org, 30 October 2017.

14. Roger T. Webb et al., 'National Cohort Study of Suicidality and Violent Criminality among Danish Immigrants', plos one, x (2015).15. 'Life Satisfaction', oecd Better Life Index, www.oecdbetterlifeindex.org, accessed 21 December 2017.16. 'Denmark', oecd Better Life Index, www.oecdbetterlifeindex.org, accessed 30 October 2017.17. Pablo Diego Rosell, 'Gallup's Well-being Index: Measuring the Attributes of A Life Well Lived', available at www.amateo.info, accessed 30 October 2017.18. New Economics Foundation, http://neweconomics.org, accessed 30 October 2017.19. Happy Planet Index, http://happyplanetindex.org, accessed 30 October 2017.20. L. Bruni and P. L. Porta, eds, Handbook on the Economics of Happiness (Cheltenham, 2008).21. Eva Illouz, 'The Culture of Management: Self-interest, Empathy and Emotional Control', in An Introduction to Social Entrepreneurship: Voices, Preconditions, Contexts, ed. Rafael Ziegler (Cheltenham, 2009), pp. 107–32 (p. 108). See also Illouz, Cold Intimacies.

22. For an entry into this subject, see D. Bok, The Politics of Happiness: What Government Can Learn from the New Research on Wellbeing (Princeton, nj, 2011); V. De Prycker, 'Happiness on the Political Agenda: pros and cons', Journal of Happiness Studies, 11 (2010), pp. 585–603.

23. Some examples, showing the breadth of the subject across disciplinary lines, include Maira Kalman, And the Pursuit of Happiness (New York, 2010); Philip Booth, ed., And the Pursuit

of Happiness: Wellbeing and the Role of Government (London, 2012); Setha M. Low, Behind the Gates: Life, Security, and the Pursuit of Happiness in Fortress America (New York, 2003); President's Council on Bioethics, Beyond Therapy: Biotechnology and the Pursuit of Happiness (Washington, dc, c. 2004); Arthur Brooks, The Conservative Heart: How to Build a Fairer, Happier, and More Prosperous America (New York, 2015); Roger Rosenblatt, Consuming Desires: Consumption, Culture, and the Pursuit of Happiness (Washington, dc, 1999); Shimon Edelman, The Happiness of Pursuit: What Neuroscience Can Teach Us about the Good Life (New York, 2012).

24. Jeremy Bentham, 'Anarchical Fallacies – Being an Examination of the Declaration of Rights Issued during the French Revolution', in Works, ed. John Bowring (Edinburgh, 1838–43), vol. viii, p. 501.

25. Samuel Johnson, 'Happiness', in A Dictionary of the English Language: A Digital Edition of the 1755 Classic by Samuel Johnson, ed. Brandi Besalke, http://johnsonsdictionaryonline.com, accessed 1 November 2017.

26. For a review of 'positive psychology' or 'happiness studies' in the twentieth century, see Daniel Horowitz, Happier? The History of a Cultural Movement that Aspired to Transform America (Oxford, 2017).

27. David Cameron, 'pm Speech on Wellbeing', 25 November 2010, www.gov.uk, accessed 21 December 2107.

28. Brian Wheeler, 'Whatever Happened to the Happiness Agenda?', bbc News, 16 January 2014, www.bbc.co.uk, accessed 30 October 2017.

29. Ann M. Simmons, 'uae's Minister of Happiness Insists Her Job is No Laughing Matter', Los Angeles Times, 6 March 2017, www.latimes.com, accessed 31 October 2017.

30. Tim Hulse, 'The Pursuit of Happiness', British Airways Business Life, September 2017, pp. 58–62 (p. 59).

31. 'Happiness Meter to Gauge Dubai Residents' Mood Coming Soon', Gulf News, 16 November 2017, http://gulfnews.com, accessed 16 November 2017. See the official explanation at Wisam Amid, '2.1: Happiness Meter History', Happiness Agenda, http://en.happinessagenda.ae, accessed 15 November 2017.

32. 'Major Initiatives', Greater Good Science Center, https://ggsc.berkeley. edu, accessed 31 October 2017; Oxford Mindfulness Centre, http://oxfordmindfulness.org, accessed 31 October 2017.

33. Illouz, Cold Intimacies, p. 12.

34. On the transformation of citizens into clients in the happiness regimes of neoliberal societies, see Edgar Cabanas, 'Rekindling Individualism, Consuming Emotions: Constructing "Psytizens" in the Age of Happiness', Culture and Psychology, xxii (2016), pp. 467–80. For a longer historical view, see Sabine Donauer, Faktor Freude: Wie die Wirtschaft Arbeitsgefühle erzeugt (Hamburg, 2015).

35. Arlie Russel Hochschild, The Managed Heart: The Commercialization of Human Feeling (Berkeley

and Los Angeles, ca, 1983).

36. 'Yemen: Urgent Investigation Needed into uae Torture Network and Possible u.s. Role', Amnesty International, 22 June 2017, www.amnesty. org, accessed 31 October 2017.

37. Bureau of Democracy, Human Rights and Labor, 'United Arab Emirates', Country Reports on Human Rights Practices for 2016, www.state.gov, accessed 31 October, 2017.

38. See Juliane Brauer, 'Disciplining Young People's Emotions in the Soviet Occupation Zone and the Early German Democratic Republic', in Childhood, Youth and Emotions in Modern History: National, Colonial and Global Perspectives, ed. Stephanie Olsen (Basingstoke, 2015), pp. 178–97; Juliane Brauer, '". . . das Lied zum Ausdruck der Empfindungen werden kann": Singen und Gefühlserziehung in der frühen ddr', Emotionen in der Bildungsgeschichte, Jahrbuch für Historische Bildungsforschung, xviii (2012), pp. 126–45.

39. Emily Thomas, 'Venezuela to Create "Ministry of Happiness"', bbc News, 26 October 2013, www.bbc.co.uk, accessed 31 October 2017.

40. Hulse, 'Pursuit of Happiness', p. 62.

41. This particular gloss on Weber belongs to Ronan MacDonald, 'Schumpeter and Max Weber: Central Visions and Social Theories', in Entrepreneurship and Economic Development, ed. P. Kilby (New York, 1971), pp. 71–94 (pp. 78–9).

42. Everett Hagen, 'How Economic Growth Begins: A Theory of Social Change', in Entrepreneurship and Economic Development, ed. Kilby, pp. 123–37 (p. 136).

43. Joseph Schumpeter, 'Economic Theory and Entrepreneurial History', in Change and the Entrepreneur: Postulates and Patterns for Entrepreneurial History (Cambridge, ma, 1949), pp. 63–84 (pp. 72, 81–2).

44. Rob Boddice, 'Forgotten Antecedents: Entrepreneurship, Ideology and History', in An Introduction to Social Entrepreneurship, ed. Ziegler, pp. 133–52.

45. Maya Tamir et al., 'The Secret to Happiness: Feeling Good or Feeling Right?', Journal of Experimental Psychology, cxlvi (2017), pp. 1448–59. This study is far from alone in trying to reanimate Aristotle for our age. See, for example, Joar Vitters\u00f8, Handbook of Eudaimonic Well-being (Cham, 2016), which includes chapters on 'eudaimonic psychology' and on eudaimonia as 'a way of living', plus much more. The term is endlessly applicable, though I suspect completely unknown beyond academic bowers. See, for examples of disciplinary breadth, Michael Ross Potter, 'Reconciling Ethical Asymmetry in Agency Oversight: Striving for Eudaimonia among Legislative Staff in West Virginia', Global Virtue Ethics Review, vii (2016), pp. 137–65; J. B. Fowers et al., 'Enhancing Relationship Quality Measurement: The Development of the Relationship Flourishing Scale', Journal of Family Psychology, xxx (2016), pp. 997–1007 (where 'flourishing' is their translation of eudaimonia); Andrew West, 'The Ethics of Professional Accountants: An Aristotelian Perspective', Accounting, Auditing and Accountability Journal, xxx (2017), pp. 328–51;

Matthew A. Fuss, 'Eudaimonia: Using Aristotle to Inform Organizational Communication in order to Reimagine Human Resource Management', PhD thesis, McAnulty College and Graduate School of Liberal Arts, 2016. One could produce a seemingly endless list, the contents of which would be subject to the same kind of criticism that I level at Tamir et al.

46. Tamir et al., 'Secret to Happiness', p. 1.

47. Ibid.,p.10.

48. William Reddy, The Navigation of Feeling: A Framework for the History of Emotions (Cambridge, 2001), pp. 122–9. See my summary in Rob Boddice, The History of Emotions (Manchester, 2018), pp. 70–77.

| 에필로그 역사에 관한 소회

1. On the vagaries of empathy, see Susan Lanzoni, 'Introduction: Emotion and the Sciences: Varieties of Empathy in Science, Art, and History', Science in Context, xxv (2012), pp. 287–300; Lanzoni, 'A Short History of Empathy', The Atlantic, 15 October 2015. For some essential handwringing about the distinctiveness of something called empathy (Einfühlung), see Max Scheler, Wesen und Formender Sympathie, 5th edn (Frankfurt, 1948). For a brief account of the 'slipperiness' of empathy, including a variety of neuroscientific angles, see Rob Boddice, The History of Emotions (Manchester, 2018), pp. 55–6, 124–8.

2. Richard Evans's In Defence of History (London, 1997) carved out the response to the nadir of postmodernity, namely Keith Jenkins, Rethinking History (London, 1991). More intellectually rigorous and useful approaches, such as those of Hayden White, seemed the more menacing in the light of Jenkins's extremes. For the particular reference here, see Hayden White, 'The Historical Text as Literary Artifact', Tropics of Discourse: Essays in Cultural Criticism (Baltimore, md, 1985), pp. 81–100.

3. Linda Connor, response to Paul Shankman, 'The Thick and the Thin: On the Interpretative Theoretical Program of Clifford Geertz', Current Anthropology, xxv (1984), pp. 261–80 (p. 271).

4. The notion of finding out how it felt to be there, then, is most clearly expressed in Lynn Hunt, 'The Experience of Revolution', French Historical Studies, xxxii (2009), pp. 671–8. Some historians of emotions have been reluctant to set this as their goal, seeing a fundamental barrier to experience in the historical record. I suppose this to be a lack of historical imagination in part, but a serious underrating of the capacity to see through reconstructed contexts, languages and gestures.

5. For other longue durée studies, see J. Liliequist, ed., A History of Emotions, 1200–1800 (London, 2013); Barbara Rosewein, Generations of Feeling: A History of Emotions, 600–1700 (Cambridge, 2016); Elena Carrera, ed., Emotions and Health, 1200–1700 (Leiden, 2013). A more theoretically

engaging account, which focuses largely on rhetoric, is Daniel M. Gross, The Secret History of Emotion: From Aristotle's Rhetoric to Modern Brain Science (Chicago, il, 2006).

6. Boddice, History of Emotions.7. Readers should refer to my History of Emotions for a full account of this, but more programmatic accounts, including their intellectual rationale, can be found in Rob Boddice, 'The History of Emotions: Past, Present, Future', Revista de Estudios Sociales, lxii (2017),pp. 10–15; Rob Boddice (with Daniel Lord Smail), 'Neurohistory', in Debating New Approaches in History, ed. P. Burke and M. Tamm (London, 2018).

8. Boddice (with Smail), 'Neurohistory'.

9. Allusions to culture notwithstanding, this is the popular view espoused by Antonio Damasio, Self Comes to Mind: Constructing the Conscious Brain (New York, 2012); Damasio, The Feeling of What Happens: Body and Emotion in the Making of Consciousness (Orlando, fl, 1999). An essential critique was supplied by Gross, Secret History of Emotion.

10. A particularly fierce critique has been supplied by Roger Cooter, 'Neural Veils and the Will to Historical Critique: Why Historians of Science Need to Take the Neuro-turn Seriously', Isis, cv (2014), pp. 145–54. The threat of a new Dark Ages was uttered by Cooter in a paper presented at the Department of Social Studies of Medicine, McGill University, November 2017.

11. Jean-Paul Sartre, Sketch for a Theory of the Emotions, trans. Philip Mairet (London, 2002), pp. 11–14 (p. 10).

12. For example, Lisa Feldman-Barrett, 'Are Emotions Natural Kinds?', Perspectives on Psychological Science, 1 (2006), pp. 28–58.

13. See Daniel Lord Smail, On Deep History and the Brain (Berkeley, ca, 2008), pp. 147–8, 193–4.

14. For example, I.C.G. Waever et al., 'Epigenetic Programming by Maternal Behavior', Nature Neuroscience, vii (2004), pp. 847–54; R. K. Silbereisen and X. Chen, eds, Social Change and Human Development: Concepts and Results (London, 2010); E. Jablonka andM. J. Lamb, Evolution in Four Dimensions: Genetic, Epigenetic, Behavioural, and Symbolic Variation in the History of Life (Cambridge, ma, 2005).

15. For an example of the former, see Arne Öhman, 'The Biology of Fear: Evolutionary, Neural, and Psychological Perspectives', in Fear Across the Disciplines, ed. Benjamin Lazier and Jan Plamper (Pittsburgh, pa, 2012), pp. 35–50. The principal affect universalists are Paul Ekman and Silvan Tomkins: see, in particular, Silvan Tomkins, Affect Imagery Consciousness, 4 vols (New York, 1962–3, 1991–2); Paul Ekman and Wallace Friesen, Pictures of Facial Affect (Palo Alto, ca, 1976).

16. Defined in William Reddy, 'Against Constructionism: The Historical Ethnography of Emotions', Current Anthropology, xxxviii (1997), pp. 327–51.

17. See in particular, Lisa Feldman-Barrett, 'Solving the Emotion Paradox: Categorization and the Experience of Emotion', Personality and Social Psychology Review, x (2006), pp. 20–46, and Feldman-Barrett, 'Are Emotions Natural Kinds?'

18. This neatly accords with what practice theorists have been saying for some time. See Monique Scheer, 'Are Emotions a Kind of Practice(and is that what makes them have a history)? A Bourdieuian Approach to Understanding Emotion', History and Theory, li (2012), pp. 193–220.

19. There have been some beginnings: M. Pernau et al., Civilizing Emotions: Concepts in Nineteenth-century Asia and Europe (Oxford, 2015); Paolo Santangelo, La rappresentazione della emozioni nella Cina tradizionale (Modena, 2014); Barbara Schuler, ed., Historicizing Emotions: Practices and Objects in India, China, and Japan (Leiden, 2018).

20. See, for example, Alan G. Fix, Migration and Colonization in Human Microevolution (Cambridge, 1999); Alex Mesoudi, 'Pursuing Darwin's Curious Parallel: Prospects for a Science of Cultural Evolution', Proceedings of the National Academy of Sciences of the United States of America, cxiv (2017), pp. 7853–60.

21. This was the profound, though unsaid, implication of Charles Darwin's On the Origin of Species (London, 1859). For the implications at the level of scientific practice, see Rob Boddice, The Science of Sympathy: Morality, Evolution and Victorian Civilization (Urbana-Champaign, il, 2016).

22. Here I mirror the intent of Michael Champion and Andrew Lynch, 'Understanding Emotions: "The Things They Left Behind"', in Understanding Emotions in Early Europe, ed. Champion and Lynch (Turnhout, 2015), pp. ix–xxxiv (p. xiv); and of Thomas Dixon, From Passions to Emotions: The Creation of a Secular Psychological Category (Cambridge, 2006).

23. If one overlooks her search for something transcendent and universal, this is the overriding impression given by the evidence of Anna Wierzbicka in Emotions across Languages and Cultures: Diversity and Universals (Cambridge, 1999).

24. See the discussion in Boddice, History of Emotions, pp. 73–6.

찾아보기

감정의 역사

감정의 역사

초판 1쇄 발행 2019년 10월 23일

지은이 롭 보디스
옮긴이 민지현

발행인 박상진
편집 김제형
관리 황지원
디자인 양동빈

펴낸곳 진성북스
출판등록 2011년 9월 23일
주소 서울시 강남구 영동대로85길 38, 10층
전화 (02)3452-7762 팩스 (02)3452-7761
홈페이지 www.jinsungbooks.com
네이버포스트 post.naver.com/jinsungbooks
이메일 jinsungbooks@naver.com

ISBN 978-89-97743-46-9 03900

진성북스는 여러분들의 원고 투고를 환영합니다. 책으로 엮기를 원하는 좋은 아이디어가 있으신 분은
이메일(jinsungbooks@naver.com)로 간단한 개요와 취지, 연락처 등을 보내주십시오. 당사의 출판
컨셉에 적합한 원고는 적극적으로 책으로 만들어 드리겠습니다

진성북스
도서목록

사람이 가진 무한한 잠재력을 키워가는 **진성북스**는
지혜로운 삶에 나침반이 되는 양서를 만듭니다.

앞서 가는 사람들의 두뇌 습관

스마트 싱킹

아트 마크먼 지음 | 박상진 옮김
352쪽 | 값 17,000원

숨어 있던 창의성의 비밀을 밝힌다!

인간의 마음이 어떻게 작동하는지 설명하고, 스마트해지는데 필요한 완벽한 종류의 연습을 하도록 도와준다. 고품질 지식의 습득과 문제 해결을 위해 생각의 원리를 제시하는 인지 심리학의 결정판이다! 고등학생이든, 과학자든, 미래의 비즈니스 리더든, 또는 회사의 CEO든 스마트 싱킹을 하고자 하는 누구에게나 이 책은 유용하리라 생각한다.

- 조선일보 등 주요 15개 언론사의 추천
- KBS TV, CBS방영 및 추천

나의 잠재력을 찾는 생각의 비밀코트

지혜의 심리학
2017 최신 증보판

김경일 지음
352쪽 | 값 16,500원

창의적으로 행복에 이르는 길!

인간의 타고난 심리적 특성을 이해하고, 생각을 현실에서 실행하도록 이끌어주는 동기에 대한 통찰을 통해 행복한 삶을 사는 지혜를 명쾌하게 설명한 책. 지혜의 심리학을 선택한 순간, 미래의 밝고 행복한 모습은 이미 우리 안에 다가와 가뿐히 자리잡고 있을 것이다. 수많은 자기계발서를 읽고도 성장의 목표를 이루지 못한 사람들의 필독서!

- OtvN <어쩌다 어른> 특강 출연
- KBS 1TV 아침마당<목요특강> "지혜의 심리학" 특강 출연
- YTN사이언스 <과학, 책을 만나다> "지혜의 심리학" 특강 출연
- 2014년 중국 수출 계약 | 포스코 CEO 추천 도서

세계 초일류 기업이 벤치마킹한
성공전략 5단계

승리의 경영전략

AG 래플리, 로저마틴 지음
김주권, 박광태, 박상진 옮김
352쪽 | 값 18,500원

전략경영의 살아있는 메뉴얼

가장 유명한 경영 사상가 두 사람이 전략이란 무엇을 위한 것이고, 어떻게 생각해야 하며, 왜 필요하고, 어떻게 실천해야 할지 구체적으로 설명한다. 이들은 100년 동안 세계 기업회생역사에서 가장 성공적이라고 평가받고 있을 뿐 아니라, 직접 성취한 P&G의 사례를 들어 전략의 핵심을 강조하고 있다.

- 경영대가 50인(Thinkers 50)이 선정한 2014 최고의 책
- 탁월한 경영자와 최고의 경영 사상가의 역작
- 월스트리스 저널 베스트 셀러

"이 검사를 꼭 받아야 합니까?"

과잉진단

길버트 웰치 지음 | 홍영준 옮김
391쪽 | 값 17,000원

병원에 가기 전 꼭 알아야 할 의학 지식!

과잉진단이라는 말은 아무도 원하지 않는다. 이는 걱정과 과잉진료의 전조일 뿐 개인에게 아무 혜택도 없다. 하버드대 출신 의사인 저자는, 의사들의 진단욕심에 비롯된 과잉진단의 문제점과 과잉진단의 합리적인 이유를 함께 제시함으로써 질병예방의 올바른 패러다임을 전해준다.

- 한국출판문화산업 진흥원의 『이달의 책』 선정도서
- 조선일보, 중앙일보, 동아일보 등 주요 언론사 추천

감성의 시대, 왜 다시 이성인가?

이성예찬

마이클 린치 지음 | 최훈 옮김
323쪽 | 값 14,000원

세계적인 철학 교수의 명강의

증거와 모순되는 신념을 왜 믿어서는 안 되는가? 현대의 문학적, 정치적 지형에서 욕설, 술수, 위협이 더 효과적인데도 왜 합리적인 설명을 하려고 애써야 하는가? 마이클 린치의 '이성예찬'은 이성에 대한 회의론이 이렇게 널리 받아들여지는 시대에 오히려 이성과 합리성을 열정적으로 옹호한다.

- 서울대학교, 연세대학교 저자 특별 초청강연
- 조선, 중앙, 동아일보, 매일경제, 한국경제 등 특별 인터뷰

학대와 고난, 극복과 사랑 그리고 승리까지
감동으로 가득한 스포츠 영웅의 휴먼 스토리

오픈

안드레 애거시 지음 | 김현정 옮김
614쪽 | 값 19,500원

시대의 이단아가 던지는 격정적 삶의 고백!

남자 선수로는 유일하게 골든 슬램을 달성한 안드레 애거시. 테니스 인생의 정상에 오르기까지와 파란만장한 삶의 여정이 서정적 언어로 독자의 마음을 자극한다. 최고의 스타 선수는 무엇으로, 어떻게, 그 자리에 오를 수 있었을까? 또 행복하지만은 않았던 그의 테니스 인생 성장기를 통해 우리는 무엇을 배울 수 있을까. 안드레 애거시의 가치관과 생각을 읽을 수 있다.

- Times 등 주요 13개 언론사 극찬, 자서전 관련분야 1위 (아마존)
- "그의 플레이를 보며 나는 꿈을 키웠다!"-국가대표 테니스 코치 이형택

백 마디 불통의 말, 한 마디 소통의 말

당신은 어떤 말을 하고 있나요?

김종영 지음
248쪽 | 값 13,500원

리더십의 핵심은 소통능력이다. 소통을 체계적으로 연구하는 학문이 바로 수사학이다. 이 책은 우선 사람을 움직이는 힘, 수사학을 집중 조명한다. 그리고 소통의 능력을 필요로 하는 우리 사회의 리더들에게 꼭 필요한 수사적 리더십의 원리를 제공한다. 더 나아가서 수사학의 원리를 실제 생활에 어떻게 적용할 수 있는지 일러준다. 독자는 행복한 말하기와 아름다운 소통을 체험할 것이다.

● SK텔레콤 사보 <Inside M> 인터뷰
● MBC 라디오 <라디오 북 클럽> 출연
● 매일 경제, 이코노믹리뷰, 경향신문 소개
● 대통령 취임 2주년 기념식 특별연설

무엇이 평범한 사람을 유명하게 만드는가?

폭스팩터

앤디 하버마커 지음 | **곽윤정, 이현웅 옮김**
265쪽 | 값 14,000원

무의식을 조종하는 매혹의 기술

오제이 심슨, 오펜하이머, 폴 포츠, 수전 보일…논리가 전혀 먹혀들지 않는 이미지 전쟁의 세계. 이는 폭스팩터가 우리의 무의식을 교활하게 점령하고 있기 때문이다. 1%셀러브러티들의 전유물처럼 여겨졌던 행동 설계의 비밀을 일반인들도 누구나 배울 수 있다. 전 세계 스피치 전문가를 매료시킨 강력한 커뮤니케이션기법소통으로, 고민하는 모든 사람들에게 강력 추천한다.

● 폭스팩터는 자신을 드러내기 위해 반드시 필요한 무기
● 조직의 리더나 대중에게 어필하고자 하는 사람을 위한 필독서

새로운 리더십을 위한 지혜의 심리학

이끌지 말고 따르게 하라

김경일 지음
328쪽 | 값 15,000원

이 책은 '훌륭한 리더', '존경받는 리더', '사랑받는 리더'가 되고 싶어하는 모든 사람들을 위한 책이다. 요즘 사회에서는 존경보다 질책을 더 많이 받는 리더들의 모습을 쉽게 볼 수 있다. 저자는 리더십의 원형이 되는 인지심리학을 바탕으로 바람직한 리더의 모습을 하나씩 밝혀준다. 현재 리더의 위치에 있는 사람뿐만 아니라, 앞으로 리더가 되기 위해 노력하고 있는 사람이라면 인지심리학의 새로운 접근에 공감하게 될 것이다. 존경받는 리더로서 조직을 성공시키고, 나아가 자신의 삶에서도 승리하기를 원하는 사람들에게 필독을 권한다.

● OtvN <어쩌다 어른> 특강 출연
● 예스24 리더십 분야 베스트 셀러
● 국립중앙도서관 사서 추천 도서

30초만에 상대방의 마음을 사로잡는

스피치 에센스

제러미 도노반, 라이언 에이버리 지음
박상진 옮김 | 348쪽 | 값 15,000원

타인들을 대상으로 하는 연설의 가치는 개별 청자들의 지식, 행동 그리고 감정에 끼치는 영향력에 달려있다. 토스마스터즈클럽은 이를 연설의 '일반적 목적'이라 칭하며 연설이라면 다음의 목적들 중 하나를 달성해야 한다고 규정하고 있다. 지식을 전달하고, 청자를 즐겁게 하는 것은 물론 나아가 영감을 불어넣을 수 있어야 한다. 이 책은 토스마스터즈인 제러미 도노반과 대중연설 챔피언인 라이언 에이버리가 강력한 대중연설의 비밀에 대해서 말해준다.

경쟁을 초월하여 영원한 승자로 가는 지름길

탁월한 전략이 미래를 창조한다

리치 호워드 지음 | **박상진 옮김**
300쪽 | 값 17,000원

이 책은 혁신과 영감을 통해 자신들의 경험과 지식을 탁월한 전략으로 바꾸려는 리더들에게 실질적인 프레임워크를 제공해준다. 저자는 탁월한 전략을 위해서는 새로운 통찰을 결합하고 독자적인 경쟁 전략을 세우고 헌신을 이끌어내는 것이 중요하다고 강조한다. 나아가 연구 내용과 실제 사례, 사고 모델, 핵심 개념에 대한 명쾌한 설명을 통해 탁월한 전략가가 되는 데 필요한 핵심 스킬을 만드는 과정을 제시해준다.

● 조선비즈, 매경이코노미 추천도서
● 저자 전략분야 뉴욕타임즈 베스트 셀러

진정한 부와 성공을 끌어당기는 단 하나의 마법

생각의 시크릿

밥 프록터, 그레그 레이드 지음 | **박상진 옮김**
268쪽 | 값 13,800원

성공한 사람들은 그렇지 못한 사람들과 다른 생각을 갖고 있는 것인가? 지난 100년의 역사에서 수많은 사람을 성공으로 이끈 성공 철학의 정수를 밝힌다. <생각의 시크릿>은 지금까지 부자의 개념을 오늘에 맞게 더 구체화시켰다. 지금도 변하지 않는 법칙을 따라만하면 누구든지 성공의 비밀에 다가갈 수 있다. 이 책은 각 분야에서 성공한 기업가들이 지난 100년간의 성공 철학을 어떻게 이해하고 따라했는지 살펴보면서, 그들의 성공 스토리를 생생하게 전달하고 있다.

● 2016년 자기계발분야 화제의 도서
● 매경이코노미, 이코노믹리뷰 소개

성과기반의 채용과 구직을 위한 가이드

100% 성공하는 채용과 면접의 기술

루 아들러 지음 | 이병철 옮김
352쪽 | 값 16,000원

기업에서 좋은 인재란 어떤 사람인가? 많은 인사담당자는 스펙만 보고 채용하다가는 낭패당하기 쉽다고 말한다. 최근 전문가들은 성과기반채용 방식에서 그 해답을 찾는다. 이는 개인의 역량을 기초로 직무에서 성과를 낼 수 있는 요인을 확인하고 검증하는 면접이다. 이 책은 세계의 수많은 일류 기업에서 시도하고 있는 성과기반채용에 대한 개념, 프로세스, 그리고 실패방법을 다양한 사례로 설명하고 있다.

● 2016년 경제경영분야 화제의 도서

세계 최초 뇌과학으로 밝혀낸 반려견의 생각

반려견은 인간을 정말 사랑할까?

그레고리 번즈 지음 | 김신아 옮김
316쪽 | 값 15,000원

과학으로 밝혀진 반려견의 신비한 사실

순종적이고, 충성스럽고, 애정이 넘치는 반려견들은 우리에게 있어서 최고의 친구이다. 그럼 과연 반려견들은 우리가 사랑하는 방법처럼 인간을 사랑할까? 수십 년 동안 인간의 뇌에 대해서 연구를 해 온 에모리 대학교의 신경 과학자인 조지 번스가 반려견들이 우리를 얼마나, 어떻게 사랑하는지에 대한 비밀을 과학적인 방법으로 들려준다. 반려견들이 무슨 생각을 하는지 알아보기 위해 기능적 뇌 영상을 촬영하겠다는 저자의 프로젝트는 놀라움을 넘어 충격에 가깝다.

세계를 무대로 미래의 비즈니스를 펼쳐라

21세기 글로벌 인재의 조건

시오노 마코토 지음 | 김성수 옮김
244쪽 | 값 15,000원

세계 최고의 인재는 무엇이 다른가? 이 책은 21세기 글로벌 시대에 통용될 수 있는 비즈니스와 관련된 지식, 기술, 그리고 에티켓 등을 자세하게 설명한다. 이 뿐만 아니라 재무, 회계, 제휴 등의 업무에 바로 활용가능한 실무적인 내용까지 다루고 있다. 이 모든 것들이 미래의 주인공을 꿈꾸는 젊은이들에게 글로벌 인재가 되기 위한 발판을 마련해주는데 큰 도움이 될 것이다. 저자의 화려한 국제 비즈니스 경험과 감각을 바탕으로 비즈니스에 임하는 자세와 기본기, 그리고 실천 전략에 대해서 알려준다.

세계 초일류 기업이 벤치마킹한
성공전략 5단계

승리의 경영전략

AG 래플리, 로저마틴 지음
김주권, 박광태, 박상진 옮김
352쪽 | 값 18,500원

이 책은 전략의 이론만을 장황하게 나열하지 않는다. 매일 치열한 생존경쟁이 벌어지고 있는 경영 현장에서 고객과 경쟁자를 분석하여 전략을 입안하고 실행을 주도하였던 저자들의 실제 경험과 전략 대가들의 이론이 책속에서 생생하게 살아 움직이고 있다. 혁신의 아이콘인 A.G 래플리는 P&G의 최고책임자로 다시 돌아왔다. 그는 이 책에서 P&G가 실행하고 승리했던 시장지배의 전략을 구체적으로 보여줄 것이다. 생활용품 전문기업인 P&G는 지난 176년간 끊임없이 혁신을 해왔다. 보통 혁신이라고 하면 전화기, TV, 컴퓨터 등 우리 생활에 커다란 변화를 가져오는 기술이나 발명품 등을 떠올리곤 하지만, 소소한 일상을 편리하게 만드는 것 역시 중요한 혁신 중에 하나라고 할 수 있다. 그리고 그러한 혁신은 체계적인 전략의 틀 안에서 지속적으로 이루어질 수 있다. 월 스트리트 저널, 워싱턴 포스트의 베스트셀러인 <Plating to Win: 승리의 경영전략>은 전략적 사고와 그 실천의 핵심을 담고 있다. 리플리는 10년간 CEO로서 전략 컨설턴트인 로저마틴과 함께 P&G를 매출 2배, 이익은 4배, 시장가치는 100조 이상으로 성장시켰다. 이 책은 크고 작은 모든 조직의 리더들에게 대담한 전략적 목표를 일상 속에서 실행하는 방법을 보여주고 있다. 그것은 바로 사업의 성공을 좌우하는 명확하고, 핵심적인 질문인 '어디에서 사업을 해야 하고', '어떻게 승리할 것인가'에 대한 해답을 찾는 것이다.

● 경영대가 50인(Thinkers 50)이 선정한 2014 최고의 책
● 탁월한 경영자와 최고의 경영 사상가의 역작
● 월스트리스 저널 베스트 셀러

MIT 출신 엔지니어가 개발한 창조적 세일즈 프로세스
세일즈 성장 무한대의 공식

마크 로버지 지음 | 정지현 옮김
272쪽 | 값 15,000원

세일즈를 과학이 아닌 예술로 생각한 스타트업 기업들은 좋은 아이디어가 있음에도 불구하고 성공을 이루지 못한다. 기업이 막대한 매출을 올리기 위해서는 세일즈 팀이 필요하다. 지금까지는 그 목표를 달성하게 해주는 예측 가능한 공식이 없었다. 이 책은 세일즈를 막연한 예술에서 과학으로 바꿔주는 검증된 공식을 소개한다. 단 3명의 직원으로 시작한 스타트업이 1천억원의 매출을 달성하기까지의 여정을 통해 모든 프로세스에서 예측과 계획, 그리고 측정이 가능하다는 사실을 알려준다.

● 아마존 세일즈분야 베스트 셀러

하버드 경영대학원 마이클 포터의 성공전략 지침서
당신의 경쟁전략은 무엇인가?

조안 마그레타 지음 | 김언수, 김주권, 박상진 옮김
368쪽 | 값 22,000원

이 책은 방대하고 주요한 마이클 포터의 이론과 생각을 한 권으로 정리했다. <하버드 비즈니스리뷰> 편집장 출신인 조안 마그레타(Joan Magretta)는 마이클 포터와의 협력으로 포터교수의 아이디어를 업데이트하고, 이론을 증명하기 위해 생생하고 명확한 사례들을 알기 쉽게 설명한다. 전략경영과 경쟁전략의 핵심을 단기간에 마스터하기 위한 사람들의 필독서이다.

● 전략의 대가, 마이클 포터 이론의 결정판
● 아마존 전략분야 베스트 셀러
● 일반인과 대학생을 위한 전략경영 필독서

대담한 혁신상품은 어떻게 만들어지는가?
신제품 개발 바이블

로버트 쿠퍼 지음 | 류강석, 박상진, 신동영 옮김
648쪽 | 값 28,000원

오늘날 비즈니스 환경에서 진정한 혁신과 신제품개발은 중요한 도전과제이다. 하지만 대부분의 기업들에게 야심적인 혁신은 보이지 않는다. 이 책의 저자는 제품혁신의 핵심성공 요인이자 세계최고의 제품개발 프로세스인 스테이지-게이트(Stage-Gate)에 대해 강조한다. 아울러 올바른 프로젝트 선택 방법과 스테이지-게이트 프로세스를 활용한 신제품개발 성공 방법에 대해서도 밝히고 있다. 신제품은 기업번영의 핵심이다. 이러한 방법을 배우고 기업의 실적과 시장 점유율을 높이는 대담한 혁신을 성취하는 것은 담당자, 관리자, 경영자의 마지노선이다.

인생의 고수가 되기 위한 진짜 공부의 힘
김병완의 공부혁명

김병완 지음
236쪽 | 값 13,800원

공부는 20대에게 세상을 살아갈 수 있는 힘과 자신감 그리고 내공을 길러준다. 그래서 20대 때 공부에 미쳐 본 경험이 있는 사람과 그렇지 못한 사람은 알게 모르게 평생 큰 차이가 난다. 진짜 청춘은 공부하는 청춘이다. 공부를 하지 않고 어떻게 100세 시대를 살아가고자 하는가? 공부는 인생의 예의이자 특권이다. 20대 공부는 자신의 내면을 발견할 수 있게 해주고, 그로 인해 진짜 인생을 살아갈 수 있게 해준다. 이 책에서 말하는 20대 청춘이란 생물학적인 나이만을 의미하지 않는다. 60대라도 진짜 공부를 하고 있다면 여전히 20대 청춘이고 이들에게는 미래에 대한 확신과 풍요의 정신이 넘칠 것이다.

언제까지 질병으로 고통받을 것인가?
난치병 치유의 길

앤서니 윌리엄 지음 | 박용준 옮김
468쪽 | 값 22,000원

이 책은 현대의학으로는 치료가 불가능한 질병으로 고통 받는 수많은 사람들에게 새로운 치료법을 소개한다. 저자는 사람들이 무엇으로 고통 받고, 어떻게 그들의 건강을 관리할 수 있는지에 대한 영성의 목소리를 들었다. 현대 의학으로는 설명할 수 없는 질병이나 몸의 비정상적인 상태의 근본 원인을 밝혀주고 있다. 당신이 원인불명의 증상으로 고생하고 있다면 이 책은 필요한 해답을 제공해 줄 것이다.

● 아마존 건강분야 베스트 셀러 1위

질병의 근본 원인을 밝히고 남다른 예방법을 제시한다
의사들의 120세 건강 비결은 따로 있다

마이클 그레거 지음 | 홍영준, 강태진 옮김
❶ 질병원인 치유편 | 564쪽 | 값 22,000원
❷ 질병예방 음식편 | 340쪽 | 값 15,000원

미국 최고의 영양 관련 웹사이트인 http://NutritionFacts.org를 운영 중인 세계적인 영양전문가이자 내과의사가 과학적인 증거로 치명적인 질병으로 사망하는 원인을 규명하고 병을 예방하고 치유하는 식습관에 대해 집대성한 책이다. 저자는 영양과 생활방식의 조정이 처방약, 항암제, 수술보다 더 효과적일 수 있다고 강조한다. 우수한 건강서로서 모든 가정의 구성원들이 함께 읽고 실천하면 좋은 '가정건강지킴이'로서 손색이 없다.

● 아마존 식품건강분야 1위   ● 출간 전 8개국 판권계약

기초가 탄탄한 글의 힘

실용 글쓰기 정석

황성근 지음 | 252쪽 | 값 13,500원

글쓰기는 인간의 기본 능력이자 자신의 능력을 발휘하는 핵심적인 도구이다. 글은 이론만으로 잘 쓸 수 없다. 좋은 글을 많이 읽고 체계적인 연습이 필요하다. 이 책에서는 기본 원리와 구성, 나아가 활용 수준까지 글쓰기의 모든 것을 다루고 있다. 이 책은 지금까지 자주 언급되고 무조건적으로 수용되던 기존 글쓰기의 이론들을 아예 무시했다. 실제 글쓰기를 할 때 반드시 필요하고 알아두어야 하는 내용들만 담았다. 책의 내용도 외울 필요가 없고 소설 읽듯 하면 바로 이해되고 그 과정에서 원리를 터득할 수 있도록 심혈을 기울인 책이다. 글쓰기에 대한 깊은 고민에 빠진 채 그 방법을 찾지 못해 방황하고 있는 사람들에게 필독하길 권한다.

회사를 살리는 영업 AtoZ

세일즈 마스터

이장석 지음 | 396쪽 | 값 17,500원

영업은 모든 비즈니스의 꽃이다. 오늘날 경영학의 눈부신 발전과 성과에도 불구하고, 영업관리는 여전히 비과학적인 분야로 남아 있다. 영업이 한 개인의 개인기나 합법과 불법을 넘나드는 묘기의 수준에 남겨두는 한, 기업의 지속적 발전은 한계에 부딪히기 마련이다. 이제 편법이 아닌 정석에 관심을 쏟을 때다. 본질을 망각한 채 결과에 올인하는 영업직원과 눈앞의 성과만으로 모든 것을 평가하려는 기형적인 조직문화는 사라져야 한다. 이 책은 영업의 획기적인 리엔지니어링을 위한 AtoZ를 제시한다. 디지털과 인공지능 시대에 더 인정받는 영업직원과 리더를 위한 필살기다.

나와 당신을 되돌아보는, 지혜의 심리학

어쩌면 우리가 거꾸로 해왔던 것들

김경일 지음 | 272쪽 | 값 15,000원

저자는 이 책에서 수십 년 동안 심리학을 공부해오면서 사람들로부터 가장 많은 공감을 받은 필자의 말과 글을 모아 엮었다. 수많은 독자와 청중들이 '아! 맞아. 내가 그랬었지'라며 지지했던 내용들이다. 다양한 사람들이 공감한 내용들의 방점은 이렇다. 안타깝게도 세상을 살아가는 우리 대부분은 '거꾸로'하고 있는지도 모른다. 이 책은 지금까지 일상에서 거꾸로 해온 것을 반대로, 즉 우리가 '거꾸로 해왔던 수많은 말과 행동들'을 조금이라도 제자리로 되돌아보려는 노력의 산물이다. 이런 지혜를 터득하고 심리학을 생활 속에서 실천하길 바란다.

"비즈니스의 성공을 위해 꼭 알아야하는 경영의 핵심지식"

퍼스널 MBA

조쉬 카우프만 지음
이상호, 박상진 옮김
756쪽 | 값 25,000원

지속가능한 성공적인 사업은 경영의 어느 한 부분의 탁월성만으로는 불충분하다. 이는 가치창조, 마케팅, 영업, 유통, 재무회계, 인간의 이해, 인적자원 관리, 전략을 포함한 경영관리 시스템 등 모든 부분의 지식과 경험 그리고 통찰력이 갖추어 질 때 가능한 일이다. 그렇다고 그 방대한 경영학을 모두 섭렵할 필요는 없다고 이 책의 저자는 강조한다. 단지 각각의 경영원리를 구성하고 있는 멘탈 모델(Mental Model)을 제대로 익힘으로써 가능하다.

세계 최고의 부자인 빌게이츠, 워런버핏과 그의 동업자 찰리 멍거(Charles T. Munger)를 비롯한 많은 기업가들이 이 멘탈모델을 통해서 비즈니스를 시작하고, 또 큰 성공을 거두었다. 이 책에서 제시하는 경영의 핵심개념 248가지를 통해 독자들은 경영의 멘탈모델을 습득하게 된다.

필자는 지난 5년간 수천 권이 넘는 경영 서적을 읽었다. 수백 명의 경영 전문가를 인터뷰하고, 포춘지 선정 세계 500대 기업에서 일을 했으며, 사업도 시작했다. 그 과정에서 배우고 경험한 지식들을 모으고, 정제하고, 잘 다듬어서 몇 가지 개념으로 정리하게 되었다. 이들 경영의 기본 원리를 이해한다면, 현명한 의사결정을 내리는 데 유익하고 신뢰할 수 있는 도구를 얻게 된다. 이러한 개념들의 학습에 시간과 노력을 투자해 마침내 그 지식을 활용할 수 있게 된다면, 독자는 어렵지 않게 전 세계 인구의 상위 1% 안에 드는 탁월한 사람이 된다. 이 책의 주요내용은 다음과 같다.

- 실제로 사업을 운영하는 방법
- 효과적으로 창업하는 방법
- 기존에 하고 있던 사업을 더 잘 되게 하는 방법
- 경영 기술을 활용해 개인적 목표를 달성하는 방법
- 조직을 체계적으로 관리하여 성과를 내는 방법

유능한 리더는 직원의 회복력부터 관리한다
스트레스 받지 않는 사람은 무엇이 다른가

데릭 로저, 닉 페트리 지음
김주리 옮김 | 308쪽 | 값 15,000원

이 책은 흔한 스트레스 관리에 관한 책이 아니다. 휴식을 취하는 방법에 관한 책도 아니다. 인생의 급류에 휩쓸리지 않고 어려움을 헤쳐 나갈 수 있는 능력인 회복력을 강화하여 삶을 주체적으로 사는 법에 관한 명저다. 엄청난 무게의 힘든 상황에서도 감정적 반응을 재설계하도록 하고, 스트레스 증가 외에는 아무런 도움이 되지 않는 자기 패배적 사고 방식을 깨는 방법을 제시한다. 깨어난 순간부터 자신의 태도를 재조정하는 데 도움이 되는 사례별 연구와 극복 기술을 소개한다.

상위 7% 우등생 부부의 9가지 비결
사랑의 완성 결혼을 다시 생각하다

그레고리 팝캑 지음
민지현 옮김 | 396쪽 | 값 16,500원

결혼 상담 치료사인 저자는 특별한 부부들이 서로를 대하는 방식이 다른 모든 부부관계에도 도움이 된다고 알려준다. 그리고 성공적인 부부들의 삶과 그들의 행복비결을 밝힌다. 저자 자신의 결혼생활 이야기를 비롯해 상담치료 사례와 이에대한 분석, 자가진단용 설문, 훈련 과제 및 지침 등으로 구성되어 있다. 이 내용들은 오랜 결혼 관련 연구논문으로 지속적으로 뒷받침되고 있으며 효과가 입증된 것들이다. 이 책을 통해 독자들은 자신의 어떤 점이 결혼생활에 부정적으로 작용하며, 긍정적인 변화를 위해서는 어떤 노력을 해야 하는지 배울 수 있다.

기후의 역사와 인류의 생존
시그널

벤저민 리버만, 엘리자베스 고든 지음
은종환 옮김 | 440쪽 | 값 18,500원

이 책은 인류의 역사를 기후변화의 관점에서 풀어내고 있다. 인류의 발전과 기후의 상호작용을 흥미 있게 조명한다. 인류 문화의 탄생부터 현재에 이르기까지 역사의 중요한 지점을 기후의 망원경으로 관찰하고 해석한다. 당시의 기후조건이 필연적으로 만들어낸 여러 사회적인 변화를 파악한다. 결코 간단하지 않으면서도 흥미진진한, 그리고 현대인들이 심각하게 다뤄야 할 이 주제에 대해 탐구를 시작하고자 하는 독자에게 이 책이 좋은 길잡이가 되리라 기대해본다.

하버드 경영 대학원 마이클 포터의 성공전략 지침서
당신의 경쟁전략은 무엇인가?

조안 마그레타 지음
김언수, 김주권, 박상진 옮김
368쪽 | 값 22,000원

마이클 포터(Michael E. Porter)는 전략경영 분야의 세계 최고 권위자다. 개별 기업, 산업구조, 국가를 아우르는 연구를 전개해 지금까지 17권의 저서와 125편 이상의 논문을 발표했다. 저서 중 『경쟁전략(Competitive Strategy)』(1980), 『경쟁우위(Competitive Advantage)』(1985), 『국가경쟁우위(The Competitive Advantage of Nations)』(1990) 3부작은 '경영전략의 바이블이자 마스터피스'로 공인받고 있다. 경쟁우위, 산업구조 분석, 5가지 경쟁요인, 본원적 전략, 차별화, 전략적 포지셔닝, 가치사슬, 국가경쟁력 등의 화두는 전략 분야를 넘어 경영학 전반에 새로운 지평을 열었고, 사실상 세계 모든 경영 대학원에서 핵심적인 교과목으로 다루고 있다. 이 책은 방대하고 주요한 마이클 포터의 이론과 생각을 한 권으로 정리했다. <하버드 비즈니스리뷰> 편집장 출신인 저자는 폭넓은 경험을 바탕으로 포터 교수의 강력한 통찰력을 경영일선에 효과적으로 적용할 수 있도록 설명한다. 즉, "경쟁은 최고가 아닌 유일무이한 존재가 되고자 하는 것이고, 경쟁자들 간의 싸움이 아니라, 자사의 장기적 투하자본이익률(ROIC)을 높이는 것이다." 등 일반인들이 잘못 이해하고 있는 포터의 이론들을 명백히 한다. 전략경영과 경쟁전략의 핵심을 단기간에 마스터하여 전략의 전문가로 발돋움 하고자 하는 대학생은 물론 전략에 관심이 있는 MBA과정의 학생들을 위한 필독서다. 나아가 미래의 사업을 주도하여 지속적 성공을 꿈꾸는 기업의 관리자에게는 승리에 대한 영감을 제공해 줄 것이다.

● 전략의 대가, 마이클 포터 이론의 결정판
● 아마존전략 분야 베스트 셀러
● 일반인과 대학생을 위한 전략경영 필독서

언어를 넘어 문화와 예술을 관통하는 수사학의 힘

현대 수사학

요아힘 크나페 지음
김종영, 홍설영 옮김 | 480쪽 | 값 25,000원

이 책의 목표는 인문학, 문화, 예술, 미디어 등 여러 분야에 수사학을 접목시킬 현대 수사학이론을 개발하는 것이다. 수사학은 본래 언어적 형태의 소통을 연구하는 학문이라서 기초이론의 개발도 이 점에 주력하였다. 그 결과 언어적 소통의 관점에서 수사학의 역사를 개관하고 정치 수사학을 다루는 서적은 꽤 많지만, 수사학 이론을 현대적인 관점에서 새롭고 포괄적으로 다룬 연구는 눈에 띄지 않는다. 이 책은 수사학이 단순히 언어적 행동에만 국한하지 않고, '소통이 있는 모든 곳에 수사학도 있다'는 가정에서 출발한다. 이를 토대로 크나페 교수는 현대 수사학 이론을 체계적으로 개발하고, 문학, 음악, 이미지, 영화 등 실용적인 영역에서 수사학적 분석이 어떻게 가능한지를 총체적으로 보여준다.

고혈압, 당뇨, 고지혈증, 골관절염...
큰 병을 차단하는 의사의 특별한 건강관리법

몸의 경고

박제선 지음 | 336쪽 | 값 16,000원

현대의학은 이제 수명 연장을 넘어, 삶의 질도 함께 고려하는 상황으로 바뀌고 있다. 삶의 '길이'는 현대의료시스템에서 잘 챙겨주지만, '삶의 질'까지 보장받기에는 아직 갈 길이 멀다. 삶의 질을 높이려면 개인이 스스로 해야 할 일이 있다. 진료현장의 의사가 개인의 세세한 건강을 모두 신경 쓰기에는 여부족이다. 이 책은 아파서 병원을 찾기 전에 스스로 '예방'할 수 있는 영양요법과 식이요법에 초점을 맞추고 있다. 병원에 가기 두렵거나 귀찮은 사람, 이미 질환을 앓고 있지만 심각성을 깨닫지 못하는 사람들에게 가정의학과 전문의가 질병 예방 길잡이를 제공하는 좋은 책이다.

감정은 인간을 어떻게 지배하는가

감정의 역사

롭 보디스 지음 | 민지현 옮김 | 356쪽 |
값 16,500원

이 책은 몸짓이나 손짓과 같은 제스처, 즉 정서적이고 경험에 의해 말하지 않는 것들을 설득력 있게 설명한다. 우리가 느끼는 시간과 공간의 순간에 마음과 몸이 존재하는 역동적인 산물이라고 주장하면서, 생물학적, 인류학적, 사회 문화적 요소를 통합하는 진보적인 접근방식을 사용하여 전 세계의 정서적 만남과 개인 경험의 변화를 설명한다. 감정의 역사를 연구하는 최고 학자 중 한 명으로, 독자들은 정서적 삶에 대한 그의 서사적 탐구에 매혹당하고, 감동받을 것이다.

기업체 교육안내 <탁월한 전략의 개발과 실행>

월스트리트 저널(WSJ)이 포춘 500대 기업의 인사 책임자를 조사한 바에 따르면, 관리자에게 가장 중요한 자질은 <전략적 사고>로 밝혀졌다. 750개의 부도기업을 조사한 결과 50%의 기업이 전략적 사고의 부재에서 실패의 원인을 찾을 수 있었다. 시간, 인력, 자본, 기술을 효과적으로 사용하고 이윤과 생산성을 최대로 올리는 방법이자 기업의 미래를 체계적으로 예측하는 수단은 바로 '전략적 사고'에서 시작된다.

전략적 사고
부서를 초월한 업무능력
성과도출 능력
전반적 리더십
핵심재무/회계의 이해

<관리자의 필요 자질>

새로운 시대는 새로운 전략!

- 세계적인 저성장과 치열한 경쟁은 많은 기업들을 어려운 상황으로 내몰고 있다. 산업의 구조적 변화와 급변하는 고객의 취향은 경쟁우위의 지속성을 어렵게 한다. 조직의 리더들에게 사업적 혜안(Acumen)과 지속적 혁신의지가 그 어느 때보다도 필요한 시점이다.

- 핵심기술의 모방과 기업 가치사슬 과정의 효율성으로 달성해온 품질대비 가격경쟁력이 후발국에게 잠식당할 위기에 처해있다. 산업구조 조정만으로는 불충분하다. 새로운 방향의 모색이 필요할 때이다.

- 기업의 미래는 전략이 좌우한다. 장기적인 목적을 명확히 설정하고 외부환경과 기술변화를 면밀히 분석하여 필요한 역량과 능력을 개발해야 한다. 탁월한 전략의 입안과 실천으로 차별화를 통한 지속가능한 경쟁우위를 확보해야 한다. 전략적 리더십은 기업의 잠재력을 효과적으로 이끌어 낸다.

<탁월한 전략> 교육의 기대효과

① 통합적 전략교육을 통해서 직원들의 주인의식과 몰입의 수준을 높여 생산성의 상승을 가져올 수 있다.

② 기업의 비전과 개인의 목적을 일치시켜 열정적으로 도전하는 기업문화로 성취동기를 극대화할 수 있다.

③ 차별화로 추가적인 고객가치를 창출하여 장기적인 경쟁우위를 바탕으로 지속적 성공을 가져올 수 있다.

- 이미 발행된 관련서적을 바탕으로 <탁월한 전략>의 필수적인 3가지 핵심 분야(전략적 사고, 전략의 구축과 실행, 전략적 리더십)를 통합적으로 마스터하는 프로그램이다.

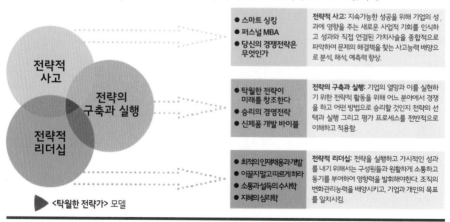

전략적 사고
전략의 구축과 실행
전략적 리더십

▶ <탁월한 전략가> 모델

● 스마트 싱킹
● 퍼스널 MBA
● 당신의 경쟁전략은 무엇인가

전략적 사고: 지속가능한 성공을 위해 기업의 성과에 영향을 주는 새로운 사업적 기회를 인식하고 성과와 직접 연결된 가치사슬을 종합적으로 파악하여 문제의 해결책을 찾는 사고능력 배양으로 분석, 해석, 예측력 향상.

● 탁월한 전략이 미래를 창조한다
● 승리의 경영전략
● 신제품 개발 바이블

전략의 구축과 실행: 기업의 열망과 이를 실현하기 위한 전략적 활동을 위해 어느 분야에서 경쟁을 하고 어떤 방법으로 승리할 것인지 전략의 선택과 실행 그리고 평가 프로세스를 전반적으로 이해하고 적용함.

● 최적의 인재채용과 개발
● 이끌지말고따르게하라
● 소통과설득의수사학
● 지혜의심리학

전략적 리더십: 전략을 실행하고 가시적인 성과를 내기 위해서는 구성원들과 원활하게 소통하고 동기를 부여하여 영향력을 발휘해야한다. 조직의 변화관리능력을 배양시키고, 기업과 개인의 목표를 일치시킴.

특강 및 교육 신청 문의: 진성북스, 02-3452-7762

120세 건강과 인문학 독서클럽

∴ 비전

건강 · 사랑 · 지혜로 아름다운 세상을 함께 만든다.

∴ 목표

올바른 건강(의학) 지식으로 자신과 가족의 건강을 돌보고,
5년 동안 100권의 인문학 명저를 읽고, 자기 삶을 투영하여 책 한 권을 쓴다.

∴ 얻을 수 있는 경험

하나, 국내 최고 교수진의 인문학 · 건강(의학) 강의를 들을 수 있습니다.

둘, 다양한 사람들과 책 내용을 토론하고 소통하며 사고를 확장합니다.

셋, 5년, 100권의 양서를 읽고 저자가 되는 책 출판의 기회를 드립니다.

2019년 프로그램 일정표

월	인문학 독서와 강의	건강 강의	일정	월	인문학 독서와 강의	건강 강의	일정
1월	사랑의 기술 - 에리히 프롬	뇌과학 1	1/15 1/29	7월	그리스인 조르바 - 니코스 카잔차키스	암 예방법	7/9 7/23
2월	열하일기 - 박지원	뇌과학 2	2/12 2/26	8월	거의 모든 것의 역사 - 빌 브라이슨	심혈관 질환 예방법	8/6 8/20
3월	국가 - 플라톤	뇌과학 3	3/12 3/26	9월	파우스트 - 괴테	생활습관병 예방법	9/10 9/24
4월	광장 - 최인훈	뇌과학 4	4/9 4/23	10월	원형과 무의식 - 칼융	정신건강법	10/8 10/22
5월	건축과 도시의 인문학 - 김석철	뇌과학 5	5/7 5/21	11월	노벨상 수상자 및 작품	혈액과 면역의 이해	11/5 11/19
6월	선악의 저편 - 니체	생명의 작동원리	6/4 6/18	12월	카라마조프의 형제들 - 도스토예프스키	최신 의학 경향	12/10 12/21

※ 건강(의학) 강의 주제는 사정에 따라 변경될 수 있습니다.

회원모집 안내

일시 매월 둘째 주, 넷째 주 화요일
　　　 18:00-19:00 저녁식사 / 19:00-22:00 강의와 토론(프로그램 일정표 참고)

장소 강남구 영동대로 85길 38(대치동 944-25) 10층 진성북스 회의장

운영 1) 둘째 주 화요일 - 해당 책 개관과 주제를 발표하고, 토론하면서 생각의 범위 확장
　　　 2) 넷째 주 화요일 - 책에 대한 전문가의 종합적 특강을 통해 내용을 자기 것으로 만듦
　　　 3) 회비 : 30만원 (6개월) - 강의료 + 식비로 사용됩니다.

가입 1) 02-3452-7762 / 010-2504-2926
방법 2) jinsungbooks@naver.com (진성북스 메일)으로 연락바랍니다.

진성북스 팔로워로
여러분을 초대합니다!

진성북스 네이버 포스트
https://post.naver.com/jinsungbooks

혜택1

팔로우시 추첨을 통해 진성북스 도서 1종을 선물로 드립니다.

혜택2

진성북스에서 개최하는 강연회에 가장 먼저 초대해 드립니다.

혜택3

진성북스 신간도서를 가장 빠르게 받아 보실 수 있는 서평단의 기회를 드립니다.

혜택4

정기적으로 다양하고 풍부한 이벤트에 참여하실 수 있는 기회를 드립니다.

- 홈페이지 : www.jinsungbooks.com
- 페이스북 : https://www.facebook.com/jinsungpublisher/

- 문 의 : 02)3452-7762